全国高校就业创业特色教材课题研究成果
教育部学生服务与素质发展中心组织编写
西南财经大学教材建设基金资助项目

走向商涯：
商科学生职业生涯规划

ZOUXIANG SHANGYA：
SHANGKE XUESHENG ZHIYE SHENGYA GUIHUA

邹 涛 徐利军 编著

西安交通大学出版社
XI'AN JIAOTONG UNIVERSITY PRESS

图书在版编目(CIP)数据

走向商涯:商科学生职业生涯规划 / 邹涛,徐利军
编著. 一西安:西安交通大学出版社,(2024.8重印)
ISBN 978-7-5693-3061-8

Ⅰ.①走… Ⅱ.①邹…②徐… Ⅲ.①大学生—职业
选择 Ⅳ.①G647.38

中国国家版本馆 CIP 数据核字(2023)第 007442 号

走向商涯:商科学生职业生涯规划
ZOUXIANG SHANGYA:SHANGKE XUESHENG ZHIYE SHENGYA GUIHUA

编　　著	邹　涛　徐利军
责任编辑	王斌会
数字编辑	宋庆庆
责任校对	魏　萍
责任印制	刘　攀
封面设计	任加盟

出版发行	西安交通大学出版社 (西安市兴庆南路1号　邮政编码710048)
网　　址	http://www.xjtupress.com
电　　话	(029)82668357 82667874(市场营销中心) (029)82668315(总编办)
传　　真	(029)82668280
印　　刷	陕西奇彩印务有限责任公司
开　　本	787mm×1092mm　1/16　印张　12　字数　285千字
版次印次	2023年2月第1版　2024年8月第2次印刷
书　　号	ISBN 978-7-5693-3061-8
定　　价	49.00元

如发现印装质量问题,请与本社市场营销中心联系调换。
订购热线:(029)82665248　(029)82667874
投稿热线:(029)82668525

版权所有　侵权必究

前　言

　　人生是追寻自我意义和价值的过程。在中国文化中,安身立命是人生大事。古人说立业,当下我们说就业。职场是人生的必要经历,对于大学生来说,四年之后无论如何选择,最终通过获得一份满意的工作,与世界建立起更多元的连接,这种连接也可以称为自我与职业的关系。在这份关系中,所有与职业相关的情绪、认知、行为都将会围绕人们对生活的目标和希望而展开,由此生命的意义得以呈现并逐渐清晰。职业生涯规划就是通过建立人与职业之间的深度关系,寻找人生意义和价值之路。这条路充满惊喜与挑战,也是独特而个性的,属于私人订制。

　　初入大学的学生们可能会有这样的疑惑,高考之前自己有目标感,学习动力也很强,为什么进入大学之后反而迷茫没有动力了。这种迷茫感,与成人阶段面临的生涯任务有关。大学是人生的重要阶段,因为18岁是一个分水岭,大学生作为一个精神独立个体走向社会。成人阶段,从生命周期角度而言,是指一个人进入婚姻前的准备阶段;从心理发展角度而言,是个体从依赖转向独立的过渡阶段;从心理动力学角度而言,是个体从原生家庭分离,去适应新世界、应对新挑战的阶段;从社会角度而言,是个体从稚嫩和缺乏社会经验转向承担家庭和社会责任的阶段。这个阶段是全新而充满不确定性的,甚至会面临一些风险。

　　高考之前的目标,很大程度上并不是学生们自主独立选择的结果,因为它承载着文化期待、社会规约、父母意愿,这个目标其实是既定的,学生们并不需要为考与不考而纠结,只需要为考高分努力,目标的单一性决定了可以心无旁骛,专注于一。一旦进入大学,意味着学生们要开始像成年人那样为得失做出取舍,并开始承担选择的责任和结果。成人期的独立包含三个层次:一是生理独立,随着生理的成熟,个体学习与异性建立亲密关系,拥有了和谐相处的能力;二是经济独立,通过学习谋生技能,具备独立生活的经济基础;三是精神独立,随着世界观、人生观、价值观不断完善,成为具有独立人格和精神的个体。大学生涯规划教育就是要陪伴学生们走好成人期,完成这一阶段的生涯任务,这也是开设大学生职业生涯规划课程的要义之一。

　　初入大学的学生们可能会有一些担心和慌张。通过高考的筛选,同层优秀者被选拔出来,如何在一群同样优秀,甚至更优秀的同学中依然保持那份自信与自足?大学阶段,究竟该如何定义优秀呢?大学生的优秀和高中生的优秀会有什么不同呢?

　　我们对60家用人单位对学生能力素养要求的调查显示,服务他人、爱岗敬业、团队合作、脚踏实地、抗压能力等非认知能力得分高居榜首,这些是用人单位选拔人才更为看中的素养。大学阶段,大学生要为接受人才市场的挑选做好准备,优秀的标准也应该基于人才市场需求倒推。评价标准的转变,为大学生的成长方向提供了崭新的视角。例如,进入大学,学习成绩还是评价优秀与否的唯一标准吗？除了知道学什么之外，是否还需要搞清楚为什么要学，以怎样的方式更好地学呢？成长一定要补短吗？如果发挥所长，生命的能量是否可以最大限度得以发挥呢？这些关于成长的新认知和理解，不可能只从专业知识的学习中得到。大学生涯规划教育就是要帮助学生们拓展对社会，特别是对职业世界的理解和认知，发现自己的优势，增强生涯自觉与自信。通过四年有规划的学习和准备，为人生下一阶段的生涯发展奠定基础，这是开设大学生职业生涯规划课程的要义之二。

本教材服务于大学生职业生涯规划与创业基础课程教学，更聚焦于服务商科学生的职业生涯规划教育。"财经"即财政、金融、经济，国际语境下的财经是包含商科在内的广义财经，涵盖经济金融类和管理类，不同国家、不同大学在专业细分上有差异。现代学科呈现出高分化、高整合的趋势，在高分化、高整合的辩证统一中，从单一学科、跨学科走向超学科。在当前的学科建设中，各财经高校都非常明确各自学科建设的重点，十分注重学科平台体系、学术组织体系和学术人才体系的全面建设，选择学科群建设方案来引领财经学科的发展。国内代表性财经院校也纷纷选择经济学学科群、经济商科学科群，或经济管理学科群、法律经济学学科群，并由此进入国家一流学科的建设行列。因此，本教材所定义的"商科"，是以集群学科建设为特征的广义商科概念。同时，由于大学学科建设与职业领域中行业、职业的发展具有不完全对称性，故在学科范畴内，本教材使用"商科"概念，在职业范畴内使用"财经"概念予以区别。

高校毕业生就业关系民生福祉、经济发展和国家未来。党的二十大报告指出："就业是最基本的民生。强化就业优先政策，健全就业促进机制，促进高质量充分就业。"人人都有通过勤奋劳动实现自身发展的机会。随着我国经济社会的高速发展，大学生的生涯发展选择也越来越多元化。商科的通用性也使得商科大学生未来的职业生涯发展会涉足多个行业。如何通过职业生涯规划教育，助力商科学生寻找适合的职业，实现自身的全面发展？满足商科学生多元化生涯发展需求与课程包容性提出的挑战，帮助学生们实现高质量的生涯发展是高校就业工作贯彻落实党的二十大精神的题中之义，也是我们撰写本教材的初衷。

基于以上背景，本教材的内容聚焦"新商科"专业认知，通过商科专业和商涯发展通道介绍，助力学生制订学涯计划，完成学涯适应与调试；聚焦"新财经"发展趋势认知，推动学生掌握财经职场信息，明确商涯发展类型和路径；聚焦"新财经"人才胜任力认知，助力学生提升跨界发展能力、就业竞争力和职业贡献力；聚焦"财经特色、创新卓越、国际融入、服务西部"生涯主题，推动学生树立卓越财经人才的职业理想，促进个人发展与国家需要、社会发展大势同向同行。

生涯规划教育重在实践，强调体验式学习。本教材共七章，每章设有学习目标、生涯榜样、思政淬炼、阅读思考、生涯体验站、生涯智慧、课后训练与本章要点导图等模块，介绍了与职业生涯相关的经典理论，自我探索、职业探索、生涯决策的路径和方法，由点及面，力求让学生们对生涯规划、职业生涯规划、就业准备有一个全面的了解和掌握，并能应用相关知识，对自己大学阶段的学涯和未来职涯进行科学规划，实现知识向能力的转化。

西南财经大学的大学生职业生涯规划与创业基础课程于2007年建课，配套慕课"走向商涯：商科学生职业生涯规划"于2020年正式上线；2021年配套教材申报教育部就业创业特色教材;2022年同名课程被评选为全国20门就业创业金课之一。其间,众多有志于学生生涯教育的辅导员、副书记、职能部门老师参与了教学,将自己的智慧奉献于课程建设,本教材是多年课程建设经验总结和提炼的结果。教材编撰从构思到落地历时数年,几易其稿,首都师范大学刘锐副教授,中青创想教育徐俊祥、肖激光等专家提出了宝贵的修改意见,西南财经大学学生职业规划与就业指导中心职业发展教研室的张太富副教授、李艳、何明洁、凌小梅参与了前期筹备和相关章节的修订,在此一并表示感谢!

  在教材编撰过程中,我们参考了国内外职业生涯教育领域的大量文献资料,借鉴了大量专家、学者的理论和观点,但限于眼界和学养有限,尚有诸多疏漏与不足。欢迎老师和学生们在使用过程中提出宝贵的意见和建议,以便更好地修订和完善。

作者

2022年10月

目 录

第一章 商涯唤醒——迈向属于你的大学生涯 ... 1

第一节 生涯与职业生涯 ... 3
一、商涯与生涯 ... 5
二、认识职业生涯 ... 6

第二节 适应大学生活 ... 8
一、高中到大学的变化 ... 8
二、正确认识大学 ... 10
三、大学生活与人生发展 ... 11

第三节 大学生涯发展议题 ... 15
一、尝试经济独立 ... 15
二、追求精神独立 ... 17
三、培养健全人格 ... 18
四、规划学涯发展 ... 21

第二章 商涯启示——树立生涯发展的正向思维 ... 26

第一节 大学的生涯选择困惑 ... 28
一、专业在左,兴趣在右 ... 28
二、考研趋热,头脑要冷 ... 29
三、支持留学,考虑周全 ... 29
四、考公虽火,决策要稳 ... 29

第二节 解决困惑的新思维 ... 31
一、冰山能力素质模型——量身定位 ... 32
二、认知信息加工理论——全面考量 ... 34
三、明尼苏达工作适应理论——能力匹配 ... 36

第三节 生涯理论 ... 39
一、以帕森斯为代表的生涯匹配理论 ... 40
二、以舒伯为代表的生涯发展理论 ... 41
三、以萨维科斯为代表的生涯建构理论 ... 44

第三章 商涯觉醒——发现你的优势 ······ 51

第一节 兴趣探索 ······ 53
一、兴趣与职业兴趣 ······ 54
二、霍兰德职业兴趣理论 ······ 55
三、中华文化对兴趣的论述 ······ 57
四、兴趣测试 ······ 58

第二节 能力探索 ······ 61
一、能力与职业能力 ······ 61
二、KST 能力理论 ······ 62
三、中华文化对能力的论述 ······ 65
四、能力测试 ······ 65

第三节 价值观探索 ······ 67
一、价值观与职业价值观 ······ 68
二、施恩的职业锚理论 ······ 69
三、中华文化对价值观的论述 ······ 71
四、价值观测试 ······ 72

第四节 性格探索 ······ 73
一、性格与职业性格 ······ 74
二、MBTI 性格理论 ······ 75
三、中华文化对性格的论述 ······ 77
四、性格测试 ······ 77

第四章 商涯探索——了解财经职业世界 ······ 81

第一节 商科专业与职业 ······ 83
一、认识商科专业 ······ 83
二、专业与职业的关系 ······ 85
三、商科专业就业趋势 ······ 87

第二节 探索财经职业环境 ······ 91
一、新财经行业分析 ······ 92
二、财经职业分析 ······ 93
三、财经岗位分析 ······ 94

第三节 未来职业世界 ······ 99
一、职业的发展变化 ······ 99
二、无边界职业出现 ······ 101
三、适应无边界职业生涯 ······ 102
四、个人成长跃迁 ······ 103

第五章　商涯决策——平衡未来的期望 …… **107**

第一节　商涯胜任力 …… 109
一、胜任力的概念 …… 110
二、商涯岗位胜任力 …… 110
三、培育商涯岗位胜任力 …… 112

第二节　生涯体验 …… 114
一、生涯体验的内涵 …… 115
二、生涯体验的意义 …… 115
三、生涯体验的形式 …… 116

第三节　生涯决策 …… 120
一、影响生涯决策的主要因素 …… 120
二、理性决策理论 …… 121
三、非理性决策理论 …… 123
四、生涯决策方法 …… 125

第六章　商涯反思——修正生涯决策与行动 …… **133**

第一节　生涯目标制定与行动 …… 134
一、制定行动方案的原则 …… 135
二、制定行动方案的方法 …… 136
三、生涯规划方案的内容 …… 138

第二节　生涯决策与行动评估 …… 142
一、决策行动评估内容 …… 143
二、决策行动评估方法 …… 143

第三节　生涯决策与行动修正 …… 146
一、决策行动修正 …… 147
二、决策行动修正的目的 …… 147

第七章　商涯启航——商科大学生求职准备 …… **152**

第一节　职业形象与礼仪 …… 154
一、塑造职业形象 …… 154
二、掌握职场礼仪 …… 155

第二节　制作简历 …… 158
一、简历的概念及作用 …… 158
二、简历的结构与内容 …… 159
三、简历制作注意事项 …… 162

第三节　面试制胜 …… 164

一、面试前的准备 …………………………………………………………… 164
  二、面试内容和形式 ………………………………………………………… 165
  三、面试技巧 ………………………………………………………………… 167

附　录 ……………………………………………………………………… 171

  附录Ⅰ　基层就业项目介绍 ………………………………………………… 171
  附录Ⅱ　基层就业优惠政策 ………………………………………………… 173
  附录Ⅲ　舒伯的职业价值观测量 …………………………………………… 175

参考文献 …………………………………………………………………… 178

第一章 生涯唤醒
——迈向属于你的大学生涯

学习目标

1. 知识目标
理解生涯和职业生涯的概念。
正确认识高中到大学的变化。
理解大学生涯发展的主要议题。

2. 技能目标
掌握完成大学生涯议题的方法。
掌握规划学业发展的方法。

3. 态度目标
建立成人期的自我意识。
增强独立意识,为即将展开的大学生涯做好准备。

生涯榜样

刘诗白:以经济兴邦 有中国自信

刘诗白,我国著名的经济学家,西南财经大学教授、博士生导师,西南财经大学名誉校长。他1979年提出的所有制变革,成为我国所有制形式发展的理论预言;1988年开始投身银行企业化革命,将我国金融体制变革变为现实;2001年深化对社会主义劳动和劳动价值理论的超前研究。他年轻时以经济兴邦、探索中国道路为己任,在鲐背之年仍旧关注着中国经济的发展。荣膺"影响四川·改革开放30周年十大最具标志性风云人物"称号;入选"新中国成立60周年四川省杰出贡献经济学家""2011成都全球影响力人物"。2017年9月28日,刘诗白获第六届吴玉章人文社会科学终身成就奖。

来自时代的召唤,经世济民的梦想

1937年8月,刘诗白一家为躲避日军战火,从上海逃往四川万县(现重庆市万州区)。

这一年仅有12岁的刘诗白，亲眼看见侵略者的残酷。这让出生在教育世家的刘诗白萌生出"救国兴邦"的念头。

受母亲熏陶，刘诗白常常将自己的一腔热血付诸笔端，在报纸上公开发表诗歌。这些激昂的文字在少年刘诗白眼中是无限的爱国热情。中学之后，抗日救亡运动在大后方如火如荼地进行，各种抗争思想风起云涌。青年刘诗白如饥似渴地阅读各种书籍。他读鲁迅、巴金的著作，读《新华日报》和解放区出版的革命书刊，读左派学者的哲学、社会科学论著，被如火燎原般传播的无产阶级革命思想深深地吸引。

刘诗白回忆说："抗日战争期间，川军的足迹遍布全国各个抗日战场，几乎所有的对日大会战中，都有川军将士的身影。他们在民族危亡之际，为国捐躯。他们是中华民族的英雄！"这对他有很大的影响，他意识到激昂的文字和一腔热血只是纸上谈兵，行动起来才是当下所需。中国人想要摆脱受压迫的命运，必须先改变中国贫穷的现状，而学经济是最好的报国方式。

1942年，刘诗白考入武汉大学经济系。他发现身边的老师、同学思考的问题都是关乎民族解放和国家兴亡的问题。从此，他沉寂下来，开始探索如何成为一个"经世济民"的经济学家。

不管做什么，都是为了中国的振兴

新中国成立后，刘诗白开始了对社会主义市场经济体制的研究。刘诗白意识到，自己作为理论工作者，要解决人们在思想认识和工作中的问题，必须有前瞻性，拿出创新理论。

刘诗白主张构建新的产权制度。他说："改革的核心是国有经济，要把中央计划体制变成商品经济。"针对如何盘活国有企业这个问题，他的设想是让国有企业成为独立的市场主体，让企业拥有独立支配的财产权。

当时的新闻舆论评价这一主张是"搞活我国国有企业的突破口"。对于这一赞誉，刘诗白十分谦虚。他说："在社会转型时期，人们的认识有先有后，我不过属于思想转弯较早的人而已。"20世纪80年代初，刘诗白提出一系列关于社会主义经济研究的结论。他提出，社会主义"全民所有制"应该是"不完全的"，为"把统收统支、吃国家大锅饭的国营企业改造为自负盈亏的市场主体"的必然性和合理性提供理论支撑。这在当时属于具有超强前瞻性的新观点。刘诗白在1981年成都召开的第一次全国所有制理论讨论会上提出了三个关于我国社会主义社会所有制的观点，这些观点对我国后来的所有制发展产生了深刻的影响。

实干治学，杏坛执鞭

刘诗白不仅是一名成就卓著的经济学家，还是一位"桃李满天下"的辛勤园丁。从1951年至今，刘诗白已在西南财经大学从事教育工作60年。1985—1990年，刘诗白担任西南财经大学校长一职，此后任西南财经大学名誉校长。刘诗白工作认真负责，大力开拓创新。在他任校长期间，西南财经大学的教学质量显著提高，学术水平不断提升，学校声誉大为增进。西南财经大学原校长王裕国评价刘诗白说："他是首位打开校门的校长。"

"学堂，最近如何？"这是刘诗白每次从外地回来问的第一句话。从事教学工作时，刘诗白常常需要出差。除利用休息时间从事实践研究，深入调查各地的工厂、农村之外，他还到国外考察和讲学。回校后，他会与师生分享在外面见到的新鲜事物，增长大家的见识。此外,他还经常与学生进行问题讨论,提醒他们注重理论联系实践,要脚踏实地、实事求是。

刘诗白不囿于过往成就,至今仍在经济学领域继续开拓创新,以解决改革创新中出现的经济问题。他说:"中国社会主义市场经济模式坚持了社会主义制度的性质,而不是照搬西方的市场经济,更不是美式的自由市场经济模式;既发挥市场基础调节的作用,又有效发挥政府的职能,既重视效率又讲求公正。"他认为,今后的重要任务是基于我国实践的经验,进一步完善社会主义的市场机制。

在刘诗白看来,我国走的"精准扶贫、脱贫攻坚"道路是全世界的典范,我们需要把这条道路走得更好更开阔。他说:"中国已经富起来,特别是这5年,祖国日益强大,走向国际舞台的中心,向全世界发出声音,这个声音还在增大。现在我们有条件在文化上繁荣起来,成为文化大国,我们需要构建中国理论、中国话语,创建中国特色的哲学社会科学体系,时代的伟大重任落在我们的头上。"

(来源:《巴蜀史志》编辑部.刘诗白:以经济兴邦 有中国自信[J].巴蜀史志,2021,1(40):80-83.)

思政淬炼

青春总是同梦想相伴。习近平总书记指出:"广大青年要勇敢肩负起时代赋予的重任,志存高远、脚踏实地,努力在实现中华民族伟大复兴的中国梦的生动实践中放飞青春梦想",强调"同人民一起奋斗,青春才能亮丽;同人民一起前进,青春才能昂扬;同人民一起梦想,青春才能无悔。"

第一节 生涯与职业生涯

阅读思考 不忘初衷,方得始终

第一个人

这个人叫李朝北,是一位在村里教书的朴实勤劳的山里汉子。他十分热爱教书,更爱他的学生。工资不多的他,为了让班里仅有的二十几位学生顺利读书,变卖了很多家当,一个人住在学校里。

这个村子每年都会涨水,山洪一来,他就会亲自接送一些留守家庭的孩子。遇到危险的路段,他就背着孩子蹚过去。这些感人事迹让村里的乡亲们十分感动,也让人们牢牢记住了他的名字。可是,一个人的力量是有限的,虽然李朝北非常努力,但是每年还是有一些学生选择辍学,这让他感觉有些力不从心。

直到那次村里暴发了一次特大泥石流,李朝北还是像以往一样去接送学生。但是洪水无情,护送学生的路上,李朝北曾几次在生死边缘游走,最终还是有一个学生在泥石流中被冲走，失去了宝贵的生命。李朝北无法接受这样的事实，他陷入深深的自责中，觉得自己连一个孩子都保护不了，不配拥有人民教师的称号。那次灾难过后，李朝北就辞职离开了村子。

第二个人

此人叫凌厉。他是一知名企业总裁的贴身保镖兼司机。这份工作几乎需要他经常待在总裁身边，很是辛苦，也能经常见到一些业内龙头企业的领导人和业内的顶尖人才。

有一天，一个人找到凌厉，希望凌厉每天用半小时的时间打电话汇报总裁当天的行程以及具体见了哪些人，聊了哪些事。每汇报一次，这个人就会往凌厉的卡里汇入十万元。凌厉犹豫了很久，还是答应了。

两周后的某一天，公司的股票突然大跌，且接下来的几天都连续下跌。从身价上亿到负债累累，这个转变实在太快了，总裁迅速成立调查部门，很快找到了股票跌停的始作俑者——凌厉。就这样，凌厉因为金融犯罪而被捕入狱。

最后一个人

这是一位在当地受人尊敬的企业家，名叫王平。不惑之年开始创业，王平用了短短几年就将自己不大的餐饮小店做成了当地的连锁品牌，成了业内的一匹黑马。

刚过花甲之年的王平事业风头正盛，不过他本人为人处世却很低调，让人丝毫看不出他已经身价过亿了。王平一直单身，有时候周围的朋友也会帮他介绍对象，不过都被他婉拒了，问他原因，他也只是笑笑。在他的办公桌上一直摆着一张小女孩的照片，不知道是不是跟这个小女孩有关。

令人震惊的是，王平突然一夜之间转让了自己的品牌，随后将自己的资产全部捐赠出去。有的人猜测，他一直独来独往，即使拥有巨额财产，也无人分享，索性就捐赠出去。无论如何，王平做到了，随后很快消失在人们的视野中。他的朋友、下属和合作伙伴都找不到他的踪影。

李朝北、凌厉、王平，这三个人，拥有着三种传奇人生，仿佛来自不同的时空。

原来……

李朝北在辞职后，仍然挂念着自己的学生，想要解决村里孩子辍学的问题。后来，他决定去城里打工，多挣些钱贴补学生的学杂费。进城后，他幸运地成为知名企业家身边的保镖，但金钱的诱惑也让他逐渐偏离了正轨，突破了自己的底线。

这就是保镖凌厉。成为凌厉后，他很快攒到了一大笔钱，但也很快被捕入狱。狱中的凌厉表现很好，改造积极。十年后，凌厉出狱了，因为之前当过企业总裁的贴身保镖，跟着企业总裁接触过一些商业人士，间接地了解了一些商业知识。于是，凌厉开始自己创业，几年后，企业家王平出现了。

之前的波澜起伏都是为这次的一鸣惊人做铺垫，短短几年，王平的品牌越做越大，他的企业成为当地的龙头企业。功成名就的王平却选择及时身退，将赚的钱全部捐赠出去，用来帮助上不起学的贫困学生和建造希望小学。

如今的他，回到了自己的村子，在村子的小学里，做着敲钟的工作。他的桌子上，还是摆着那张小女孩的照片，那个女孩就是在泥石流中不幸逝世的学生。

也许,更多的时候,人生的路就是波澜起伏,一路跌跌撞撞,大起大落。不忘初衷,方得始终。走到终点又回到起点,生命才是最圆满的吧。

(来源:张彪.人生可能是一条曲线[J].成才之路,2010,06(12):1.有删改)

一、商涯与生涯

(一)商涯的含义

商涯即商科专业人才的生涯,是商科专业学生从专业学习、工作、创业,到实现职业理想和人生价值的整个过程。

本书所定义的"商科"是以集群学科建设为特征的商科概念。现代学科呈现出高分化、高整合的趋势,在这种趋势的辩证统一中,学科从单一化走向多样化、系统化,从跨学科最终成为超学科。在目前的学科建设中,各财经类高校都高度重视学术组织体系、学科平台体系与学术人才体系的全方位建设,通过构建学科专业群方案来引领国内财经专业的发展,最终确定了各自的学科建设重点。国内"双一流"财经院校,如上海财经大学、中央财经大学、对外经济贸易大学、西南财经大学、中南财经政法大学等,纷纷选择经济学学科群、经济商科学科群,或经济管理学科群、法律经济学学科群,并由此进入国家一流学科建设行列。

商科大学生正处于商涯的初始阶段,这一阶段也是人生中精力旺盛、创造力强的时期,因此要牢牢把握这一时期,通过商涯发展教育的学习和实践,主动进行自我尝试、角色试探及职业探索,达到自我商涯健康发展的目的。

(二)中国传统文化中生涯的含义

"生涯"的概念,最早出自《庄子·养生主》:"吾生也有涯,而知也无涯。以有涯随无涯,殆已!已而为知者,殆而已矣!为善无近名,为恶无近刑,缘督以为经,可以保身,可以全生,可以养亲,可以尽年。"其中,"生"是指人生或生命,"涯"是指边界或界限。庄子的这句话道出了"生涯"的特性之一:人的生命是有限度的,即人生的长度是有极限的。

"生"字最早见于甲骨文。生的本义是草木破土萌发,后引申为从无到有、出现。涯是水的边缘,后引申为边际、范围。另外,古人对"生涯"内涵的界定,还有生活、生计和生活方式等含义。例如,刘长卿在《过湖南羊处士别业》中的"杜门成白首,湖上寄生涯",杜甫在《杜位宅守岁》中的"谁能更拘束,烂醉是生涯",元曲《汉言秋》中的"番家无产业,弓矢是生涯"等句,指的就是这层意思。从以上诗句可以看出,在各位诗人的心里,生涯呈现出不同的风貌。这道出了"生涯"的特征之二:人的生命是独特的,每个人都应该走出一条属于自己的生涯之路。

(三)西方生涯的定义

美国心理学家唐纳德·E.舒伯(Donald E. Super)指出,生涯是指生活中各种事件的演进方向和历程,它统合了一个人一生中各种职业和生活角色,由此表现出个人独特的自我发展形态。换句话说,生涯是一个人一生中所从事的工作、所担任的职务和角色的总和,如学生、雇员、家庭成员、公民与退休者。

人的生涯发展既是一个自然生命的成长过程,也是一个自我设计与创造的过程。在这个过程中,由于职业在所有事件和角色中具有非同寻常的作用,很大程度上影响和决定着人生的其他角色和经历,对人有至关重要的影响,因此,生涯是以职业为主轴和动力源的。舒伯的这一概念,道出了"生涯"的特征之三:生涯是由各种角色组成的,即人的生命由各种角色组成,不同的生涯阶段,角色的种类、角色投入的时间多少是不同的。如果一个人能意识到自己所处的生涯阶段,以及这个生涯阶段应该扮演的角色,并能投入其中平衡好这些角色,那就是生涯成熟。

二、认识职业生涯

(一)职业生涯的内涵

职业生涯一般是指人一生整个职业发展的历程。个体在整个生命过程中所从事的工作,既包含过去、现在及未来的所有能够在现实中观察到的职业历程,也包含个体对自身职业生涯的想法及对未来的展望。职业生涯是以个人的生理、心理、智力、技能等开发为基础,从工作内容、业绩评价、薪资待遇、职级变化维度满足个人需求的职业体验及心理体验的历程。

(二)职业生涯的分类

职业生涯可分为内职业生涯与外职业生涯两类。

1. 内职业生涯

内职业生涯是指从事一种职业时的知识、观念、经验、能力、心理素质、内心感受等因素的组合及其变化过程。内职业生涯可以通过个人的职业表现、工作业绩、职业感受等表现出来。

虽然内职业生涯的构成因素会受到职业外部环境的影响,如社会经济发展趋势、行业趋势、职场人际关系等,但主要还是由自我意识、情绪管理、个人努力程度决定的。内职业生涯满足感一旦建立,别人便不能收回或剥夺。

2. 外职业生涯

外职业生涯是指从事某职业时的工作时间、工作地点、工作单位、工作内容、工作职务、工资待遇等因素的组合及其变化过程。外职业生涯通常可以通过名片、收入、职位等体现出来。

外职业生涯通常由外部给予和他人认可构成,但这种给予和认可具有不确定性。评价通常带有主观性,因此外职业生涯可能会与个人的实际付出不匹配,特别是在职业生涯发展的初期。有的人只关注外职业生涯的成功,而忽略了内职业生涯的价值,一旦受到他人的负面评价就容易产生压力和烦恼,因为他们不了解,内职业生涯的满意度才是外职业生涯成功的前提。

生涯体验站· 生涯幻游

一起坐着时光机来到了十年后,现在你多少岁？想象自己的容貌、周围的场景。

你躺在床上,清晨醒来,睁开眼睛,看到天花板是什么颜色的？

你下床的时候,脚趾接触到地面,请感受一下地面的温度,是暖暖的还是凉凉的？

梳洗之后你来到衣柜前准备换衣服上班,今天你准备穿什么样的衣服？穿好衣服看镜子里的自己是什么样子？

你早餐吃什么？和你一起用餐的还有谁？你们在聊些什么？

吃完饭出门,关上大门,回头看一下你的家是什么样子？

你用什么交通工具去上班？

你到工作的地方了,这个地方看起来是什么样子？

你跟同事们打招呼,他们都怎么称呼你？还有哪些人出现在办公室？他们在做什么？

你坐下安排工作,上午的工作内容是什么？会用到哪些东西？

上午结束,你午饭打算吃什么？跟谁一起吃？

下午的工作跟上午有什么不同？你在忙些什么？

结束了一天的工作之后,下班的你要参加什么活动？

你回到家,家里都有哪些人？

晚饭后你都做了些什么？

睡觉前,你计划明天参加一个颁奖典礼,你是获奖者之一,你将接受的奖项是什么？谁来给你颁奖？

你的获奖感言是什么？

该上床休息了,躺在床上回忆一天的工作和生活,你满意吗？

请写出你对生涯幻游中问题的答案：

给十年后的自己写一句话：

第二节 适应大学生活

阅读思考 芦苇和大树

有一棵高大的橡树总是嘲笑河边的矮小芦苇:"喂,丑陋的家伙,你看我的身材多么高大伟岸呀!而你呢,如此瘦弱,真是可怜呀!"芦苇没有说话,它把头垂得更低了。

在一个狂风暴雨的夜晚,大橡树被连根拔起,吹到河边,落在芦苇丛中。芦苇没有嘲笑它,反而用柔弱的肩膀托起了大橡树。

大橡树无比惭愧地说:"唉,真不明白,你们那么弱小,竟然没有被大风吹倒。"

"那是因为你和狂风抗争的结果,而我们就不是这样,面对微风,我们在它面前点头,面对狂风,我们就在它面前弯腰,所以,我们能避免被它摧残,不会被它折断。"芦苇说。

芦苇千百年来给人的印象是没有骨气,随风而倒。在现实生活中,许多人认为自己比别人优秀,看不起像芦苇那样的人,更不屑于同他们打交道。可是,他们在处处碰壁、受伤惨重之后,又开始感叹自己环境适应能力太差。他们没有意识到,看似柔弱的芦苇实际上生存适应能力比大树强得多。

(来源:伊索. 伊索寓言精选[M]. 罗念生,译. 北京:人民文学出版社,2003.)

一、高中到大学的变化

(一)大学学习和高中学习的比较

"大学生"中依然有"学生"二字,学习依然是大学生最重要的生涯任务,是大学生活的主旋律,大学生必须把学习放在大学生活的中心位置。但是大学学习与高中学习相比(见表1-1),在学习目标、学习内容、学习方法等方面发生了重大变化,形成了鲜明的特点。

表1-1 大学学习和高中学习的不同

项目	高中	大学
学习目标	高考	学分制,掌握专业技能,提升综合能力
学习内容	多为基础知识,内容较少	课程容量大,更有广度和深度
学习方法	监督教学	自主学习,可自由支配的时间较多
授课方式	小班教学	大班听课
授课情况	老师"手拉手"反复教学	鼓励学生提问,组织讨论,要求学生课后查找资料和实践等

1. 学习目标的改变

高中阶段,高考作为指挥棒,有明确的大纲、指标、历年题库,指引学生学什么、怎么学,因此大家都明确努力的方向。大学的学习目标更加多元,除了专业知识的学习,还包括综合能力的提升。在形式上,大学实行学分制,学分制是以选课为核心,教师指导为辅助,通过绩点和学分衡量学生学习的质和量的综合教学管理制度。以西南财经大学某专业为例,要求学生毕业时至少完成176个学分,包括课堂教学152个学分、实践环节20个学分、第二课堂4个学分。学生在毕业时无法完成规定学分,可以申请延期毕业。学分制的教育模式给大学生一定的自由度,在完成基础学分的基础上,学生能够探索更多可能性。但失去明确目标的大学生容易出现学习懈怠、浪费宝贵的求学时间的情况。

2. 学习内容的改变

高中主要学习一般性的基础知识,大约有15门课程;大学是专业性学习,一名学生要学习60门左右的课程。大学课程的容量、广度及深度要远远超过高中。大学除了学习理论知识,还要进行各种技能的培养与提高,重视综合素质的养成。教师的授课内容并非都来自教材,而是加入了很多教材之外的新知识、新信息。教师鼓励学生提问题、组织讨论,要求学生课后查找资料和实践等,提倡学生自学。大学的学习具有很强的专业性,学习的内容随着科技的发展不断更新、深化。大学通过开设众多门类的选修课程、辅修课程,实施双学位制度,开展课外科研实践活动及相关相近专业交叉互学等措施,为学生扩充知识、全面发展提供了更加广阔的空间,使大学的学习内容更加广博精深,丰富多彩。

3. 学习方式的改变

在高中,学习进度、学习时间、学习内容等都由教师把控,均为小班授课。而大学提倡自主学习,没有固定的教室,一般为几个班一起上课,多为大班授课。教师在课上主要讲授重点和难点,一节课可能讲一章或者几章的内容。大学鼓励学生进行研讨式学习,同学之间相互讨论、组成项目制学习型小组,成为大学学习的重要方法。同时,大学鼓励学生充分利用校园网络资源、图书馆资源、社会网络学习平台学习国内外优质课程,这些成为学生吸收知识养分的重要途径。大学需要学生主动利用好可自由支配的时间,做好自己的学习安排。

(二)大学生活和高中生活的比较

进入大学后,和高中不同,衣食住行等个人生活都由自己处理安排,因此大学生应主动适应生活方式的变化,注意培养独立生活的能力,自主合理地处理好个人的学习和生活问题(见表1-2)。总的来说,自主、自立、自律是大学生活的主旋律。

表1-2 大学生活和高中生活的不同

项目	高中	大学
宿舍环境	室友多来自同一地区,生活习惯相近	室友来自五湖四海,经济差异、性格差异、地域差异明显
自由支配时间	多用于作业、课外班、自习	完全自主,可以自习、去图书馆学习、参加社团、宅在宿舍、打游戏、兼职等
经济消费	父母把控,花销类别单一	同学间经济差异明显,花销类别更为丰富,需要做好自己的财务管理

1. 生活环境的变化

生活方式由依赖向独立转变。高中阶段,生活基本由父母安排,缺乏独立空间,难以独立生活;大学阶段,打饭、洗衣、叠被褥、收拾宿舍等,凡事都要靠自己处理。生活习惯上,同学们来自五湖四海,饮食、语言、作息时间与卫生习惯各不相同,需要学会自我调整,学会包容他人,不傲慢、不自卑,学会共同生活。

2. 时间管理的变化

高中的时间很紧张,感觉充实。大学的时间很自由,如果长时间缺乏规划,可能就会感觉无聊和空虚。时间是一个很特殊的概念,它无法储积,无法取代,更无法失而复得。大学生课余生活丰富多彩,有各种社团活动、学术报告、讲座等,很多人从忙碌到盲目再到茫然,忙不完的社团活动、停不了的学生会议、做不完的实验、看不完的书、考不完的证、升不满的游戏级。如果什么都干,什么都干不好,就会产生挫败感和迷茫感。大学需要通过摸索尝试,不断反思和调整,才能找到自己的方向。

3. 经济消费的变化

高中时的消费多集中在购买学习用品,其他消费则主要由父母管理。进入大学后,消费结构和类型更加多元,且基本自主。同时,存在一定的"同群效应",即消费行为和水平容易受周围同学尤其是室友的影响。如果之前缺乏个人财务管理的经验,就需要加强个人财务管理的学习,同时防止攀比之心,预防网络贷款等不理性消费给自己和家庭造成财务困境的风险。

二、正确认识大学

大学是什么,大学对自己有什么意义?这是初入大学的学生需要首先思考的问题。

"大学之道,在明明德,在亲民,在止于至善。"意思是高层次的学问,在于弘扬光明正大的品德,在于使人弃旧图新,在于使人达到最完善的境界。这句话出自儒家经典《大学》的开篇。这里谈到的"大学",是指大人之学、君子之学、走向人生大道的学问。大学生能够开始研习"大学",表明生理与心理上逐渐成熟,要遵守君子之德,开启光明大道。这一点和我们今天普通意义上的"大学"概念不同,但其内涵却有着一致性。2018年,习近平总书记到北京大学调研时,专门提到了这句话,激励所有已经迈过18岁成人年龄的青年学生做一个心性光明、行为努力、目标远大的成年人。

大学的英文是university,词根是universus,意指世界的不同部分相遇之处。不同文化背景、不同人生阅历和不同大学经历的人,对大学的感悟都是不一样的。

20世纪初,中国现代大学教育制度的创立者蔡元培先生说:"大学为纯粹研究学问之机关,不可视为养成资格之所,亦不可视为贩卖知识之所。学者当有研究学问之兴趣,尤当养成学问家之人格。""大学乃研究学术之机关。大学大师之学,无大师则无大学。"中国近代教育史上重要的教育家梅贻琦先生说:"所谓大学者,非谓有大楼之谓也,有大师之谓也。大学实行通才教育,主张健全人格,由教授治校,有学术自由探讨的风气。"现代物理学的开创者和奠基人爱因斯坦说:"学校的目标始终应当是:青年人在离开学校时,是作为一个和谐的人,而不是作为一个专家……教育,是人们遗忘了所有学校灌输的知识后,仍能留存的东西。"古希腊哲学家柏拉图说:"高等教育学习的目的不在实用,而是为了锻炼'纯粹思维'的能力,激发学生了解'理念世界'、追求'纯粹真理'的兴趣。提供智能、理性和思考的练习环境,让年轻人凭借自身所具有的敏锐、坦荡、同情力、观察力,在共同的学习、生活、自由交谈和辩论中,得到受益一生的思维训练。"

大学能让我们集中解决很多困惑,从而形成自己早期的处事原则。大学让我们明白,世界上有很多优秀的人,从而形成靠近的动力。大学让我们明白,不是大学决定我们的未来,而是我们要知道自己想要成为哪种人。大学让我们明白,面对现实,抱怨是无用的,努力奋斗找到自己最合适的位置才是最重要的。大学赋予我们足够的时间和实践去认真思考怎样的人生才是有意义的人生,让我们树立正确的世界观、人生观、价值观。总之,大学是让我们从稚嫩走向成熟的精神殿堂。

三、大学生活与人生发展

(一)大学是个人成长的重要时期

大学时期是人生发展的关键时期,大学生会在这一时期逐渐形成自己的世界观、人生观、价值观。大学生的心理在青年时期尚处于不断变化当中,虽然具备敏锐的观察能力,但思考能力还需进一步深入;拥有复杂的情绪情感,但也容易冲动,情绪管理的能力还需要历练;产生了强烈的自我意识,但也容易陷入自我中心,不容易平衡好自己与他人及社会的关系;意志水平上虽然较少年时期有所提升,但韧性还需要磨炼;气质、性格逐渐稳定,但人生观还呈现出一定的波动性、可塑性和矛盾性。

青年处在价值观形成和确立的时期,抓好这一时期的价值观养成十分重要。这就像穿衣服扣扣子一样,如果第一粒扣子扣错了,剩余的扣子都会扣错。人生的扣子从一开始就要扣好。这个阶段,怎样处理好理想与现实、权利与义务、个人与集体、竞争与合作、自由与纪律、尊重与平等、友谊与爱情、学习与工作等关系,怎样做人,怎样做事,怎样做学问,过怎样的生活,树立怎样的人生追求和志向,这一系列的人生课题,都需要大学生自己去观察、思索、选择。

(二)大学是个人自我认知的绝佳时机

越是了解自己的人,在生活中困惑越少。大学是个人成长中在情感、知识和人际关系等方面综合发展的关键时期,在此阶段最需要弄清楚"我是谁",才能明白"我要到哪里去"。因此大学生需要认识到自己喜欢做什么,有什么样的人格特质,能够做什么,哪些是自己生命中可能看中的,不仅需要思考、探索,还需要做出决定,以及承担相应的结果。同时,大学本身是个缓冲地带,大学生所做决定的结果不会造成很大的影响,而且还有时间来修正自己的决定,逐渐让自己做出的决定更理性、更适合自己。所以大学生要利用该阶段进行充分的自我认知和自我塑造。

(三)大学是专业奠基的关键时期

大学生经过系统的专业化学习,归根结底就是要提升自己的思考能力和学习能力。尤其是当今科技飞速发展,社会信息化、智能化水平不断提高,在学校学到的知识终归是有限的,而且相当一部分内容随着科技和社会的发展将快速更新。大学生求学期间最重要的是学会如何学习,掌握有关技巧,找到适合自己的学习方法,培养各种学习能力,在将来工作时,面对全新的任务,能够在短时间内熟悉有关知识,找到重点、难点并解决它。此外,在大学里找到自己的专业兴趣,并且按照兴趣充实相关知识,围绕专业兴趣建立起相应的专业知识体系也很重要。很多有大成就的人,在大学就已经确定了自己的兴趣方向。中国著名经济学家于光远在上大学时,对马克思主义产生了兴趣,开始关注自然哲学等问题。他从学校图书馆里借阅了恩格斯的《反杜林论》和列宁的《唯物主义和经验批判主义》。他回忆道:"这两本书带给我的震撼是前所未有的,使我对马克思主义发生了浓厚的兴趣,可以说从此我开始走上了成为一个马克思主义者的道路。"

所以,在大学里,学生们要追随自己的激情,勇敢探索,找到自己感兴趣的方向,即使不能修读相关专业,也可以选修相关课程,利用好学校提供的教学资源和图书资源。相信在未来的某一天,"连点成线",自己之前所有的努力就会勾勒出一条美丽的曲线。

(四)大学是人际培育和社会认知的宝贵阶段

学生时期的友谊是最真挚的,大学是对社会进行观察和思考的重要阶段。大学期间结交的朋友,单纯而真挚,情感深厚。同学之间的交往在很大程度上不涉及利益,可以充分信任这份珍贵的友谊。新东方创始人俞敏洪创业初期的合伙人徐小平、王强均是他的大学同学,他们能回国参与新东方的初创,源于大学四年相处中积累的信任。大学生可以从宿舍、班级、专业、社团等各种团体里找到志同道合的挚友,在精神上和资源上相互支持,这将是一生的财富。当有一群人可以信赖的时候,再去面对社会,自己更有信心,对社会的感触也更亲近。

此外,大学阶段是积蓄人生能量的黄金时代,例如,著名学者、翻译家梁实秋就曾经在书中写到,大学期间是他最自由、最美好的时光,因为那是他整日沉浸阅读的岁月。梁先生曾说:"一天当中如果抽出一小时来读书,一年就有三百六十五小时,十年就有三千六百五十小时,积少成多,无论研究什么都会有惊人的成绩。一个人在学校读书的时间是最值得被羡慕的一段时间,因为此时个人没有生活的负担,时间完全是自己的。"

拓展阅读 青春壮志无悔,国防生涯不碌

作为一名国防生,在校时的袁某要做的不仅是学好专业课,其他时间还要参加训练、进行军事参观和军事训练课程。他的大学生活更加充实和忙碌,或许训练也算是很重要的"专业课"了。

进入大学的第二个年头,袁某经历了许多,也改变了许多。从汶川地震时的抢险救灾到奥运会火炬传递等一系列事件中都能看到他的身影。5·12汶川地震时,袁某与其他国防

生成为第一批志愿者,第一时间赶到现场,跟着当地的公安和空军部队去安置居民、运送物资以及开展救援活动。那段时间他内心有了许多细腻的变化,他说:"作为第一批志愿者,作为国防生能强烈地感觉到军队为人民服务的宗旨,作为财大的学生又有一种'经世济民,孜孜以求'的精神在里面。那段经历给予了我成长,让我从一个涉世未深的大学生变成了一个想担祖国重担的人。"

面临毕业,同班同学或是出国留学、升学深造,或是从事与自己专业有关的工作,而袁某则毅然决然选择了去祖国的边疆。夏日炎热,当别人在空调房里面怡然自得时,他在沙漠边缘摸爬滚打,一开始他的心里也有着委屈和心酸。但是他从不曾后悔:"大学四年,我们与其他同学不同的就是学到了三个字——大局观。"从大学四年整体规划学习和生活开始,每一段都是大局观的体现,他说从他对着党旗发誓的那一刻起,他的一生就和国家的安危共进退了。

(来源:西南财经大学校友会.)

生涯体验站·大学愿景九宫格

1.活动目的
评估之前的综合发展,看到自己缺失的方面。

2.活动背景
金树人老师在团体辅导手册中提出了生涯九宫格的概念,将人们的生涯发展概括为学习进修、职业发展、人际交往、个人情感、身心健康、休闲娱乐、财务管理、家庭生活、服务社会九个方面。图1-1在此基础上进行了修订,更符合大学阶段的现实。

3.使用说明
图1-1的每个格子都设计了相应的问题,请同学们依次回答这些问题,并填写在随后的空格里。

学习进修	学业发展	人际交往
■ 本学期内,你有哪些学习目标? ■ 为了达成未来的职业目标,你需要提升哪方面的知识技能?	■ 目前求学阶段,什么占据了你大部分精力与时间? ■ 当下,你希望完成的核心任务是什么?	■ 你感觉自己难以沟通交往的人有哪些? ■ 哪些社交场合让你感觉不自在?
个人情感	身心健康	休闲娱乐
■ 你为自己的亲密关系做了哪些? ■ 你建力并维持亲密关系的能力如何?	■ 你有没有坚持运动的习惯? ■ 你如何保持自己心情愉悦?	■ 你有哪些兴趣爱好,用以平衡学习生活以外的时间? ■ 你学习之余会做哪些事让自己感受创造性和成就感?

财务管理 ■ 你每个月的生活费是如何支出的？ ■ 你有哪些个人或家庭的理财计划？	家庭生活 ■ 你是否从内心接纳并尊重你的父母？ ■ 你和父母的关系如何？	服务社会 ■ 你参与过哪些公益活动？
学习进修	学业发展	人际交往
个人情感	身心健康	休闲娱乐
财务管理	家庭生活	服务社会

图1-1 生涯九宫格

哪些"格"曾经被自己忽略？

如果希望在未来提升的话，你主要在哪些方面改变呢？

如果从中选择一个"格"着手做到比今天更好一点，你会选择从哪里开始？

第三节　大学生涯发展议题

阅读思考　最大的麦穗

一天,古希腊哲学家苏格拉底和自己的学生们来到一片麦田边。此时正是麦子成熟的季节,眼前是一大片沉甸甸的麦穗。苏格拉底对他的学生们说:"你们去麦地里摘一株最大的麦穗,只许进不许退,我在麦地的尽头等你们。"

听完苏格拉底的要求后,学生们就走入麦田开始寻找最大的麦穗。地里的麦穗一株比一株饱满,一株比一株大,到底哪一株才是最大的呢?学生们一边筛选,一边纠结,就这样慢慢地往前走。虽然有时也会遇到很大的麦穗,但学生们很快就看到了更大更饱满的麦穗,于是就将手里的麦穗丢掉,寻找更好的麦穗。他们觉得这么大的麦田,机会有很多,没必要过早地下结论。

学生们一边挑选着麦穗一边往前走。走了许久之后,他们突然听到苏格拉底大声地喊:"不要往前走了,你们已经走到头了。"学生们抬起头,这时,他们才发觉自己已经走到了麦田的尽头。可他们的手里空空如也,最终,学生们连一株最大的麦穗都没有挑选到。

苏格拉底对学生们说:"这块麦地里肯定有一株是最大的,但你们未必能碰见它,即使碰见了,也未必能做出准确的判断。因此最大的一穗就是你们刚刚摘下的那个。"

听了这番话,苏格拉底的学生们悟出了一个道理:人的一生仿佛在麦地中行走,也在寻找那最大的一株麦穗。有的人见到了颗粒饱满的"麦穗",就不失时机地摘下了它;有的人则东张西望,一再错失良机。把眼前的一株麦穗拿在手中才是实实在在的。

(来源:东方.中外哲理故事[M].济南:山东教育出版社,2014.)

一、尝试经济独立

从生命周期角度看,大学生已进入人生最重要的"成人期",成年人首要的任务是经济独立。随着我国市场经济的建立和逐步发展,大学生的经济独立意识也在不断增强。他们不再"两耳不闻窗外事,一心只读圣贤书",而是更为积极、主动地着眼于现实,不再"等""靠",而是主动出击。虽然在我国文化背景下,社会和家庭对大学生的经济独立没有严格要求,但对渴望独立的大学生而言,有意识地尝试经济独立,对于未来精神和人格独立具有重要意义。

(一)当前大学生的经济生活状况

大学生处于校园与社会交界处。大学是一个精彩的"小社会",那么大学生的生活状况如何?大部分大学生的经济来源与支出怎样?《大学生》杂志围绕大学生生活消费现状、消费结构变化、消费趋向变化等方面进行了调查,公布了《2022年度大学生生活费使用状况调查报告》。调查结果显示大学生时尚社交消费占比较大、用于学习的消费支出偏低、财务能力和管理意识有待加强。

1. 大学生时尚社交消费占比较大

大学生每月的生活费主要集中在 500～1200 元,较前一年增幅为 18.34%～23.57%。增长的原因除温饱消费支出增加外,也与大学生消费观念转变有关。调查显示社交消费、高科技产品消费、时尚消费增多。

总体来看,男生的生活费比女生要高。男生除了温饱消费高于女生外,在社交、恋爱方面的消费也远远高于女生的消费。有 36% 的男生认为除温饱消费外,每月的消费项目主要包括恋爱消费。同时,追求时尚和新颖也是大学生消费的主要特点,女生对时尚服装和化妆品的追求较为突出。

2. 大学生用于学习的消费支出偏低

大学生用于学习方面的支出偏低,每月学习方面的支出在 50 元以内的学生占比约为 62%。学习支出在 250 元以上的学生占比仅有 3%。经数据估算,大学生用于学习方面的支出仅占每月生活费总额的 5% 左右。大学生学习消费支出偏低的原因与高校提供的完善学习系统,国内外社交网站为学生提供了海量免费学习信息有关。

3. 大学生财务能力和管理意识有待加强

调查显示,大学生依然对家庭有很高的经济依赖性,96% 的受访大学生生活费用来源于父母;29% 的大学生生活费用来源于奖学金、助学金;21% 的大学生生活费用来源于勤工俭学。此外,53% 的受访大学生表示在校期间做过兼职。半数大学生每月消费没有余额,只有 33% 的大学生略有余额,还有 15% 的大学生出现了透支生活费的现象。

(二)培养经济独立的意识

大学生经济独立并不是指大学生脱离父母养育的完全独立,可以是部分独立。例如,尝试自己挣到部分学费和生活费。大学是进入社会的过渡期,这一时期提高财商,尝试经济独立,还可以提高自立能力和工作能力。曾任威斯康星大学校长的范·海斯(Van Hise)就指出:大学不在训练人力(manpower),而在培育人之独立性(manhood)。

有人会认为,大学生毕竟还是学生,能够在学校里实现全部或者部分经济独立固然是好的,但如果大学生不想去做,那也无可厚非。其实,这种想法对大学生的角色理解存在片面性。大学生的学生身份毋庸置疑,但也应该看到,大学生作为成年人应当承担一定的责任。大学生是具备一定经济独立能力的人,无论从经济独立还是精神独立方面都可以做得更多。

(三)大学生经济独立的途径

大学是精彩社会的缩影,也是大学生进行社会适应实操的绝佳场所。大学生有主动学习经济自理的多种途径。

1. 勤奋学习,获取奖助学金

各高校为大学生设置了各种奖助学金,大学生可通过勤奋学习获取,例如,西南财经大学为本科大学生构筑了国家奖助学金、国家助学贷款、学费补偿贷款代偿、校内奖助学金、勤工助学、困难补助、伙食补贴、学费减免、"绿色通道"等多种方式的混合助学体系。国家奖学金资助金额为每人8000元，国家励志奖学金资助金额为每人5000元，国家助学金分为三档：一等4400元，二等3300元，三等2200元。

2. 挖掘校内资源，勤工助学

勤工助学是指大学生在学校的组织下，利用课余时间，通过自己的劳动取得合法的报酬来改善学习和生活条件的社会实践活动。目前，西南财经大学每年为本硕学生提供勤工助学岗位1200余个，虽然校内勤工助学的收入可能要低于校外的工资水平，但校内工作一方面能够最大限度地保证学习时间不受影响，另一方面避免了可能存在的求职风险，对初步积累职业体验的学生而言更为适合。

3. 走向社会，假期兼职

兼职可以分为两类：一类与专业知识关联较紧密，如做家教、带托管班、任培训机构讲师等，这类兼职时薪较高并有利于巩固专业知识；另一类与专业知识关联度较小，如导购员、服务员等，这类兼职时薪较低，但可以更全面地提升自我适应社会的能力。当然，大学期间也可以利用寒暑假的时间，选择一些与自己未来职业规划相关的实习。校外兼职实习一定要做好自我保护，了解岗位信息，注意防骗，保护自身安全。

二、追求精神独立

（一）如何理解精神独立

"人无精神不立，国无精神不强。"人的生命是自然生命和精神生命的统一体。自然生命是人的肉体生命，是人展开生命活动的基础。精神生命则是意识、思维、情感、意志和价值的总和，是人生命活动的升华。苏联教育家苏霍姆林斯基说："真正的人要有人的精神，你作为一个人生了下来，就要成为一个大写的人。真正的人要有一种精神——人的精神。这种人的精神会在信念与情感、意志与追求之中，会在对待他人和自己本人的态度上，会在分明的爱与憎，在善于看到理想并为之而奋斗方面表现出来。"可见，精神生命是人的本质生命的体现，既是人与动物区别的标志，也是人与人之间的根本区别。

精神独立性是指个体在社会中有自己独立的不依赖于他人、外物的价值观、思维方式、道德观念、理想信仰等，表现为独立生活能力、道德自立、情绪自主及丰富的精神生活等。精神独立性是人自我探索、自我成长的重要维度。人唯有精神的独立才能真正挺立在这个世界上，成为真正的人。

大学生处于精神独立性发展的重要时期，如果此时能较好地塑造自己的精神独立性，就可以为未来人生奠定良好的基础。观察现实可以发现，一方面当代大学生自立、自尊、自强，呈现出较好的精神独立性；另一方面也不可否认，大学生也面临着不少困惑和迷茫，其精神独立性层面尚显不足。

(二)精神独立的表现

现在大学生大多为"00后",随着国家发展日新月异,大学生呈现出更加积极、健康、开放的精神面貌,其精神独立性体现在追求理想、崇德向善、自尊自强等方面。

1. 追求理想

理想是对目标的设定,是一种强大的精神力量,这种力量既支撑现实又指向未来,表现在职业发展中,就体现为职业的志趣。理想是人对自我和外在世界的双重探索,是对美好人生或美好社会的期待和愿望,是精神独立性的重要表现。

新时代是充满希望的时代,为每一位有远大志向和理想的大学生提供了发展自我、展示自我的平台和机会。大学生也有思路、有见识、有勇气去追求自己的梦想,敢于突破传统思维定式,充分发挥自主性和创造性。国家鼓励大学生创新创业,一些大学生也不再固守传统的就业择业观,毕业后选择自主创业,甚至有些在校大学生已经开始创业并取得不错的业绩。例如,1998年毕业于西南财经大学的杨永琼,放弃了成都的工作,选择回到家乡云阳县,在海拔1100多米的无量山上当起了现代果农。她在无量山营盘岭承包了280多亩荒地,基本靠肩扛手搬把山上的乱石坡改造成了梯田,建成了标准化的梨园。

2. 崇德向善

人无德不立,道德自立是精神独立性的重要体现。2013年7月17日,西南财经大学毕业生曹顿山因抢救落水战友不幸牺牲,年仅26岁。曹顿山用自己年轻而宝贵的生命,诠释了当代军人的责任意识和奉献精神,塑造了一名共产党员的光辉形象,谱写了西财学子大爱行天下的感人篇章,显示了当代大学生无私利他的高贵品质。

3. 自尊自强

自尊指尊重自己,建立在对自我评价基础之上,能促使个人主动行动,朝着目标努力。自强指不断自我勉励、发奋图强,不断提升和完善自己。自尊自强是精神独立性的重要体现,也是支撑人前进的重要精神力量。调查显示,大部分大学生在面对困难时,能够表现出自强不息的精神品质。例如,西南财经大学学生精神生活现状调查问卷显示,90.7%的西财大学生表示在遇到困难和压力时愿意尝试自己解决,70.6%的西财学生有过自主解决困难的经历,大部分西财学生的独立意识较强,也具备依靠自己的力量解决问题的能力。

三、培养健全人格

(一)认识人格

人格(personality)是指个体在对人、对事、对己等方面的社会适应中行为上的内部倾向性和心理特征,表现为能力、气质、性格、需要、动机、兴趣、理想、价值观和体质等方面的整合,是个体在社会化过程中形成的独特自我。人格一词源自古希腊语persona,最初指古希腊戏剧演员在舞台演出时所戴的面具。现代心理学沿用persona的含义,转意为人格。人格包含两个方面:一是个体遵守社会约定俗成的要求而产生的反应,即人格的"外壳",就像舞台上根据角色的要求戴的面具,是人格的外在特征;二是指个人隐藏在面具后的真实自我,是人格的内在特征。

从心理学概念而言,人格包含人的气质与性格两个维度。气质是先天形成的,受神经系统活动过程制约,表现出心理活动的强度、速度、灵活性和指向性等方面的一种稳定的心理特性,是一种与遗传因素相关的人格特征。例如,古希腊医家希波克拉底将人的气质分为了多血质(稳定而灵活)、胆汁质(不稳定而灵活)、黏液质(稳定而不灵活)、抑郁质(不稳定且不灵活)等。性格是指一个人对人、对己、对事物(客观现实)的基本态度及相适应的习惯化的行为方式中比较稳定的独特的心理特征的综合。性格与自身的气质有一定的关系,但更多与其生活背景和经历有关,是一种与社会相关最密切的人格特征。

(二) 健全人格的内涵

健全人格的研究涉及教育、心理、社会、伦理、道德和法律等诸多学科领域。在教育学家看来,健全人格就是人个性的全面发展。一个具有健全人格的人,就是德智体美劳各方面协调发展的人。从社会学的角度来说,健全人格是"自然人"向"社会人"转化的过程,表现为人对复杂社会关系的正确认识和良好适应。伦理学和法律学中所运用的人格概念则注重对人作为一种现实存在的权利的尊重和维护,体现出人的价值和尊严的神圣与不可侵犯性。

总之,健全人格即人内在心理的和谐发展。拥有健全人格的个体,一是能够恰当地处理人际关系,构建和谐的人际关系;二是能将自己的能力和智慧有效地运用到生活和工作中,以实现个人和社会价值。对大学生来说,健全的人格将有助于更好地适应社会环境变化,保持身心健康和谐发展,促进个人和社会的协同共向发展。

(三) 如何塑造健全人格

1. 培养自我调节能力

自我调节是指结合自身身心特点与社会要求,主动对自己的认知、情绪、行动进行有意识、有目的的调控。自我调节体现了大学生的自觉性、主体性,自我调节既能充分调动主观能动性,又能激发潜能,使自我发展与社会要求相适应。大学生在自我调节的过程中,应从自身实际出发,通过学习、实践等途径增强自我管理和自我教育意识,进而提高自我调控能力。

2. 多交益友

人的本质是社会关系的总和,个性是与他人相互作用的社会化的结果。孟母三迁的故事说明了近墨者黑、近朱者赤的道理。和谐的人际关系,生活中的良师益友对于学生良好个性的塑造有着巨大的促进作用。大学生在交友过程中应注意以下两个方面。一是以诚相待。在与他人交往的过程中,真诚待人能让人感受到温暖,促进彼此之间相互理解,因此,诚以待人是人的情感沟通、促进人际交往的重要心理品质。二是彼此信任,我国古代法家学派代表人物韩非子说过:"小信诚则大信立。"意思是小的诚信建立了,才能建立大的诚信。在与他人交往的过程中,要相信他人,敢于托付,从开放积极的角度去理解他人的言行和动机。

信任他人必须真心实意,而不是口是心非或虚情假意。

3. 培养高雅的兴趣

历史上,那些有重大建树的人物也并非整天埋在书堆里。例如,鲁迅除了写作之外,还有篆刻的爱好;居里夫人爱好旅行、游泳、骑自行车;著名数学家苏步青爱好音乐,喜欢诗歌、舞蹈和戏曲。丰富多彩的兴趣爱好不仅不会妨碍个人事业发展,反而能够使人形成高尚的情操,对人的学习、生活和工作产生积极的影响。

对大学生来说,在保证完成自己的学业的前提下,应该广泛培养积极健康、有利于性格完善的兴趣。例如,可以选择音乐、摄影等业余爱好,培养自己高雅的审美;可以选择篮球、跑步、跳舞等项目,增强自己的身体素质;可以通过绘画、书法等活动,培养自己耐心细致的品质。

4. 积极参与社会实践

社会是个大舞台,每个人最终都要在这一舞台上扮演自己的角色,人生目标也要在广阔的社会舞台上实现。大学生在完成学业的首要前提下,应踊跃参加学校组织的各种社会实践活动,寻找自我生涯榜样,从点滴小事开始,经过长期锻炼,塑造健全的人格,以适应未来的商涯角色。首先,大学生处于即将步入社会的过渡阶段,人格虽已基本定型,但仍有很大的可塑性,通过在社会实践中不断磨砺自我,可以帮助自己认识个性当中的优缺点。其次,大学生正处在自我意识高速发展阶段,只有亲身参与到各类社会实践中,才能把握好自己的角色,形成自己独特的人格,加深对社会的理解和认同,增强自己的社会责任感。

拓展阅读·习得性无助

习得性无助指有机体经历了某些事件后,在情感、认知和行为上表现出消极的特殊的心理状态。习得性无助的人往往会形成自我无能的认知,他们为避免失败而逃避任务或拖延,或只完成不费力气的任务。习得性无助被认为是人类最大的沮丧。

20世纪60年代,马丁·赛里格曼(Martin Seligman)通过动物实验,提出了习得性无助的理论模型:动物在之前的经历中,习得了"自己的行为无法改变结果"的结论。因此,即使它们已经身处自由的环境中,也会放弃尝试。在动物实验中,处于笼子里被多次电击的狗,只要听到电击的信号音,即便笼子门已经被打开,狗也不会逃走。相反,狗会在听到信号音后倒地不起,放弃抵抗。不采取任何行动,坚信痛苦一定会产生,这就是习得性无助。

习得性无助是一种常见的消极被动的心理,这种心理让人自我设限,将事情失败归因为不可抗力因素,在面对事情或者困难时,主动放弃尝试,自甘堕落。例如,无法通过考试时认为自己智力不好,肯定学不会;尝试与他人交往被拒时认为自己本身就毫无魅力等。

下面一些小建议可以帮助我们改善习得性无助的心态:

1. 有意识地检查自己的归因逻辑,例如,我是不是将暂时的困难夸大成永久的?目前的处境真的无法改变吗?

2. 多用肯定、积极的语气和词汇自我暗示,例如,"再试试吧""我可以的"。

3. 将大的目标拆分成小的目标,越小越好。每完成一个小的目标,就用它来鼓舞自己,体会自己真的能够做到一些事情的感觉。例如,找到一份不错的工作是大的目标,可以将其拆分成写简历、寻找目标岗位、挑选合适的岗位投递简历、准备面试着装等小的目标。当然还可以继续细分成更小的目标,并在每完成一件事后庆祝自己能够做到。

4. 当我们感受到情绪很低落、很无助的时候,可以仔细想想让自己难过的事情具体是哪些。将这些事列在纸上,这样,我们就可以进行下一步:目前的处境下,我还可以做什么?

我们应该勇敢地正视自己的内心。德国诗人赖内·马利亚·里尔克(Rainer Maria Rilke)曾在他的书《给青年诗人的十封信》中提到:"我们所谓的命运是从我们内部走出来,并不是从外边向我们走近。只因为有许多人,当命运在身内生存时,他们不曾把它吸收,所以他们也认不清有什么从他们身内出现。"习得性无助就是我们体内产生的命运,看清它,我们就能从中摆脱。

(来源:亦枫. 一个人的心理学:读懂自己就是幸福的[M]. 北京:企业管理出版社,2013.)

四、规划学涯发展

大学求学的目的在于成长成才。大学生在校园数年的学习,要结合自己的特点、专业培养目标及社会的用人需求,规划好自己的学业发展,为即将开始的职业生涯做好准备。

学科交叉和科际整合已经成为推动学科建设的重要手段。"新财经"呈现出鲜明的交叉融合化特征,不仅财经内部经管法交叉,财经与人文科学、社会科学之间交叉,财经还与理科、工科、农科、医科等其他学科之间无障碍交叉。财经研究越来越多地需要综合利用经济学、管理学、法学、哲学、伦理学,以及社会学、行为科学、脑科学、神经科学、认知科学、心理学、认知心理学等学科,更不用说数学、系统科学、运筹学、数理统计学、计算机科学和数据科学了。

新经济、新技术、新业态日新月异,正不断改变和重塑财经领域的内涵和外延,引发、催生"新财经",对财经人才所需的能力与修养也在发生着变化。未来,社会需要的正是基于以上多学科门类的复合型财经人才。因此在认真学习本专业知识的同时,可以通过选修第二专业、跨校、跨学科、跨专业学习,构建多维知识体系。当然,四年大学结束,学生们会做出不同的生涯选择,生涯选择不同,四年的学涯规划也应有所区别和侧重。

(一) 以就业为目标的学业规划

如果本科毕业的生涯选择是就业,那么大学生在进行学业规划时,首先,了解就业岗位的需求,了解自己所学专业和技能与自己青睐的职业是否一致,学业规划应重点对照岗位要求完善知识储备,对欠缺的知识结构查漏补缺。其次,针对岗位要求提前取得相关职业资格证、能力资格证、学业资格证。最后,针对岗位要求做好其他与知识能力有关的学业规划。

(二) 以考研为目标的学业规划

如果本科毕业的生涯选择是国内升学考研,那么大学生在进行学业规划时,首先,明确自己未来考研的专业方向,是选择本专业考研还是跨专业考研,再分类进行专业学习准备。

其次,保研和考研对学业指标的要求是不同的,也应该根据两类选拔方式进行学业准备。最后,无论选择哪种考研,都要增加科研、科创经历,积极参与专业老师的科研项目,增强自己的研究能力。进行学业规划时,要多向专业老师、师兄师姐请教,获取相关经验,少走弯路。

(三)以出国留学为目标的学业规划

如果本科毕业的生涯选择是出国留学,那么大学生在进行学业规划时,首先,针对留学国家和高校,做好语言学习、专业学习方面的规划。其次,根据留学专业的不同,做好与专业学习相关的实践学习规划。

(四)以创业为目标的学业规划

如果本科毕业的生涯选择是自主创业,那么大学生在进行学业规划时,首先,要意识到创业能力的形成和提高必须在创业实践中才能实现。因此,大学生们要做好能顺利毕业的学业规划,不要因为挂科延误毕业。其次,根据创业所需的知识结构与专业相关度,合理规划自己的专业学习,弥补欠缺知识结构,重视对创业意识、创业精神、创业知识的学习。最后,利用好高校提供的校企合作、实践基地、创新创业平台,也可以通过参与创意项目活动、参加创业实践情景模拟、校内外大学生创业大赛等,加强实践知识的学习规划。

生涯体验站 生涯转换之盾

1. 活动目标

通过小组式的课堂活动,引导学生思考、体会高中与大学的区别,总结过去、展望未来,激发大学新生生涯规划的意识,从而更好地适应大学生活。

2. 活动步骤及说明

(1)进入大学,学生们迎来了人生的新起点,回顾并总结过去,就能更深入地了解自己,也有助于更好地规划未来。请用心完成图1-2,你会有很多发现。

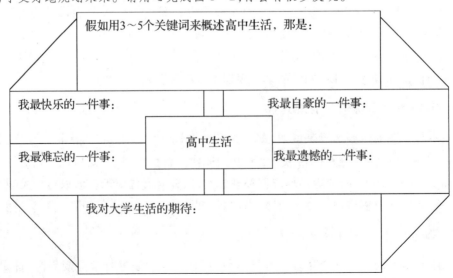

图1-2 生涯之盾

(2)请分享成长经历及心得体会,教师总结点评。

_____

_____

_____

_____

_____

生涯智慧·学长想对你说

亲爱的师弟师妹们:

你们好!

转眼间,我把学生时代最美好的时光留在了西南财经大学。每次回学校看到熟悉的校园,看到昔日上课的老师,看到或熟悉或陌生的师弟师妹,我就有很多感慨。在这里分享一下我大学生活的一些个人经历与体会,希望对各位有所启发。

当年来学校时,我抱着对大学的无限向往与期待,希望自己在学校里能学有所成,拥有一技之长,成为一个优秀的财经人。因此,我做什么事情都很积极,总是抱着一股热情去把它做好。

大学是自由的,是丰富多彩的。我的课余时间除了参加团体组织的活动以外,还用来做勤工俭学,虽然没赚什么钱,但让我增长了见识,特别是跑销售,锻炼了我与人沟通的能力。我更多的课余时间都花在了与专业相关的实践上,并贯穿整个大学。从大一到大二,我都努力学习专业基础课。平时尽可能地找机会多去相关的单位、公司,了解社会。我们的教学实习,要去银行、期货公司或者保险公司,去动手实践,将学到的理论知识与生产实际相结合。我建议要多与专业老师联系,他们都是活生生的智慧之库。有人总结出大学里有几种傻学生,我现在把它列出来,希望各位师弟师妹不要犯这种傻。

第一,课程不喜欢就不上。学校开的课程不喜欢学或觉得老师讲得不好就逃课。作为第一次学习这门专业课程的学生,你还没有了解这门课的内容,怎么会知道到底喜不喜欢呢?其实,如果用心去听一门课,再去多看点相关的书籍,就会发现学校的课程开设是有其价值考量的。

第二,没有目标地混大学。没有目标的人,很容易随波逐流和放弃努力,也更容易被外在诱惑而改变目前的一切。上大学应该搞清楚几个问题:为什么要上大学?是不是非上大学不可呢?如果不上大学,你的人生会怎样呢?在大学里你要得到什么?没有目标的大学是可怕的,是无聊的,更是荒废的。即使树立一个自己都不相信可以实现的目标,但只要努力为之准备,谁又能保证当你坚持了五年、十年、二十年,当初树立的目标不会实现呢?

第三,有时间时就潇洒,不为未来着想和努力。大学是人生最后的一段集中学习和改变自己的时期。过了这几年,你的人生都将在工作和忙碌中度过,那时候即使你有心也没时间精力了,所以请珍惜和最大化利用这段宝贵的时间。有些大学生随波逐流、随欲而为,彻夜地游戏、打牌、追剧,过度的睡觉,肆意的游玩等成了大学生活的主旋律。这种有今天不管明天的思想和行为在严重透支我们的未来。所有问题都会在毕业时集中爆发,那时发现自己没有为未来做一点准备,已经晚了。

大学生就业形势严峻是整个社会经济发展的宏观问题,我们没有办法改变它,只能改变自己,我们要在有限的时间里积累立业之本。希望师弟师妹们珍惜大学生活,好好学习,向着自己的理想目标奋斗,成就更加辉煌的明天。

(来源:王兴权.如何管理你的大学[M].北京:语文出版社,2011.)

课后训练 寻找自己的个人成长顾问

第一个顾问是学习成长顾问。这个顾问可以是老师或高年级同学,需要时可以和他们讨论在学习上遇到的问题。

第二个顾问是心理健康顾问。这个顾问可以由学校心理咨询中心或所在院系的辅导员、班导师等相关人员担任,在生活、学习、情感或任何一个方面遇到困惑时,可以及时找到他们,寻求及时的有效帮助。

第三个顾问是生涯发展顾问。这个顾问可以请学校学生职业规划与就业指导中心的老师或所在院系的辅导员、班导师等相关人员担任,也可以请自己熟悉的企业人士来担任,在自己迷茫需要帮助时他们能够助一臂之力。

第四个顾问是个人形象顾问。这个顾问可以请学校的老师或用自己的方法找到校外合适的人来担任。不过在这里需要注意"形象"的含义,一方面是外在形象,如服饰、发型、言谈举止等;另一方面是自己的气质、素质、个人品牌等。

以上四个顾问的寻找可以用自己的方式做到,比如一个电话邀请或者是拜访面谈。有这四个顾问的贴身服务,同学们将成长得更快。

请在表1-3中记录顾问情况。

表1-3 生涯成长顾问

类型	顾问姓名	联系方式	沟通建议频率	咨询提示	备注
学习成长顾问			每学期1次	学业有困难时	
心理健康顾问			每年1次	心中压抑时	
生涯发展顾问			每年1次	职业选择、实习面试时	
个人形象顾问			根据个人需要	参加重要活动时	

本章要点导图

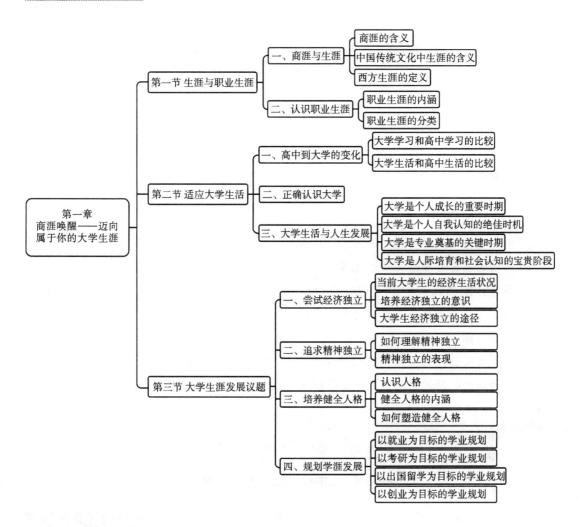

第二章 生涯启示
——树立生涯发展的正向思维

学习目标

1. 知识目标

了解大学生常见的生涯发展困惑。

掌握代表性生涯理论的基本内容。

2. 技能目标

掌握运用生涯理论解决生涯发展困惑的方法。

3. 态度目标

能从生涯理论的新视角,理性看待大学阶段可能遇到的生涯困惑。

能接纳大学阶段的生涯发展的困惑和迷茫,愿意为未来的发展进行尝试。

生涯榜样

陈豹隐:为中华之崛起而努力奋斗

陈豹隐,四川财经学院(今西南财经大学)临时院务工作委员会教务组组长,中国著名的革命家、翻译家和经济学家,《资本论》最早的翻译者,他的一生可谓浓缩了一个时代,家国情怀充盈了他的一生。

勇敢少年励志当先

19世纪末20世纪初,英、法殖民主义的入侵和清王朝的腐败,陈豹隐深感家国动荡,励志振兴民族,想要勇敢地为祖国而拼搏。上完初中后,陈豹隐就随当时的"东渡"潮流,于1907年赴日留学。经过努力,他考上了东京第一高等学校预科。

在读法科一年级的时候,陈豹隐翻译了日本小林丑三郎著的《财政学提要》,开始了他一生的学术著述活动。这本书的出版,开创了用白话文翻译经济著作的先例。

面对祖国危亡,他勇敢励志为国而战,陈豹隐不断把先进的知识文化引入国内,以涤清当时腐败的社会风气。

排众议开时代先风

1919年，受蔡元培聘请，陈豹隐任北京大学商学院教授。在参加了五四运动之后，陈豹隐的思想发生了巨大的改变。他经常与李大钊等进步教授在公开场合合作报告，积极在中国宣传马克思主义。陈豹隐还在北大开学术风气之先，深受学生欢迎，其讲课的教室一再由小到大，且场场爆满。

乐观是人生底色

1927年大革命失败后，陈豹隐遭南京国民党政府通缉，流亡日本，在危难之际他依然保持乐观，对祖国的信仰是他人生的底色，他一生中许多著作，如《经济现象的体系》《新政治学》等都著成于此时。而他最重要的贡献则是首译了《资本论》，许多革命者正是从此开始系统学习马克思主义经济学说的。陈译本的主要内容为《资本论》第一卷第一篇《商品和货币》，这是全书中最难翻译的部分。为了有利于马克思主义的传播和人们学习中理解原著，陈豹隐除了直接翻译外，还用了近190页的篇幅刊载"译者例言""资本论旁释""考茨基国民版序"等内容。

危难之际，陈豹隐依然保持乐观，流亡海外仍然不忘为国效力，这一时期不仅是他作品的井喷期，更是他乐观人生的真实写照。

人生不失真诚方得始终

在逃亡时期，陈豹隐的真诚让他与鲁迅、郭沫若、茅盾等文学家成为好友，他写过戏曲、小说，翻译过高尔基的文学作品。他发表出版过的著作约70种之多，1929年底，出版了近百万字的著作。茅盾的回忆录《流亡生活》有较大篇幅讲到与陈豹隐的友谊。

抗战期间，陈豹隐曾担任国民参政会参政员、军事委员会经济顾问等职。"如何搞好战时经济"成为他的主要研究内容。抗战胜利后，他在重庆创办了西南学院并兼任川北大学商学院院长。1952年全国院校调整，陈豹隐随重庆大学商学院调到成都，任四川财经学院（今西南财经大学）筹备委员会委员兼教务长。

1959年7月，陈豹隐参加了新中国成立以来第一次对社会主义制度下的商品生产和价值规律的大讨论，提出了自己独到的见解，认为社会主义还存在商品生产和价值规律。

1960年9月9日，陈豹隐因高血压引起脑出血，病逝于成都，终年74岁。追悼会上无数人缅怀他为中华民族站起来所作出的杰出贡献，人们缅怀他对《资本论》的翻译，缅怀他对马克思主义理论在中国传播作出的卓越贡献。

（来源：西南财经大学档案馆，2013.01.20.）

思政淬炼

社会主义核心价值观中，国家层面的"富强、民主、文明、和谐"为大学生职业目标的设定提供了外在选择环境；社会层面的"自由、平等、公正、法治"是对和谐社会氛围的描述；"爱国、敬业、诚信、友善"是公民个人层面的价值准则，这些准则是形成个人正确价值观的指导性原则。

大学生在职业生涯初始阶段要正确认识时代责任和历史使命，用中国梦激扬青春梦。在进行生涯规划时，要把个人的理想追求融入国家和民族的事业中，勇做走在时代前列的奋进者、开拓者。树立远大抱负，脚踏实地，珍惜韶华，把远大抱负落实到实际行动中，以勤奋学习积蓄青春力量。

第一节 大学的生涯选择困惑

阅读思考：薛定谔的猫

在薛定谔的猫实验中，一只猫被封在一个密室里，密室里有食物有毒药。毒药瓶上有一个锤子，锤子由一个电子开关控制，开关由放射性原子控制。如果原子核衰变，则放出阿尔法粒子，触动电子开关，锤子落下，砸碎毒药瓶，释放出里面的氰化物气体，猫必死无疑。同时还有50%的概率放射性物质不会衰变，而猫将活下来。根据经典物理学，在盒子里必将发生这两个结果之一，而外部观测者只有打开盒子才能知道里面的结果。如果不打开盒子，整个系统将处于一直不确定性的波态，即猫将处于生和死的叠加态。

量子理论认为：如果没有揭开盖子，进行观察，我们永远也不知道猫是死是活，它将永远处于半死不活的叠加态，可这使微观不确定原理变成了宏观不确定原理，客观规律不以人的意志为转移，猫既活又死违背了逻辑思维。

猫是死是活，打开了才知道，事情的结果到底会怎么样，只有做了才知道。人的一生中会遇见各种各样的盒子，我们应该勇敢地去打开，在得到结果之前，保持信心、努力拼搏，争取为自己取得一个满意的结果。

（来源：蒋虹.量子思维：如何实现人生逆袭阶层跃进[M].北京：中国原子能出版社，2017.）

一、专业在左，兴趣在右

在大学阶段，专业学习兴趣不浓成为困扰一些学生生涯发展的问题。大学生对专业兴趣不浓的主要原因，很大程度上源于学生及家长在填报高考志愿之前缺乏对专业全面深入的了解，对专业未来所从事的职业也缺乏认知。高考填报志愿时，有些学生因为忙于备考，志愿由父母代为选择；有些学生在填报志愿时，更多考虑的是专业热不热门，高考分数有没有被浪费，没有顾及个人的兴趣和未来职业选择；有些学生为了能够考上自己喜欢的大学，服从了专业调剂，而进入大学后，预期和现实的差距造成心理落差，进而影响到对专业的兴趣；有些学生因为自己进入的并非热门专业，尤其是一些所谓冷门专业的学生，因担心未来就业前景而产生失落，也容易出现学业迷茫。"专业不喜欢，成绩很一般，不知努力为哪般？"成为他们的内心写照。

面对专业与兴趣不合的情况，部分学生能及时进行自我调整，顺利解决问题，而有的学生则辗转纠结，左右徘徊，浪费了宝贵的大学时间。如何通过理性决策，处理好专业和兴趣不匹配的问题？本书将在第五章做进一步分析。

二、考研趋热，头脑要冷

近年来，我国硕士研究生报考人数不断上升已称为不争的事实。2022年，全国研究生报考人数为457万，较2021年增加21%，但院校的研究生计划招生人数为110万人，报考和录取比约为4:1。考研人数持续增加的原因是多方面的，如每年大学毕业生人数逐步增加，针对应届毕业生的岗位有所减少等。尤其是近几年受新冠肺炎疫情影响，在出国留学风险加大等多重压力下，不少本科毕业生为缓解就业压力，增强就业竞争力而加入了考研队伍。

大学生热衷考研的原因具有差异性和多样性。西南财经大学开展的"西财学生考研意向调查"结果显示，学生们热衷考研主要源于七个原因：一是为了回避就业压力，希望通过读研提升就业竞争力，占比约为60.4%；二是由信息不对称带来的观念认知偏差，认为本科难以找到理想工作，好单位只招研究生，占比约为49.3%；三是缺乏就业信心，认为本科阶段的能力发展不能满足职业需要，希望通过读研弥补能力不足，占比约为36.2%；四是为了满足父母期待，占比约为33.6%；五是希望通过考研换专业，占比约为30.4%；六是有名校情结，想要弥补高考遗憾，占比约为16.2%；七是对学术研究有浓厚兴趣或者有明确的职业定位，占比约为10.6%。

也有学者认为，大学生考研的目的过于功利化，为了考研而忽视本科学习阶段应掌握的知识与技能，埋头于考研的准备与题海战术，大学生考研热影响到本科生的培养质量，出现再次挤独木桥的现象。理性考研该如何决策？本书将在第五章做进一步分析。

三、支持留学，考虑周全

随着我国经济的发展和国际化人才的大量需求，出国留学也成为不少大学生的毕业选择。2020年6月，《教育部八部门关于加快和扩大新时代教育对外开放的意见》指出，将继续通过出国留学渠道培养我国现代化建设需要的各类人才。教育部也多次强调留学人员是宝贵的人才资源，国家确立了"支持留学、鼓励回国、来去自由、发挥作用"的新时代留学工作方针。

随着本科毕业生对硕士学位深造的意愿增加，国内优质的教育资源出现供需矛盾，越来越多的学生把目光转移到出国留学上，向海外寻求更多的教育资源。同时，我们也应该看到就业、考研和留学的相互影响。2022年，因考研人数激增与就业难度增加等各种因素的影响，美国、英国、加拿大等留学国家硕士申请人数不同比例增长。随着出国留学申请人数的增加，申请难度也不断增大，对于打算出国留学的学生来说，如何选择适合自己的留学目的地也成了一个值得思考的问题。出国留学该如何决策？本书将在第五章做进一步解读。

四、考公虽火，决策要稳

2022年，高校毕业生人数为1076万，比上年增长167万人。据华图教育统计数据显示，尽管2022年国家公务员考试共提供16745个职位，招录31242人，相较于上年增加5516人，扩招21.4%，招录人数近年来首次突破3万。但报考总人数突破200万，183万余人通过资格审查，创国家公务员考试人数新高，平均竞争比超过60:1，"入编"依然处于供大于求的态势。

中国儒家思想认为,君子应该承担起"齐家治国平天下"的重任,公务员这一职业在我国社会历来具有较高的社会认可度,具有职业稳定性高的优势,但这一职业也具有事务性强、工作琐碎等特点。因此,大学生要综合考虑自身的特点,尤其是性格方面是否适合公务员这一职业。另外,能否考上公务员除了与考生的能力素养有关外,也与报考人数的多少,竞争者综合实力有关,备考几年才考上的现象普遍存在。近年来,公务员岗位对学历要求也有明显提升。如果在临近毕业时,大学生还没有下定考公决心,可以考虑边工作边备考,在积累工作经验的同时为自己的理想职业做准备。

拓展阅读:十年职业生涯,初心未改

牟某,西南财经大学校友,行政管理专业。现为浙江省某镇党委副书记、镇长。

此心安处是吾乡

四年前,牟某通过公选,从浙江省政协办公厅考到一个小镇工作,担任党委委员。那时这座小城里的很多人都十分诧异:见惯了削尖脑袋往大机关、大单位挤的,这个二十九岁的小伙子为何放弃省级机关公务员的待遇和机会,来到这么一个欠发达的县城,甘心做一名乡镇干部?

在一片怀疑声中,牟某开启了他在这里的工作历程,一转眼就快五年了,起初有人认为的"镀金""跳板"也随着时间的流逝而渐渐烟消云散。几年经历,从县城到乡村,生活看似十分单调。但他认为,这种单调是一种纯粹,而非苍白。乡村泥土的芳香,乡民真诚的言语,乡村干部质朴的追求,以及全域景区化深入推进带来的乡村复兴的希望,都在他心中烙下深深的印记,化为深厚的积淀和宝贵的财富。

他所在的小镇,是有名的书画之乡,一大批农民书画家在点画之间执着地坚守着传统,让人感动。他带着镇里的一班人,通过修复历史建筑,丰富产业业态,做实文化事业,发展地方经济,为推动这些老书画家所钟爱的乡村文化的复兴久久为功,不懈努力。

"此心安处是吾乡",尽管在北京、成都、杭州这样的大城市都待过,但牟某觉得做个"新农人"也不错。这个时代的乡村需要一大批有情怀、有思想、有技能的年轻人,只要坚守,必将花开。

梦想照进现实

从财大毕业后,牟某考上了法律专业研究生继续深造,毕业后第一份工作是中国移动某分公司综合秘书。十年职业生涯,从国企到机关再到乡镇,这样的道路在我们看来多少有些不同寻常,可是牟某却说,从选择行政管理专业到进入公务员队伍,自己的职业理想一直没有改变——即便在国企,也是担任综合秘书,而不是法务——而这份工作,同行政机关的工作内容最相似。

牟某一直记得入学第一学期就业指导老师的大学生职业生涯规划这门课程,让他受益匪浅。对他来说,尽管如此年轻已是镇长,但他从没觉得自己是"当官"了。他说千千万万的公务员要做的只是践行服务人民、服务社会的宗旨。现在牟某服务着全镇两万人,之前在团县委工作服务全县的青少年,再往前推,在镇上担任党委委员时联系一个村,服务近千位村民。他觉得,无论在哪个岗位都很幸运、很知足,因为可以直接为群众排忧解难。

母校情结

毕业十余年,牟某最为怀念的还是母校的大学精神,他说财大是一所财经特色鲜明的高校,"经世济民、孜孜以求"的大学精神既体现了财大特色,同时对非财经专业的学生来说又能找到归属感,彰显了文科专业共通的人文情怀和现实关切,而且还强调了立学治事应有的态度。

他人生观、价值观形成的关键时期在财大,他树立了辩证的思维方式。财大整体的氛围比较重视成本与收益分析,而他修读的公共管理学、法学专业比较强调公共的精神和服务的情怀。在不同理念的影响下,他理解了事物的相对性,学会了比较、分析和鉴别,同时增强了自我把握的能力。牟某说,随着经济社会的发展,金融日益成为国之重器。若非金融,无以使人民有更好的收入,也无以使国家和社会跨过中等收入陷阱。因此,财大未来在整个体系中必将越来越重要。他希望母校教育学生要有更多担当的精神,更多公共的情怀,更少为己的狭隘,这样才能在国家改革的历史长卷中写下浓墨重彩的篇章。

因为热爱,所以坚守

工作愈久,牟某愈觉得成功没有捷径,只有持续不断的付出才是制胜之道。在他眼里,为人民服务不仅仅是一份工作,更是一份崇高的事业,因为他爱这片净土,更爱这方人民。

(来源:西南财经大学校友总会. 浙江校友会专刊[EB/OL]. (2018-04-13)[2022-10-27]. https://mp.weixin.qq.com/s/odkAdYcp1QVlbC0SFGteqg.)

第二节 解决困惑的新思维

阅读思考 专业对口重要吗?

陈某,毕业于西南财经大学汉语言文学专业,曾就任于湖南卫视,现任某知名公司商业化市场总监。

"专业不对口?那是常态"

在陈某被问及是否学的是自己选择的专业时,"不是。"她回答得没有一丝迟疑。"其实,本科生毕业后,找到的工作与专业对口的只有20%。所以,自己专业其实并不太重要,主要是看你能不能利用自己在大学里的时间,不断地去学习和积累你喜欢的或者你认为有用的知识和技能。"

正是抱有这种想法,陈某在大学里一直从事着学生会工作,担任过学生会副主席。通过对学生活动的策划和举办,领导力和执行力都得到了很大进步,同时组织能力和沟通交流能力都得到了锻炼。正是这些使她在后来面试时脱颖而出。

"你不去怎么知道选不上"

2006年,湖南卫视到四川招聘,"老师,我不太想去。咱们专业是第二年开办,财大汉语专业没有什么优势,我肯定选不上呀。"陈某迟疑道。"你一定要去,你不去怎么知道选不上呢?"老师反问她。

老师的一番话彻底点醒了陈某,她选择去试试。

"考官问了每个面试者对于热点事件的看法,考察每个人看事情的角度和表达能力。之后让大家分组讨论一个话题,并进行总结呈现。招聘官考察更多的是综合实力。观察力、专业功底、表达能力、结构式思维,除了课堂上学的知识以外,在做学生会副主席的那段时间里很多综合能力培养起来了。"

"我就是一张白纸,谁都可以在上面添上色彩"

陈某的工作历程很丰富,从湖南卫视到知名企业,这期间她担任过电视编导、市场负责人等。即使有这样多职业经历,她也从不给自己打上标签,不认为自己是"斜杠青年"。

在经历职业变化的过程中,陈某能快速适应每一份工作。"不管你之前做什么工作,在毕业前几年还没有太多工作经验的时候,你进到一个新企业时就是一个新人,是一张白纸。我换工作后,并没有觉得不适应,更不觉得需要适应,当务之急就是学习,抱有一种学习的心态在工作的任何时期都很重要。"在陈某看来,作为一名刚刚进入职场的新人,抱着一颗赤子之心,像一块海绵一样不停地吸收周围的知识,才能迅速在职场中站稳脚跟。

"白纸理论"帮陈某在职业发展初期快速成长,她清楚自己的定位,同时又专注于当下工作,就如同长在石缝中的岩竹,既有"咬定青山不放松"的意志力,又有"任尔东西南北风"的洒脱。

"趁年轻,多奋斗"

如果说湖南卫视是陈某事业的起点,那百度则是她的事业孕育点。作为一名职场女性,陈某显然不愿意把自己禁锢在一个小的试练场,她毅然选择向大公司进军,百度成为她的选择。

在百度市场部干了8年,8年的沉淀和积累让她有勇气到外面去看看,去寻找一个新的风口。后来,陈某被某知名公司发现,这家公司主动找到她,询问她的意愿。

陈某从大学走进社会,从懵懂幼稚中蜕变,走向成熟,走得坚定,但依旧怀着一颗赤子之心,一颗谦逊之心,不断学习,不断前行。

(资料来源:西南财经大学校友总会. 人物[EB/OL]. (2017-11-23)[2022-10-26]. https://mp.weixin.qq.com/s/kWAbOIsavdfG344j38L8BA.)

一、冰山能力素质模型——量身定位

1973年,美国心理学家戴维·麦克利兰(David McClelland)提出了冰山能力素质模型,简称"冰山模型"(见图2-1),较为完整地论述了个体参与社会活动及胜任某一职业应具有的知识、能力体系。

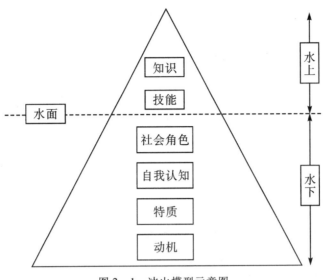

图 2-1 冰山模型示意图

如图 2-1 所示,麦克利兰把人的胜任特征模型抽象地描绘成一座在水中飘浮的冰山。"水上部分"包括知识和技能,是容易被人发现和看到的能力素质。知识是指个人在特定领域拥有的事实型与经验型信息,如管理知识、财务知识、专业销售知识等。技能是指个体运用已有的知识经验,通过练习而形成的一定的动作方式或智力活动方式,如工作所具备的办公软件能力、表达能力、组织能力、决策能力、设备操作能力等。"水下部分"包括社会角色、自我认知、特质和动机,是人内在的、难以测量的隐性能力素质,它们不太容易通过外界的影响而改变,是决定人们行为表现的比较稳定的关键因素。社会角色是指一个人在与他人和社会互动交往中呈现出的行为方式与风格,如有的人对别人充满善意,易于合作,有的人则可能对环境充满警惕。自我认知是指一个人与自我相处的关系模式,进而形成的自我印象,如有的人是积极主动、开朗乐观的,有些人则相反。特质是指个人对环境和各种信息所表现出来的持续的反应,如诚实正直、责任感强、抗压能力强等。动机是指在特定领域自然而持续的想法和偏好,是驱动和决定一个人外在行动的内在动力。特质与动机往往会促使一个人把工作当作事业,在长期无人监督的情况下努力工作。冰山模型中越往下的能力素质,越难以被挖掘与感知。

那么,冰山模型如何帮助我们解决生涯选择困惑呢?首先,我们可以通过自我评价和他人评价的方式,列出自我冰山模型;其次,列出生涯选项的冰山模型;最后,将自我冰山模型与生涯选项冰山模型进行对比,找出二者的异同。这些异同可以帮助我们更好地理解自己,从而帮助我们做出更加适合自身定位的生涯选择,还可以帮助我们找到能力差距,从而促进我们的生涯行动。例如,在决定是否转专业这个问题上,我们可以运用冰山模型进行决策和行动(见表 2-1)。

表 2-1 转专业冰山模型运用

素质层级	新选择（如考研、出国等）		你自己	
	新选择能带给你的	完成选择所需要的	你真正想要的	你已具备的
知识				
技能				
社会角色（人际互动方式）				
自我认知				
特质				
动机				

二、认知信息加工理论——全面考量

认知信息加工理论又称 CIP（cognitive information processing）理论，是盖瑞·彼得森（Gary Peterson）、詹姆斯·桑普森（James Sampson）和罗伯特·里尔登（Robert Reardon）于1991年在其合著的《生涯发展和服务：一种认知的方法》一书中提出的。认知信息加工理论认为，个体的生涯发展问题及其解决，类同于认知信息加工流程。因此，我们可以通过增强自己的信息加工能力来解决自我的生涯发展问题。

（一）信息加工金字塔模型

认知信息加工理论的研究者根据生涯辅导咨询的特性，构建出信息加工金字塔模型（见图 2-2）。金字塔模型非常形象地说明了职业生涯决策所涉及的内容。

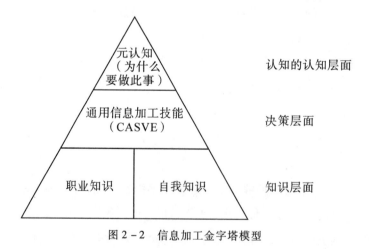

图 2-2 信息加工金字塔模型

该模型共分三个层面：金字塔的底部属知识层面，包括职业知识和自我知识；中间部分是决策层面，包括沟通—分析—综合—评估—执行五个阶段；金字塔的顶端是认知的认知层面，称为元认知。

职业知识包括岗位职责、招聘条件、企业状况、行业发展、社会需求等外部职业世界信息；自我知识包括自己的兴趣、性格、能力、价值观等内在世界信息；元认知是一个人所具有的关于自己思维活动和学习活动的知识及对其实施的控制,是调节认知过程中的认知活动,即任何以认知过程与结果为对象的知识,包括自我言语、自我觉察、控制与监督等。

(二) CASVE 循环

在信息加工金字塔的第二层是生涯的决策层面。认知信息加工理论认为,生涯决策过程是一个循环往复、不断迭代的过程,具体可分为五个步骤:沟通(communication)—分析(analysis)—综合(synthesis)—评估(valuation)—执行(execution)。将五个步骤的英文首字母组合在一起,即称之为"CASVE 循环",见图 2-3。

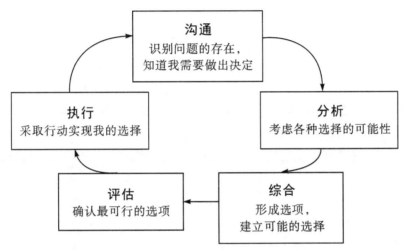

图 2-3 CASVE 循环模型

沟通阶段的任务是确认需求,这一阶段个人开始意识到问题的存在,同时意识到自己需要做出一定的选择。分析阶段的任务是将问题的各组成部分相互联系起来,这一阶段需要观察、思考、分析和研究问题所在,做好自我分析,了解预期目标与现实之间的差距。综合阶段的任务是形成选项,这一阶段需要通过上一阶段形成的信息,列出所有方案选项,确定自己可以做什么来解决问题。评估阶段的任务是评估上一阶段列出的选项,评估每一个选项可能带来的结果以及造成的影响,根据评估结果,列出所有选项的优先顺序。执行阶段的任务是策略的实施阶段,这一阶段需要依照最佳的方案做出行动,将之前的思考转化为行动。

CASVE 循环是一个不断重复的过程,在完成最后一个步骤后,我们可以回到第一个沟通阶段,来验证自己是否做出了最佳的选择,问题是否得到了解决,是否消除了预期目标与现实之间的差距。通过整个流程的不断循环,能够逐渐提升我们的决策能力,从而顺利解决生涯决策问题。

那么,认知信息加工理论如何帮助我们解决生涯选择困惑呢?该理论告诉我们在做生涯决策之前,首先,对外我们要充分地收集各方信息,对内我们需要充分了解自己,从而找出外部的客观条件与自身需要之间的差距。其次,发散思维,列出每一种缩小差距的方法进而找出最佳的方案。最后,将思考转为行动并评估效果。例如,在决定是否考研、出国留学的问题上,我们可以运用信息加工理论做出理性决策。

三、明尼苏达工作适应理论——能力匹配

明尼苏达工作适应理论(Person-Environment Fit Theory)最初是由明尼苏达大学的雷内·V.戴维斯(Rene V. Dawis)与劳埃德·H.罗圭斯特(Lloyd H. Lofquist)等学者,为帮助残障人士更快地适应工作环境而提出的理论。明尼苏达工作适应理论强调个体与工作在相互作用时,个人的需求会变,工作的要求也会变,个体会尽力去寻找和平衡个人与工作要求之间的适配性。当个人能力能够满足工作要求时,组织和个人会对彼此相互满意。因此,工作是个人满意和组织满意双向互动、双向适应的过程,职业发展在动态中找到相对平衡的点,最终达到双方都满意的状态。

明尼苏达工作适应理论认为,职业选择固然重要,但选择之后的适应问题更值得注意,尤其对于不太适应自己职业的人而言,在工作上能否持续稳定,对其生活、信心与未来的发展都非常重要。戴维斯等人从工作适应的角度,分析职业适应良好与否的关键因素。他们认为,当工作环境能满足个人的需求,个人又能顺利完成工作的要求时,二者的符合程度随之提高。

明尼苏达工作适应理论模型(图2-4)表明,一方面生涯个体有自身的能力系统和需要系统,另一方面工作对个体也会提出相应的能力要求,且会给个体的能力发展带来强化作用。当个体的能力能够满足工作要求或匹配时,组织对个体会产生满意感,这种满足程度越高,个体所感受到的外在职业满意度越高;当个人的需要与价值观被工作系统强化时,个人对工作的内在满意度也会提高。如果组织的满意度高,个人就有可能升迁、调职或留任,如果组织的满意度低,个人就有可能被解雇。同样,当个人的满意度即内在满意程度高,个人就会做出留职选择,如果内在满意程度低,个人很有可能就会辞职。当个人升迁、调职、解雇、辞职的时候,就会进入一个新的工作,新的工作又会再次形成新的能力需要系统,外在满意和内在满意是相互影响、相互制约的关系,可以是正循环,也可以是负循环。

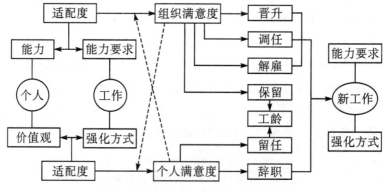

图2-4 明尼苏达工作适应理论模型

明尼苏达工作适应理论模型完整地剖析了个体职业发展在给予和需求之间的互动关系。当个人能力低于工作能力要求时(即不能胜任工作要求),可以通过提高个人能力来满足工作或职位的要求;当个人发展要求高于工作能给予的时候,也可以通过职位调整达到继续留任的目的。也就是说,个人与工作的双向适应过程中,每一个环节都不是孤立的,而具

有一定的联动性和相互影响。

明尼苏达工作适应理论可以帮助我们拓展生涯困惑的解决思路。不能只看重自己通过选择能获得什么,还要考虑我们的能力素养是否能达到目标选择的要求。例如,在做转专业决定时,要考虑自己的能力能否达到转专业的要求,如果不能,应当如何提升自己?想要考研、考公务员的学生,不能只想到考上后的前途光明,还要认真考虑自己与通过考试之间有多大差距?能否耐得住寂寞,能否坚持到最后?想要出国留学的学生,不能只看到社交网络上多姿多彩的留学生活,还要综合考虑自身的家庭经济条件、文化适应度等。

拓展阅读：总书记这样和大学生谈心

鲜红党旗下,绽放着无数青年学生的青春和梦想;壮阔征程中,汇聚了无数青年学生的激情和奉献;新赶考路上,呼唤一代代青年学生接续奋斗、艰苦奋斗、永远奋斗。

立大志——

"现在,我们比历史上任何时期都更接近实现中华民族伟大复兴的目标,比历史上任何时期都更有信心、更有能力实现这个目标。"习近平总书记指出:"广大青年要勇敢肩负起时代赋予的重任,志存高远,脚踏实地,努力在实现中华民族伟大复兴的中国梦的生动实践中放飞青春梦想。"

中国梦是全国各族人民的共同理想,也是青年一代应该牢固树立的远大理想。中国特色社会主义是我们党带领人民历经千辛万苦找到的实现中国梦的正确道路,也是广大青年应该牢固确立的人生信念。

爱国,是人世间最深层、最持久的情感,是一个人立德之源、立功之本。习近平总书记指出:"我们常讲,做人要有气节、要有人格。气节也好,人格也好,爱国是第一位的。我们是中华儿女,要了解中华民族历史,秉承中华文化基因,有民族自豪感和文化自信心。要时时想到国家,处处想到人民,做到'利于国者爱之,害于国者恶之'。"

爱国,不能停留在口号上,而是要把自己的理想同祖国的前途、把自己的人生同民族的命运紧密联系在一起,扎根人民,奉献国家。

2019年4月30日,习近平总书记在纪念五四运动100周年大会上指出:"对新时代中国青年来说,热爱祖国是立身之本、成才之基。当代中国,爱国主义的本质就是坚持爱国和爱党、爱社会主义高度统一。"

习近平总书记强调:"新时代中国青年要听党话、跟党走,胸怀忧国忧民之心、爱国爱民之情,不断奉献祖国、奉献人民,以一生的真情投入、一辈子的顽强奋斗来体现爱国主义情怀,让爱国主义的伟大旗帜始终在心中高高飘扬!"

明大德——

要锤炼品德,自觉树立和践行社会主义核心价值观,自觉用中华优秀传统文化、革命文化、社会主义先进文化培根铸魂、启智润心,加强道德修养,明辨是非曲直,增强自我定力,矢志追求更有高度、更有境界、更有品位的人生。

总书记指出:"青年的价值取向决定了未来整个社会的价值取向,而青年又处在价值观形成和确立的时期,抓好这一时期的价值观养成十分重要。这就像穿衣服扣扣子一样,如果第一粒扣子扣错了,剩余的扣子都会扣错。人生的扣子从一开始就要扣好。"

一个民族的文明进步,一个国家的发展壮大,需要一代又一代人接力努力,需要很多力量来推动,核心价值观是其中最持久最深沉的力量。

一个人只有明大德、守公德、严私德,其才方能用得其所。习近平总书记强调:"要立志报效祖国、服务人民,这是大德,养大德者方可成大业。同时,还得从做好小事、管好小节开始起步,'见善则迁,有过则改',踏踏实实修好公德、私德,学会劳动、学会勤俭,学会感恩、学会助人,学会谦让、学会宽容,学会自省、学会自律。"

成大才——

2013年5月4日,在同各界优秀青年代表座谈时,习近平总书记以自己的亲身经历,激励青年练就过硬本领。总书记说:"我到农村插队后,给自己定了一个座右铭,先从修身开始。一物不知,深以为耻,便求知若渴。上山放羊,我揣着书,把羊拴到山峁上,就开始看书。锄地到田头,开始休息一会儿时,我就拿出新华字典记一个字的多种含义,一点一滴积累。我并不觉得农村7年时光被荒废了,很多知识的基础是那时候打下来的。现在条件这么好,大家更要把学习、把自身的本领搞好。"

习近平总书记强调:"青年人正处于学习的黄金时期,应该把学习作为首要任务,作为一种责任、一种精神追求、一种生活方式,树立梦想从学习开始、事业靠本领成就的观念,让勤奋学习成为青春远航的动力,让增长本领成为青春搏击的能量。"

"纸上得来终觉浅,绝知此事要躬行。"所有知识要转化为能力,都必须躬身实践。习近平总书记指出:"要坚持知行合一,注重在实践中学真知、悟真谛,加强磨炼、增长本领。"

担大任——

要实学实干,脚踏实地、埋头苦干,孜孜不倦、如饥似渴,在攀登知识高峰中追求卓越,在肩负时代重任时行胜于言,在真刀真枪的实干中成就一番事业。

"宝剑锋从磨砺出,梅花香自苦寒来。"人类的美好理想,都不可能唾手可得,都离不开筚路蓝缕、手胼足胝的艰苦奋斗。

习近平总书记强调:"我们的国家,我们的民族,从积贫积弱一步一步走到今天的发展繁荣,靠的就是一代又一代人的顽强拼搏,靠的就是中华民族自强不息的奋斗精神。当前,我们既面临着重要发展机遇,也面临着前所未有的困难和挑战。梦在前方,路在脚下。自胜者强,自强者胜。实现我们的发展目标,需要广大青年锲而不舍、驰而不息的奋斗。"

时代呼唤担当,民族振兴是青年的责任。在实现中华民族伟大复兴的新征程上,应对重大挑战、抵御重大风险、克服重大阻力、解决重大矛盾,迫切需要迎难而上、挺身而出的担当精神。

青年是国家和民族的希望,创新是社会进步的灵魂,创业是推动经济社会发展、改善民生的重要途径。青年学生富有想象力和创造力,是创新创业的有生力量。

习近平总书记指出:"要敢于做先锋,而不做过客、当看客,让创新成为青春远航的动力,让创业成为青春搏击的能量,让青春年华在为国家、为人民的奉献中焕发出绚丽光彩。"

前进的道路从不会一帆风顺,实现中华民族伟大复兴的中国梦需要一代一代青年矢志奋斗。习近平总书记指出:"希望全国广大高校毕业生志存高远、脚踏实地,不畏艰难险阻,勇担时代使命,把个人的理想追求融入党和国家事业之中,为党、为祖国、为人民多作贡献。"

教育强则国家强。实现中华民族伟大复兴,教育的地位和作用不可忽视。我们对高等教育的需要比以往任何时候都更加迫切,对科学知识和卓越人才的渴求比以往任何时候都更加强烈。

千川汇海阔,风好正扬帆。广大青年学生紧密团结在以习近平同志为核心的党中央周围,坚定理想信念,志存高远,脚踏实地,勇做时代的弄潮儿,一定能够担当起党和人民赋予的历史重任,在实现中国梦的生动实践中放飞青春梦想,在为人民利益的不懈奋斗中书写人生华章!

(来源:汪晓东,李翔,宋静思. 总书记这样和大学生谈心[N/OL]. 人民日报,2021-12-01[2022-10-30]. http://paper.people.com.cn/rmrb/html/2021-12-01/nw.D110000renmrb_20211201_4-01.htm.)

第三节 生涯理论

阅读思考 布里丹毛驴效应

布里丹养了一头小毛驴,他每天要向附近的农民买一堆草料来喂。这天,送草的农民出于对哲学家的景仰,额外多送了一堆草料放在旁边。这下子,毛驴站在两堆数量、质量和与它的距离完全相等的干草之间,可为难坏了。它虽然享有充分的选择自由,但由于两堆干草价值相等,客观上无法分辨优劣,于是它左看看,右瞅瞅,始终无法分清究竟选择哪一堆好。于是,这头可怜的毛驴就这样站在原地,一会儿考虑数量,一会儿考虑质量,一会儿分析颜色,一会儿分析新鲜度,犹犹豫豫,来来回回,在无所适从中活活地饿死了。

那头毛驴最终之所以饿死,导致它最后悲剧的原因就在于它左右都不想放弃,不懂得如何决策。人们把这种决策过程中犹豫不定、迟疑不决的现象称为"布里丹毛驴效应"。

每个人在生活中经常面临着种种抉择,而人们都希望得到最佳的结果,常常在抉择之前反复权衡利弊,再三仔细斟酌,甚至犹豫不决,举棋不定。但是,在很多情况下,机会稍纵即逝。如果我们一直犹豫不决而没有行动,往往只能导致停滞观望,两手空空,一无所获。

有人问亚历山大是如何征服世界的,他回答说,他只是毫不迟疑地去做这件事。人生充满了选择,我们总要在几个可供选择的方案中做决断。对于所选择的结果究竟是好是坏,也往往没有明确的答案。机会难得,想再回头重新来过,是绝不可能的。因此可以说:决断是各种考验的交集。其实,上天并未特别照顾那些抓住机会之神的幸运者,只不过是他们一再对问题苦思对策,边做边寻找解决问题之道,因而才获得了机会之神的青睐。

(来源:张文成. 墨菲定律[M]. 苏州:古吴轩出版社,2017.)

一、以帕森斯为代表的生涯匹配理论

生涯匹配理论,是基于人的个体特质与职业特性一致的理论,强调个体与职业的匹配性。匹配性越高,个体特质与职业环境相一致,则个体在职业生涯中获得成功的可能性越大。帕森斯人职匹配论、霍兰德职业类型理论、罗伊的职业选择人格论等都是生涯匹配理论的代表。

人职匹配理论也称特质因素理论,是最早的生涯辅导理论,也是生涯匹配理论的奠基理论,由美国波士顿大学教授弗兰克·帕森斯(Frank Parsons)提出。他对生涯理论最大的贡献就是出版了第一本生涯指导理论著作——《选择一个职业》(Choosing a Vocation)。这本书是帕森斯的遗著,由其同事整理并于1909年5月正式出版。

(一)理论核心

1908年,帕森斯在职业指导过程中,提出了职业设计的三要素:一是清楚地了解自己,包括性向、能力、兴趣、自身局限和其他特性;二是了解各种职业必备的胜任条件及所需的知识,以及不同工作岗位的优势、不足、机会、前途等;三是实现上述两者的平衡。人职匹配理论的前提是:每个人都有一系列的特性,并且可以客观而有效地进行测量;为了取得成功,不同职业需要配备具备不同特性的人员;选择一种职业是一个比较容易的过程,且人职匹配是可能的;个人特性与工作要求的匹配程度越高,职业成功的可能性越大。

人职匹配分为两种类型。第一种,因素匹配("活找人")。需要有专门技能和专业知识的职业与掌握该种技能和专业知识的择业者相匹配。例如,脏、累、苦等劳动条件很差的职业,需要有吃苦耐劳、体格健壮的劳动者相匹配。第二种,特性匹配("人找活")。例如,具有敏感、易动感情、不守常规、个性强、理想主义等人格特性的人,适宜从事自我情感表达需求高的艺术创作等相关职业。

基于人职匹配理论进行的职业指导主要包括三个步骤:第一步是评价求职者的生理和心理特性;第二步是分析各种职业对人的要求,并向求职者提供有关职业信息;第三步是人职匹配。

(二)人职匹配的维度

帕森斯的人职匹配理论是现代生涯发展理论的基础,经过一个多世纪的发展,研究者对人职匹配的内容与类型进行了拓展。如默里(Murray)在需求-压力模型(needs-press model)中对需求和压力进行了分类,并指出特定压力与相应需求的结合对个体及其行为起着至关重要的作用。同时,勒温(Lewin)则通过公式 $B = F(P \cdot E)$ 指出,行为是个体(P)与环境(E)共同作用的结果,而不是由个体或环境单独决定的。这是最早提出个体行为是由个体与环境的相互作用共同决定的观点,对个人-环境匹配的研究具有重大理论意义,也得到了理论界与实践界的普遍认可。施耐德(Schneider)提出著名的吸引-选择-摩擦(attraction-selection-attrition, A-S-A)模型,为人与环境匹配的作用机制提供了解释,成为个人-环境匹配研究的标志性进展。

从维度角度讲,人职匹配是指个体和职业的一个或多个特征维度很好地吻合时两者之间的一致性,包括个体－职务匹配(person-jobfit)、个体－职业匹配(person-vocationfit)、个体－群体匹配(per-son-groupfit)、个体－组织匹配(person-organizationfit)、个体－个体匹配(person-person fit)、个体－文化匹配(person-culture fit)等。

(三)人职不匹配的应对策略

不匹配应对措施的多样性对人力资源管理理论具有重要意义。2005年,惠勒(Wheeler)等首次在文献综述的基础上识别了不匹配的五种应对策略,包括适应、退出、建言、行动和印象管理,并描述了不匹配应对的过程。

(1)适应。个体感知到不匹配后首先会对其是否愿意适应不匹配做出评估,若个体愿意适应不匹配则进入适应过程。

(2)退出。若个体不愿意适应,则进一步对外部机会进行感知,有外部工作机会时,个体将退出组织。

(3)建言。若个体未能感知到外部机会,则可能通过建言、行动、印象管理等方法应对不匹配。建言是下属通过直接或间接的方式向管理者表达不满,个体可以通过建言向管理者表达他们对环境的不匹配,并通过职务重塑以提升个体与环境的匹配程度或改变组织对不匹配的态度。

(4)行动。行动指员工不迎合组织价值观或不表现出组织要求的程序或行为,主要表现为忽视不匹配,员工被动地接受不匹配状态且不加以改变。

(5)印象管理。印象管理是指员工在保持自己身份的前提下表现出与组织一致的态度或行为。

霍利约克(Hollyoak)通过质性研究发现适应和退出是个体应对不匹配的策略之一,并提出了新的应对策略,即改变对不匹配的认知,将消极的不匹配理解为积极表现个性的手段,以提升个体对不匹配的接受程度。

二、以舒伯为代表的生涯发展理论

生涯发展理论是继特质因素理论之后重要的生涯理论突破。生涯发展理论使职业咨询从关心当前的职业适应,发展为着眼整个职业生涯的规划。从此,职业咨询从就业指导走向生涯规划辅导。生涯发展理论的核心是将人们生命周期中的职业生涯划分为不同的发展阶段,假设每一个阶段都有自己独特的问题和任务,并提出了解决这些问题、完成这些任务的方法与对策。舒伯的生涯发展理论、伊莱·金斯伯格(Eil Ginzberg)的职业生涯阶段理论、马克·L.萨维科斯(Mark L. Savickas)的自我观念理论、埃德加·H.施恩(Edgar H. Schein)的生涯发展理论、琳达·戈特弗里森(Linda Gottfredson)的职业限制与妥协理论都是其代表。

美国哥伦比亚大学的心理学家舒伯是职业生涯规划辅导历史上自帕森斯之后又一位里程碑式的大师。舒伯的生涯发展理论并不是对人职匹配理论的反驳或替代,而是一种补充或拓展,其开拓之处体现在三个方面:一是与发展心理学有关的生命广度(life-span)和生涯成熟度(career maturity);二是与社会学有关的生活空间(life-space)和角色重要性(role salience);三是与人格理论相联系的自我概念(self-concept)和最新进展。

(一)生命广度与生涯成熟度

不同于人职匹配理论将主要关注点放在固定时间(主要是青年早期)的职业选择上,舒伯的一大创举就是从时间维度拓展了生涯的概念,提出了生涯发展阶段这一概念,又称大循环,代表个体横跨一生的生涯之路。舒伯认为,大多数人的生涯发展由五个连续的阶段组成,每个阶段有一个大概的年龄范围(见表2-2,并不绝对,具有一定的弹性,仅供参考),并且每个阶段都有属于自己的特定任务。这五个阶段分别是成长阶段(0~14岁)、探索阶段(15~24岁)、建立阶段(25~44岁)、维持阶段(45~64岁)和衰退阶段(65岁以上)。

表2-2 舒伯生涯理论的五个阶段

阶段	特征
成长阶段 0~14岁	在与家庭、学校和重要他人的互动中,逐渐发展自我概念,并初步建立对社会的初步印象和态度,开始了解工作的意义。该时期可进一步细化为好奇期(0~4岁,对外部世界好奇)、幻想期(5~10岁,需求支配一切)、兴趣期(11~12岁,兴趣决定行为)和能力期(13~14岁,考虑能力的重要性)
探索阶段 15~24岁	在学业、休闲活动以及初步工作的不断尝试中,进行自我探索和外部探索,并初步确定职业选择。该时期可进一步细化为试探期(15~17岁,需要、兴趣、能力与机会,做出暂时的决定)、尝试期/过渡期(18~21岁,接受专业训练,将一般性的职业选择转成特定的选择)和稳定期(22~24岁,初步确定职业选择,试探其成为长期职业的可能性)
建立阶段 25~44岁	确定一个适合领域,并在该领域中不断努力(比如发展与业内人士的关系、精进专业技巧、确保一个安全稳定的职位等),逐步晋升并建立起稳固的地位。该时期进一步细化为巩固期(25~30岁,在已选定的职业中缓步前进,奠定基础,31~44岁,处于创造力的巅峰,表现出众)
维持阶段 45~64岁	接受自身条件的限制,逐步减少创新工作,通过专注于本务、发展新技巧等方式应对新进人员的挑战,稳固现有的成就与地位。这一时期没有细分阶段
衰退阶段 65岁以后	由于身心逐渐衰退,表现渐退化,因此从原有工作岗位上退隐,开始减少工作时数、减轻工作负担,并发展新的角色,以各种不同的方式(比如运动、做以前一直想做的事情)填补工作角色的缺失。该时期可进一步细化为减速期(65~70岁,工作节奏放缓)、退休期(71岁后,停止原有工作,将精力转移至其他角色)

这五大阶段并不是完全分离的。一方面,不同阶段之间会存在转换期,可以视之为不同阶段之间的过渡和缓冲。舒伯认为,在这些转换期内,个体都会重新经历一次生涯发展五个阶段(成长、探索、建立、维持、衰退),只不过时间较短,可称之为小循环。另一方面,这些阶段相互之间存在影响,前期生涯任务的完成程度会影响到后期阶段,但并不必然是线性关系。例如,个体如果没有充分探索,可能会选择不恰当的职业,从而影响其建立和维持工作成就,甚至后来可能又回到探索阶段。

区分不同生涯发展阶段的并不是年龄,而是发展任务。在每一个生涯发展阶段,个体都要面对独属于该阶段的生涯发展任务,而这些任务源自个人和社会的发展程度以及社会对个体的期待,需要个人去一一完成。但是每个人解决、应对这些生涯发展任务的状态不同,为了衡量这种状态的差别,舒伯提出了生涯成熟度的概念。生涯成熟度是指个体面对不同阶段生涯发展任务的准备程度,是发展性视角中最重要的概念,在某种程度上代表着个体生涯发展水平。舒伯认为,生涯成熟度是一个多维、混杂的概念,包括态度与认知两个层面(见图2-5)。

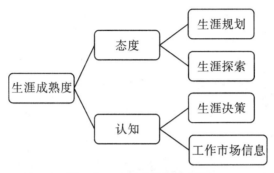

图2-5 生涯成熟度示意图

态度层面主要是指生涯规划态度和生涯探索态度。前者着重于思考和计划未来,测量个体对生涯规划专注投入的程度。后者着重于处理当前,测量个体在探索和收集生涯信息方面的意愿。

认知层面主要是指生涯决策和工作市场信息两种生涯发展认知。生涯决策是指运用知识和相应技巧做出合理决定的能力。工作市场信息则是指个体收集充分的职业信息(如入职前的准备、入职后的要求等)的能力。

(二)生活空间与角色重要性

为了表达对社会情境的重视,舒伯的第二大创举就是在空间维度上扩展了生涯的内涵,强调个体在不同场所扮演不同生活角色,这些角色的组合形成了个体的生活空间。

角色既包括他人和自己对角色的期望,也包括个人对角色的表演和塑造。舒伯认为,尽管工作角色是大多数人生涯发展的焦点,但并不是唯一重要的角色。不管个人是否愿意,除了工作角色,人在一生之中还要扮演子女、学生、休闲者、公民、爱人、父母等角色。这些角色的扮演和塑造,主要活跃于四个不同的场所,即家庭、社区、学校和工作场所。角色常常和场所有所对应(比如父母、子女等角色对应家庭场所,公民对应社区场所等),但这种对应并不是绝对的。

一般来说,不同的角色并不是依次出现的,而是同时存在的,因此它们之间常常会产生相互促进或损害的效应。通常来说,某种角色的成功会带动其他角色的成功。例如,一个人如果事业有成,那么他在恋爱婚姻中也可能获得优势。但如果个人为了某一个角色的成功付出太多的时间和精力,也有可能导致其他角色的失败。例如,沉迷在休闲者的角色中,导致工作出现问题。

受到过去的生活经验、自我概念、当前生活状态的影响,每个人在各个角色上所投入的时间、精力、情绪等不尽相同。为了比较这种不同,舒伯提出角色重要性的概念来衡量个体对不同角色的投入程度,可由承诺度、态度、价值期待和角色知识四项指标进行衡量。其中,前三项都可以通过"重要性量表"进行测量。舒伯认为,对于不同人或者同一个人的不同时期来说,不同角色的重要性会发生变化,重要的角色组合都不尽相同(比如,童年时期重要的角色是子女,青少年时期重要的角色是学生),而这种组合反映了个体当时的价值观。

尽管已经对生涯模式有所归纳,但是为了表现更复杂的生涯发展过程,舒伯极富创意地使用图形来显示生涯发展阶段和生活角色之间的融合,绘制了一个多重生涯角色共同发展的优美图形,这就是生涯彩虹图(见图2-6)。生涯彩虹图最外围的是个人的年龄与对应的生涯发展阶段,而里层的每一道"彩虹",都反映了个体的某个重要角色在生涯发展过程中的出现、消失、转换等变动。例如,某人的学生生涯从5岁开始,延续到25岁左右,并在30~35岁、40岁和65岁各有一个小高峰,这表明他一生中学习、工作经历的变化。

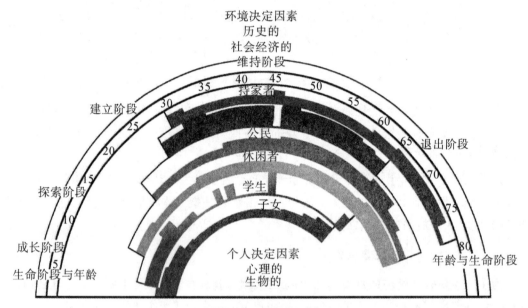

图2-6 生涯彩虹图

生涯彩虹图有两个优点:第一,直观地展示了生涯发展阶段和生活角色的概念,总结了舒伯的生涯发展理论的精髓;第二,形象而生动地体现了个体的生命广度和生活空间之间的交互影响,将个体复杂的生涯发展精炼为简洁而清晰的图形。

(三)自我观念与最新发展

舒伯认为,真正引导生涯发展和角色选择,是该理论的核心要素。舒伯认为,生涯发展的过程本质上是一个发展和实现自我概念的过程。因此,自我概念是贯穿于生涯广度和生活空间的核心变量。

正是看到了自我概念在生涯发展理论中的重要性,舒伯的接班人萨维科斯延续舒伯后期关于自我概念的建构取向,从适应力的角度提出生涯建构理论,成为舒伯生涯发展理论的最新进展。

三、以萨维科斯为代表的生涯建构理论

美国东北俄亥俄医科大学名誉退休教授萨维科斯于2002年正式提出生涯建构理论。

基于丰富的生涯咨询实践经验和深厚的生涯理论学术功底,以舒伯的生涯发展理论为基础,萨维科斯提出了生涯建构理论并不断完善,使该理论成为近二十年来西方职业心理学研究中令人瞩目的一项成就。

生涯建构理论阐述了个体如何通过自我建构和社会建构形成职业生涯的机制,认为生涯不是自我展现出来的,而是被建构出来的。建构是一种行动,不同的生涯阶段有不同的生涯任务,这些任务促使个体主动去完成它们,从而建构个人生涯。个体是生涯的所有者和创作者,所以生涯发展是一种自我生命设计。阿瑟(Arthur)的无边界职业理论、工作重塑理论、生涯混沌理论、生涯万花筒理论等都是生涯建构理论的代表。

现代社会的不确定性为生涯建构理论的产生提供了现实基础。最初,西方传统职业理论主要强调组织对生涯管理的主导作用,而职业配型是组织在生涯管理时代的最佳策略。配型理论的前提假设是职业类别的划分是清晰、确定不变的,因此个体可以根据自我的职业兴趣和个性特征选择适合自己的工作。

随着经济全球化和社会多元化的发展,组织为了应对市场环境的变化需要更加灵活、敏捷、迅速,采取精简层级结构、打破职能单位之间壁垒的策略,这种做法进而导致雇佣关系的脆弱、组织边界的模糊。个体的生涯发展不再是基于自身职业特征与工作的固定搭配,而是需要根据外部环境的变化不断调整自我生涯行为;与此同时,信息技术的发展也使得个体可以摆脱对组织的依赖,于是产生了自主管理生涯发展的需要及可能性。

舒伯的生涯发展理论为生涯建构理论奠定了坚实的理论基础。20世纪50年代至90年代,舒伯不断地修正自己的理论,分别提出了生涯发展理论(career development theory)、生涯发展自我概念理论(career developmental self-concept theory)及生命广度与生命空间理论(life-span,life-space career theory),成为当时个体生涯发展进程的最佳诠释与理论典范。尽管生涯发展理论对职业研究具有深远的影响,但也存在缺陷。生涯发展理论认为生涯是从一种稳定状态到另一种稳定状态的线性变化,这与当前不可预测、易变、无边界的工作模式是矛盾的。此外,它还着重强调生涯成熟度(即早期的职业选择准备),但此概念无法解释工作中成人面临的持续变化的环境。20世纪90年代初,舒伯逐渐接纳了"建构论"的思想,认识到"个体是自我经验的组织者",因此对生涯发展理论中的已有观点进行了改造,不再认为自我概念是个体在与环境互动的历程中"被动"发展出来的,而是"主动"建构出来的,通过自我的主动建构形成内在现实(能力、兴趣、需求、价值及人格特质等),并可据此预测个体对外在现实的反应方式(职业与生活方式的选择)。这一观点在生涯发展理论中被称为建构取向的生涯发展理论。该理论凸显个体对生涯决策的主动掌控作用,认为生涯是个体对自身特质、职业世界及生涯选择的整合与全面建构的过程。

生涯建构理论吸纳了建构主义、后现代思想等哲学观点。生涯建构基于个体建构、社会建构和后现代的哲学视角。萨维科斯将社会建构主义作为一种元理论来重新定义职业发展理论的核心概念,基于认识论的建构主义角度,认为个体建构的是现实本身;基于情境主义世界观,将发展界定为对环境的适应而不是内部结构的成熟,生涯不是主动发展而是被个体建构出来的;基于后现代思想,认为自我不是一开始就存在的,建构自我是一项人生设计,把自我看作一个故事,而不是一个由多种特质构成的实体。

生涯建构理论提出了一个可以解释完整生命周期中职业行为的模型,为研究者和生涯咨询师提供了一套看待个体生涯主题的独特视角,为生涯咨询工作者帮助来访者做出职业选择、获得生涯成功、提升工作和生活满意度提供了方法与思路。

(一)理论核心

生涯建构理论整合了人职匹配论、生涯主题理论,将生涯建构理论归纳为个体特质差异性、生涯阶段任务发展性、生涯过程动态性三个方面,并分别用职业人格类型、生涯适应力、人生主题来衡量。职业人格解释了不同的人喜欢做什么、生涯适应力解释了个体如何应对生涯发展不同阶段的任务,人生主题解释了为什么每个人对待工作和生活有不同的态度。

1. 职业人格类型

个体选择所从事的工作是职业人格的主题。职业人格是指与生涯相关的能力、需要、价值观和兴趣等。人格特征是个体进入工作世界的准备资源,准备资源在家庭生活中形成,在社区和学校中得到发展。生涯建构理论将兴趣及其他生涯相关特质视为适应策略而非真实的个体差异。兴趣等概念是动词而不是名词,与生涯相关的能力、兴趣和价值观反映的是生涯建构的意义,是展示个体未来可能性的动态过程,而不是预测未来的稳定特质。个体可以根据情境需要使用或放弃这些策略。生涯建构理论认为,职业人格类型和职业兴趣自身没有现实意义或真正价值,可以根据所处的时间、地点和社会文化背景发生变化。工作环境中规则的相似性可以使具有潜在差异的个体形成多种职业人格类型。职业人格类型和职业兴趣是反映社会意义的即时关系联结,个体在工作中成为不同类型特征的人,而不是在工作之前就是该类型的人。工作是个体发展的情境,是自我展示的外部形式,也是连接外部世界和自我之间的桥梁。

2. 生涯适应力

生涯适应力是指个体在适应工作过程中的态度、能力和行为。生涯适应力与人生主题和职业人格相一致,人生主题引导人格在工作中的表达,而表达本身又受到生涯适应过程的控制。

生涯建构理论认为,生涯建构是个体为了实现自我概念,在社会角色中不断尝试,达到自我与社会整合的社会心理活动。由于个人和环境不断变化,个人与环境的匹配过程就不会停止。生涯建构的过程会连续不断、依次递进,朝着个人与环境匹配性更高的方向发展。适应过程包括从学校到工作、工作间、职业间的过渡和转换,可以分为成长、探索、建立、管理和衰退五个阶段。这五个阶段形成一个适应周期,当出现新的转换时,这个循环会周期性重复。成长指的是对生涯意义进程认知;探索指的是工作信息搜索,做出决策等行为尝试;建立指的是对现有工作形成稳定的承诺;管理指的是在现有工作岗位上进行积极的工作角色管理;衰退指的是从现有工作岗位上退出。例如,一名员工从事一项新工作,在新工作岗位上会有一段成长期,包括探索该工作岗位的任务要求、工作规范和报酬等。然后,他会在工作岗位中确立自己的角色,对这个工作角色进行管理,当他做好了更换工作的准备时,他会主动退出这个工作岗位,或当组织变革使他的职位变得多余时,他也会主动地退出这项工作,从而最终实现与该工作的脱离。在后工业经济时代,人们一般不会持续几十年一直从事某项工作。新技术、全球化和工作的重新设计要求员工更积极地建构自己的生涯。他们频繁跳槽,每次都要重复定位、探索、建立、管理和衰退的循环过程,解决由发展任务、职业转变和工作创伤引起的陌生、复杂和不明确的问题,从而增强个体适应新环境的能力。

生涯适应力是解决生涯实际问题的应对策略,个体可以利用这些应对策略将职业自我概念与工作角色相结合。萨维科斯等将生涯适应力界定为:个体解决在生涯发展任务、职业角色转换和工作创伤中遇到的陌生、复杂、不确定性问题的一种自我调节能力,是个体在生涯发展过程中应对外部挑战需要具备的核心能力。生涯适应力由三个层次构成。最高、最抽象的层次包含四个维度,即生涯关注(career concern)、生涯控制(career control)、生涯好奇(career curiosity)和生涯自信(career confidence),分别对应生涯发展的四个重要问题,即"我有没有未来""谁会拥有我的未来""未来我想要做什么"和"我能不能做到"。这四个维度是个体在建构生涯过程中应对生涯任务、职业转换和工作创伤的整体资源和策略。中间层次是生涯适应力的主要内容,即态度(attitudes)、信念(beliefs)、能力(compe-tencies)。最低、最具体的层次主要指各种具体的职业行为(vocational behavior),尤其是个体应对外部职业环境变化做出的自我调适策略(self-regulation strate-gies)。

3. 人生主题

人生主题即个体生涯故事的主题,反映了职业行为的原因。个体在自我的职业发展任务、职业转换和工作创伤故事描述中揭示其生涯的基本意义及建构的动力。自我和社会互动的生涯故事可以解释为什么每个人会做出不同的选择,以及做出这些选择对个体的意义。从这些关于工作人生的典型故事中,咨询者可以了解到个体生涯建构的人生主题及其工作人生的动机和意义。

人生主题强调生涯的重要性。生涯建构理论认为,人生主题包括人生故事中最重要的内容,这些内容可以赋予个体工作意义和目的,使个体真正关心、热爱自己的工作,也会使人们认识到自己所从事的工作对社会的贡献和对他人的重要性。识别人生主题可以增强个体的身份认同感和社会价值感,促进个体与社会的联结。

(二)理论运用

生涯建构理论赋予传统的职业生涯发展理论以后工业时代的特征,所提出的适应性生涯建构观念可以指导个体基于动态生涯发展视角适应不断变化的环境。因此,生涯建构理论具有很强的应用价值。

基于生涯建构理论,将自我概念与工作联结起来,以此让个体成为自己工作的创造者,主动建构生涯的意义,从而为适应工作模式的新变化做好准备。另外,针对不同群体在生涯发展中面临的问题,可以聚焦生涯适应力发展迟缓或不均衡的方面,在此基础上进行有针对性的干预,提高其生涯适应能力。

生涯适应力量表能够在一定程度上满足企业组织在竞争环境下对人才招聘和员工培养

的需求。为了在激烈竞争环境中获得更好的生存发展机会,企业组织更偏好适应能力强的员工,生涯适应水平高的员工具有较强的环境适应力,这些人往往不畏惧变化和不确定性,甚至会随时以准备的姿态主动迎接环境变化,在与环境的互动过程中始终保持积极进取心态以应对各种挑战,迅速找到掌握全局的关键和突破口,通过自我与外部环境的资源整合解决问题。因此,企业组织在招聘过程中采用生涯适应力工具筛查适应能力强的员工,或者在培训过程中对员工的生涯适应力加以培养,可以在一定程度上提升企业组织的生存发展能力。

生涯智慧·基层就业,大有可为

在我国经济社会的发展过程中,地区发展和城乡发展不平衡的问题依然没有得到完全解决。人才资源向中心城市和上层机构集中,这既给大城市带来交通、基础设施等多方面的压力,继续扩大差距,同时加大了就业压力。推动社会均衡化发展,就是解决上述问题的必由之路,其中,通过人才输血,改善基层、偏远、落后地区社会面貌,就是一个重要的途径。

但是,在市场经济时代,人才流动也遵循市场规律。为鼓励大学生去基层就业,国家明确提出,对到农村基层和城市社区工作的毕业生,给予薪酬或生活补贴,并按规定参加社会保险;对到中西部和艰苦边远地区县以下农村基层就业,并履行一定服务期限的毕业生,实施相应学费和助学贷款代偿,这一举措将解除基层就业大学生经济上的后顾之忧。

对大学生来说,基层就业可能条件相对艰苦一点,但是,正因为艰苦,就更能够锻炼和磨砺人才。在人才匮乏的基层,大学生具有知识、眼界上的比较优势,也更容易脱颖而出,找到施展才华的广阔空间。事实上,很多杰出人物就是从社会底层成长起来的。而且,在基层工作和创业,对民生将有更深切的体认,服务于基层,恰恰最能体现关怀民生、忧心民瘼的人文情怀。

到基层就业、创业的大学生多起来,就可以改善基层的经济、社会和人文面貌,也就可以吸引更多人才和资本,从而带动整个社会的均衡发展。就业地域选择不再聚焦中心发达城市,放眼更广阔的基层,也许更能成就有意义的青春。

(来源:朱楠,王硕鹏.基于"互联网+大数据"的高校就业信息化建设[M].长春:吉林人民出版社,2018.)

生涯体验站·绘制人生彩虹图

请思考自己过去、现在,以及未来可能承担的生活角色,在图2-7上标注年龄阶段和你扮演的角色名称,然后在你某个年龄所扮演或希望扮演的角色区域,利用彩笔和文字区分出你对这些角色的理解。

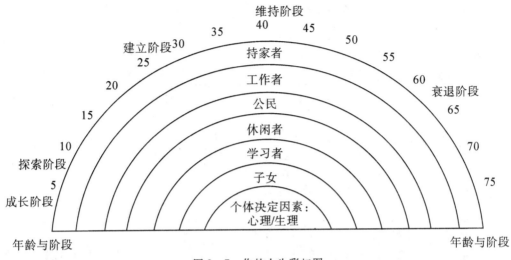

图 2-7 你的人生彩虹图

注意要点

(1) 角色扮演的成功视个人的生理、心理因素及当时的社会环境等外在情境因素而定,该角色越成熟,所绘制的色带应越饱满。

(2) 生命中各阶段所扮演的角色、延续的时间可用色带的长度来表示。

(3) 可用不同的颜色来代表对该角色的喜好。

绘制完成后,面对自己的人生彩虹,你有什么感想呢?对人生不同阶段所扮演的不同角色有哪些新的认识?如果要重绘这幅图,你会改变什么?

_____
_____

与同学讨论,通过绘制自己的人生彩虹图,你发现了哪些规律?请列出:

_____
_____

课后训练 理想之旅,不忘初心

经过高考,你来到了大学。高中学习的目标似乎就是"考上大学",这个目标曾经激励着你为之刻苦努力。而今,这个目标已经成为过去,面对未来,你需要用新的目标来指引自己的行动。现在,请认真思考:你为什么要上大学?通过大学,你要实现的目标有:

(1) _____

(2) _____

(3) _____

以下问题,可以帮助你重新探索自己的人生理想与目标。

很小很小的时候,我的理想是:_____

天真烂漫的小学，我的理想是：_____

初中的花季雨季里，我的理想是：_____

高中的激情岁月里，我的理想是：_____

现在，来到大学，我的理想是：_____

以上这些理想的共通之处是：_____

认真分析上大学的初心目标和理想的自我探索有交集吗？请牢牢地把交集点记在心里，这是努力的初心所在。

通过以上思考与分析，我发现：_____
_____

基于现实，我想到实现自己理想的具体计划有：_____
_____

在理想实现的过程中，我渴望获得的支持是：_____
_____

本章要点导图

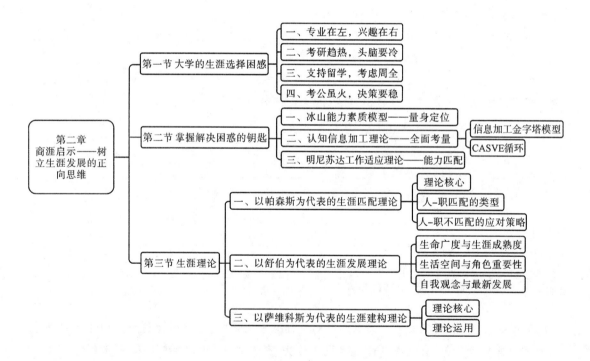

第三章 商涯觉醒
——发现你的优势

学习目标

1. 知识目标
理解兴趣、能力、性格、价值观的概念及相关理论。
理解职业兴趣、职业能力、职业性格、职业价值观与职业发展的关系。
2. 技能目标
掌握职业兴趣、职业性格、职业价值观的测评方法。
能运用多种方法探索自我兴趣、性格、能力、价值观。
3. 态度目标
能对内部世界的四个维度进行客观理性的自我认知。
能将个人的价值观与国家、社会的需要相结合,树立远大的职业志向。

生涯榜样

谢霖:谱写我国会计事业的壮美诗篇

谢霖(1885—1969年),字霖甫,江苏常州人(横林镇崔桥,东晋谢氏世家后代),创建了光华大学成都分校(今西南财经大学),光华大学成都分校教授,中国会计行业的先驱,中国会计师制度的制定者之一,会计改革提出者。会计教育家,中国第一位注册会计师,第一家会计师事务所创始人。

出身于会计世家

1885年11月30日,谢霖出生于江苏省武进县罗墅湾,自幼从精通传统四柱会计技术的父亲谢冠能那里学习中式会计理论,初步掌握中式簿记。时逢半殖民地半封建社会,谢霖受洋务运动"西学中用、自强求富"的思想启化,怀揣着爱国之心,志在学习西方先进技术与思想以救国。1905年,他前往日本,在日本明治大学和早稻田大学学习法律和商科,获得商业学士学位,1910年归国。

中国第一位注册会计师

1918年6月，谢霖上书旧农商、财政两部，建议设立"中国会计师制度"获批。农商部委托他起草了《会计师暂行章程》并于同年9月公布试行。谢霖被授予第一号会计师证书，成为中国首位会计师。同年末至次年初，组织同行8人，分别在北京、天津创办了正则会计师事务所并积极开展工作，为我国涉外经济案件争取利益。面向社会公众，执行公共会计师业务，开创了我国注册会计师事业之先河。经过数十年的发展，正则的分支机构遍及我国大江南北，在全国会计界中享有很高的信誉，成为1949年前中国四大会计师事务所之一。之后随着正则会计师事务所的发展，正则会计补习学校也遍及全国，为国家培养了一批又一批初、中级会计人才。

毕生致力于会计教育

谢霖先生以"母实业而父教育"为宗旨，在投身会计制度改革的同时，兼顾了会计教育事业的发展。1918年接受蔡元培先生的聘请，谢霖前往北京大学讲授新会计，之后又曾在上海商学院、光华大学、复旦大学、重庆大学商学院、铭贤学院等校任教。

谢霖先生对教育事业充满热情，积极传授会计知识，为我国会计科学的发展和会计工作的实践立下了汗马功劳，是中国近代当之无愧的杰出教育家。谢霖先生认为，甲午战争之后，割地赔款，外国人抓住机会来华办厂，掠夺中国资源、剥削中国廉价劳动力，国人中的一些有识之士不甘沦为列强的俎上鱼肉，于是就出现了一大批官办、商办企业，而中国旧式收支会计已不能适应经济发展需要。他提出新式会计改革，对北京的钱庄、银楼、绸布楼、票号这四个行业的现状进行调研，倾听大众的诉求，通过开设讲习所，分批对大清银行、交通银行的会计人员进行培训。将收支单式记账更改为借贷复式记账。1912年经过对两行会计改革实践的系统标准化总结，编著了《实用银行会计》一书，同时为使小商店在结账、纳税时具有规范的数据而设计了《改良中式账》。他在中国银行和交通银行改革会计一举成功，这引起了国内经济界的大震动，使得各行各业争相效法，为借贷复式记账法在中国的推广运用打下了坚实基础。

尤其是在抗战时期，时任上海光华大学（今华东师范大学）商学院院长的谢霖受光华大学校长张寿镛的委托，在缺乏资金、校舍、师资的情况下，前往成都筹办分校。他迎难而上，为取得社会各界帮助而四处奔走呼吁，最终将光华大学成都分校成功建成。谢霖得益于早年在四川工作的经历，在当地声誉卓著。1938年3月1日在某地城内租赁的房屋里先行开办教学（为西南财经大学渊源之一），同时设法从社会人士那里筹集到了土地和建房的一切资金。在建校期间，谢霖既负责学校事务又兼顾给学生们上课，还监督房屋建设，经常在城内的学校和城外工地间往返奔波。经过几个月的精心操持，终于在成都草堂寺西建起了一所新校舍。新校舍中包含了教室、图书馆、实验室、办公室、体育场、食堂、宿舍、浴室等齐备的功能部分，1938年秋末冬初即全部迁入新校舍。谢霖对学生很严厉，经常告诫学生们："天下兴亡，匹夫有责，现在前方将士正浴血抗战，才换来个安宁的学习环境，不努力学习，怎么对得起抗日战士？中国遭受日本侵略，原因是中国贫穷落后。要使国家富强，大家就要努力学习，学成后为国出力，我们是炎黄子孙，要发扬祖先遗德，光我华夏！"

为了传播会计和经济管理知识，谢霖先生在簿记与会计、银行簿记、成本会计及政府会计等多个领域,独著和参与撰述教科书、专著、会计制度、会计学术论文及会计公文等40多部(篇)。谢霖先生著写的这些资料,不仅给我们留下了宝贵的精神财富,而且以创造性和务实的态度依然能够指导我们今天的会计理论和实践的发展。特别是《实用会计学》一书将"借""贷"两词和"借贷记账法"引入了中国会计学,为中国现代会计学奠定了基础。

谢霖先生的一生投身于教育事业和著书立说,他的著作中强调最多的就是"实用"两个字,他还重视理论联系实践,与相关的规章制度相结合,重视会计的业务性和思想性相互结合和统一。作为中国注册会计师第一人,谢霖先生的爱国思想、开拓精神及对教育和科研的严谨态度,一直是后人学习的榜样。他引入的借贷记账法、创建的注册会计师制度以及不遗余力地推进会计改革精神直接影响了我国近现代会计制度的发展,在我国会计史上占有重要地位。

(来源:西南财经大学档案馆,2013.09.27.)

思政淬炼

大学阶段,是个人世界观、人生观、价值观形成的重要阶段。尽早树立职业理想、职业志向,可以帮助我们明晰自己的人生目标,端正人生态度,正确看待金钱、利益与个人价值的关系。西财人从来以"经世济民"为职业志向,以成为"具有民族精神的卓越财经人才"为职业理想,以专业所学服务国家社会发展需要,使个人发展融入社会发展大势,促进个人成长与国家社会需要同向同行。

第一节 兴趣探索

阅读思考:兴趣是最好的老师

詹天佑八岁时上了一所私立学校。他很聪明,渴望学习。詹天佑逐渐发现自己对工程和机械等新知识最感兴趣。他用泥捏火车,制造机器。他一有时间就摆弄他的小齿轮、发条、螺丝刀、镊子等"玩具"。詹天佑的朋友们称他为"机器迷"。

有一天,小詹天佑突然对他的闹钟产生了兴趣。他想,为什么这个正方形的东西会滴答作响?为什么准时响?为什么它总是走得那么均匀?家里的成年人出门后,詹天佑决定打开宝箱,看看这个秘密。他把闹钟带到一个隐蔽的地方,把零件一个一个地拆开。他自己的大脑也在动:这部分是干什么的?为什么这部分和那部分咬合在一起?什么力量使那部分摆动?如何包装大量损坏的零件?詹天佑用他良好的记忆力一个接一个地安装,逐渐了解了闹钟的结构和原理。就这样,从小就对机器感兴趣的詹天佑,后来成了中国铁路第一人。

(来源:梁新宇.詹天佑[M].北京:国际文化出版公司,2019.有删改)

一、兴趣与职业兴趣

(一) 兴趣的概念

章志光教授等主编的《中国心理大辞典》将兴趣定义为：个体以特定的事物、活动及人为对象，所产生的积极的和带有倾向性、选择性的态度和情绪，是人们为了乐趣或者享受而做的那些事。

兴趣是人们对于各种人、事、物的喜好和偏爱，具有个体差异。兴趣是因投入某个过程使人体验到强烈的情绪满足而产生的。例如，一个人对跳舞感兴趣，会主动寻找跳舞机会，跳舞的过程可能很辛苦，但舞者并不在乎。因为舞蹈的过程会使其感到身心的愉悦和满足，因而舞者会表现出积极而自觉自愿的行为方式。如果一件事情只能让自己短暂投入，一旦遇到困难就很容易放弃，那就只能叫"爱好"或者"喜欢"，并不是这里所谈的"兴趣"。

兴趣是一种稳定的心理倾向，与个人认知、情感等因素密切相关。如果一个人对某个事物并不了解就不会产生情感，对它也不会产生兴趣。相反，理解得越深入，情感联系越密切，兴趣就会越大。

兴趣是生活幸福的源泉。美国芝加哥大学心理学教授米哈里·契克森米哈赖（Mihaly Csikszentmihalyi）在《心流——最优体验心理学》一书中强调，要做自己真正喜爱的事情，才能获得快乐与满足。米哈里教授30多年来采访了来自各行各业的数百人，研究真正让人们快乐和满足的是什么。他发现，人们感到最为愉快和满足的时候不是当他们放松或者什么都不做的时候，而是当他们专注于某些活动，甚至完全沉浸在其中的时候，如绘画、演讲、阅读、攀岩、跳舞、修理、运动竞技时等。米哈里称这种状态为"flow"（原意是"流动"，也被译为"沉浸"或"心流"状态），处在这种状态中的人们的体验似乎是在某种能量驱使下，一切都顺其自然地发生了。在这种状态下，人们不会担心他们的行为会带来怎样的结果，他们只是让自己参与其中，享受活动本身，沉浸其中的体验感使当事人放下了过程之外的所有担心与顾虑。此外，这些活动往往在某种程度上挑战人们的力量或智力，人们充分利用他们的潜力，并获得超越自我的高峰体验。米哈里的发现表明：让人们产生满足感和幸福感的并不是简单的娱乐或放松，而是一种能产生心流感的高峰体验，当人们从事这样的事情时，就是自己的兴趣所在。

(二) 职业兴趣的概念

职业兴趣是指兴趣在职业选择方面的一种倾向性表现，是职业与个性相互作用后反映出的特殊的心理倾向。

20世纪初期，心理学家开始研究兴趣，伴随着工业化大生产的发展进程，心理学家又将兴趣领域的研究转入对职业兴趣的研究。如何提高工人的生产力，在适当的岗位安排合适的工人，成为职业兴趣的主要研究课题。世界大战的爆发进一步刺激了职业兴趣测试的发展。从那时起，职业兴趣研究成为兴趣研究领域的主要内容。

对于个人而说，兴趣是驱动他参与活动的一种内在力量。如果一个人所从事的职业是自己喜爱甚至热爱的，那么他会愿意自觉投入并追求较高的成就。反之，他的职业投入度会比较低,成就动机也会比较低,也难以在工作中得到满足感。

二、霍兰德职业兴趣理论

(一) 霍兰德兴趣类型及其特点

1959年,美国著名职业指导专家约翰·霍兰德(John Holland)在长期职业指导实践基础上,提出了著名的职业兴趣理论。该理论将人的兴趣类型分为实际型(R)、研究型(I)、艺术型(A)、社会型(S)、企业型(E)和事务型(C),详见表3-1。

表3-1 霍兰德兴趣类型及其特点

类型	兴趣倾向	人格特点	对应职业环境
实际型 R (Realistic)	喜欢具体事物;机械、动手能力强;喜欢做体力工作;喜欢户外活动;喜欢与物打交道	偏好于具体任务;不善言辞;做事谨慎;较为谦虚;喜欢独立做事	较多运用到身体的实际操作。通常需要运用某些特殊技术,以便进行操作、修理、维护等。喜欢从事机械、电子、建筑、农事等方面的工作。在工作中,处理与物接触的问题比处理人际问题还重要
研究型 I (Investigative)	喜欢探索未知;喜欢逻辑分析;喜欢推理;喜欢钻研	抽象思维能力强;理性、求知欲强;有学识;不善领导他人	喜欢从事理化、生物、医药、程序设计等需要动脑的研究工作。例如,计算机程序设计师、医师、数学家、生物学家等。工作场合通常需要运用复杂抽象的思考能力。在这些环境中常常采用数学或科学的知识,寻求问题的解决。这类职业不太需要处理复杂的人际关系,大多数情况下,必须独立解决工作上的问题
艺术型 A (Artistic)	喜欢自我表达;喜欢文学和艺术;喜欢美;喜欢自由;喜欢想象;喜欢创作	有创造力;渴望表现自己的个性;做事理想化,追求完美;具有一定的艺术才能和个性	工作场合非常鼓励创意以及个人的表现能力。这个类型的环境提供了开发新产品与创造性解答的自由空间。例如,艺术家、音乐家、自由文字工作者等。工作环境鼓励感性与情绪的充分表达,不要求逻辑形式
社会型 S (Social)	喜欢与人合作;喜欢交朋友;喜欢帮助别人;喜欢和谐	关心社会问题;渴望发挥自己的社会作用;寻求广泛的人际关系;看重社会义务和社会道德	工作场合鼓励人和人之间的和谐相待、互相帮助、和睦相处。工作场所中充满了经验指导与交流、心理的沟通、灵性的扶持等。例如,各级学校的教师、咨询心理学家等。工作氛围强调人类的核心价值,如理想、仁慈、友善和慷慨等

续　表

类型	兴趣倾向	人格特点	对应职业环境
企业型 E （Enterprising）	喜欢辩论、说服别人；喜欢领导、管理他人；喜欢竞争；喜欢刺激、喜欢冒险	有野心、有抱负；为人务实；看重利益得失；重权力、地位、金钱等；做事有目的性	工作场合经常管理与鼓舞其他人，力图达成组织或个人的目标。工作氛围重视绩效、权力、说服力与推销能力，甚至为了达成预期的绩效，不惜冒点风险。例如，企业经营、保险业务、政治活动、证券市场、公关部门、营销部门、房地产销售等。非常强调自信、社交能力与当机立断
事务型 C （Conventional）	喜欢按计划办事；喜欢关注细节；喜欢计算等条理清晰的事情	尊重权威和规章制度；较为谨慎和保守；不喜欢冒险和竞争；富有自我牺牲精神	工作场合注重组织与规划。工作场所包括办公室的基本工作，如档案管理、数据记录、进度管控等；需要运用到数字与人事行政能力，典型部门包括秘书处、人事部门、会计部门、总务部门等

在 20 世纪 70 年代早期，霍兰德认为，对个体职业行为的解释和预测也应结合个体所从事职业的环境特征和个体对职业环境的偏好。因此，他将外部职业环境也相应分为六种类型。霍兰德认为，人们倾向于寻找和选择那种自己感兴趣且能发挥自身优势，从而更好实现自身价值的职业环境。当个人选择了与职业兴趣相一致的职业环境时，其职业投入度和职业发展满意度会更高，职业稳定度、职业成就感也会更高。而外部职业环境不仅为相关兴趣类型的人提供了机会，而且强化了相关的人格特质和职业兴趣，有利于在人职匹配的基础上，最大限度地发挥个人潜力。

(二) 霍兰德职业兴趣六边形模型

霍兰德在职业兴趣类型理论的基础上，通过对职业兴趣结构分析研究，提出了职业兴趣六边形模型，如图 3-1 所示。

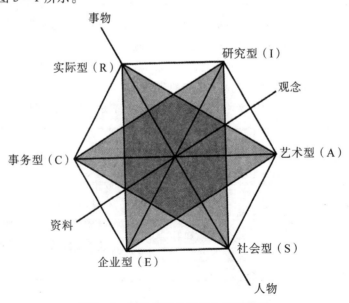

图 3-1　霍兰德职业兴趣六边形模型

霍兰德职业兴趣理论有四个基本假设。第一,由于个体之间存在文化、教育与所处环境等差异,个体会产生不同类型的职业兴趣。理论上,大部分人都可以被归入六种职业兴趣类型中的一种,但个体也可能同时具备多方面的兴趣特征,但一般而言,会有一个类型较为突出,而其他类型相对较弱。第二,在现实职场中,存在六种不同的职业环境类型,这些不同的职业环境分别由不同兴趣类型的人所主导。例如,研究型职业环境由兴趣类型是研究型的人主导,该职业群体中研究型特征的人往往最多。第三,人们倾向于寻找和选择自己感兴趣并能发挥个人能力的职业环境类型,而不同类型的职业环境也在选择适合自身环境的人,这是一个双向互动与动态匹配的过程。第四,个人的职业选择与职业行为是其个性和环境特征交互作用的结果,根据个体人格和环境模式的匹配状况可以预测其职业选择、职业转换、职业成就等状况。

在霍兰德职业兴趣六边形模型中,职业兴趣类型间有三种关系:相邻、相对、相隔关系。其中,相邻职业兴趣类型间的关系最为紧密,而相对位置的关系最远,相隔位置的关系居中。

(1)相邻关系,如 RI、IR、IA、AI、AS、SA、SE、ES、EC、CE、RC 及 CR。相邻关系的两种类型有很多共同点。例如,实际型(R)、研究型(I)的人都喜欢与物打交道,这两种职业环境与人的联系最少。

(2)相隔关系,如 RA、RE、IC、IS、AR、AE、SI、SC、EA、ER、CI 及 CS,在这种关系中,两种类型个体之间的共同点少于相邻关系但多于相对关系。

(3)相对关系,指在六边形上处于对角位置的类型之间的关系。如 RS、IE、AC、SR、EI 及 CA,相对关系的人格类型共同点最少。例如,研究型(I)的人喜欢与物打交道,而企业型(E)的人却喜欢与人打交道;艺术型(A)的人喜欢观念创造,常规型(C)的人喜欢处理数据和资料。因此,一个人同时对处于相对关系的职业环境都能感兴趣的情况较为少见。

霍兰德的职业兴趣模型在其后的职业兴趣结构研究中,通过职业兴趣测量不断得到印证,证明了该模型具有普遍性。

三、中华文化对兴趣的论述

从汉语的词源看,兴趣的含义相当广泛。《说文解字》中称:"兴,起也。从舁,从同,同力也。"起,特指起身,举办。"兴"字的甲骨文,为众手将器物抬起之状,本义是起。"趣,疾也。从走,取声。"古代"趣"意与"趋"通,金文"趋"则指草食动物趋草而食之,为"趋向""奔赴"义,今旨趣、趣味为引申之义。"兴"与"趣"合用本意为一同快步走向有吸引力之物,含有合作与互动之意。

我国古人对"兴趣"一词也有所阐述。例如,孔子曾说:"学而时习之不亦说乎?""知之者不如好之者,好之者不如乐之者。"意思是学了知识然后按时温习,不是很愉快吗?知道学习的人比不上爱好学习的人,爱好学习的人比不上以学习为乐趣的人。唐代著名诗人杜甫有诗云:"从来支许游,兴趣江湖迥。"宋代严羽在《沧浪诗话·诗辩》中写道:"诗者,吟咏情性也。盛唐诸人惟在兴趣,羚羊挂角,无迹可求。"元代辛文房在《唐才子传·张志和》中写道:"自撰渔歌,便复画之,兴趣高远,人不能及。"以上诗文中所提及的兴趣,不仅仅是指浅层次的兴趣爱好,而且体现出作者高雅的艺术情趣和高远的人生志趣。

近现代,我国学者也从心理学的角度,给出了自己对兴趣的解释。从兴趣内涵的解读来说,一大批学者把兴趣看成是构成个性动力结构的心理成分,认为兴趣是个人试图理解和探索事物并经常参与这些活动的心理倾向,指出兴趣基于不断出现的个体需求,并以特定活动为载体,与人们积极的情绪体验相联系。学者们强调,兴趣是人们不断了解事物和追求真理的重要激励因素,也是实现学习效果的最积极因素。还有一些学者认为,兴趣是个人认知需求的心理表达,使人们优先注意到某些事物,并带有积极的情绪色彩,反映了人们对客观事物的选择性态度。有的学者认为,兴趣是一种心理状态和过程,在这种状态和过程中,个人在特定心理目标的控制和组织下,积极主动地与环境中的特定对象互动,试图理解并获取信息。还有学者提出,兴趣是人类的主要情感之一,是由低等动物的趋避行为逐渐演化和内化而来的一种大脑状态。

综合而言,兴趣是个人在成长环境中逐渐发展起来的力求认识某种事物和从事某些特定活动的心理倾向,是一种具有指向性和选择性的态度和偏好。兴趣是个人学习、生活和职业选择的起点和原动力。

四、兴趣测试

请登录学生职业规划与就业指导中心网站生涯测评系统(http://swufe.careersky.cn/jixun/Account/signIn)按测评指导说明完成自我兴趣测试。

拓展阅读·西财学子中走出的名画家

张某,油画家,金融学校友,某美术协会会员。

从国画到油画,从金融到艺术,笔触的虚实之间,梦想照进现实。张某怀揣梦想独立前行,沿途皆是诗意盎然般的愉悦,终于在人生一甲子之际,完成了对自己的艺术事业、对自己一个小小的总结。

故乡

这世上有很多愈发相似的古镇,海窝子算是能让游人欣喜的一个。这里依湔江河,毗邻止马坝,隔水相望狮子山,居民的审美被山水之秀启蒙,最爱在庭前屋后种上各色鲜花。5·12地震,海窝子受灾严重,灾难过后,大部分居民选择在援建重建的基础上继续怡然自得地生活着。

湔江河的"桃花斑"、狮子山的金钗花、姹紫嫣红的庭院,这些大自然和海窝子慷慨给予的馈赠,是张某心底取之不尽用之不竭的创作源泉。

"艺术是要有所牺牲的",几十年如一日每周末在城市与画室间奔波,醉心油彩的张某却不觉累,一笔一画地润饰出自己的绘画语言。

海窝子,是游人眼里尚未被过度开发的古镇,是养在深闺人未识的宝地,是画家张某诗意栖居、纵情画笔的心归之所。

和故乡最好的状态是什么样子,张某也渐渐找到了自己的答案:

春天的葛仙山桃花灼灼,落英缤纷,是画家心中的桃花源。2015年起,张某开始在绘画圈的朋友中倡议并组织一系列油画活动。那些曾经孕育自己的故乡之美,有机会经由画家们的画作记录、阐释、传播,拥有了更为久远的生命力。

母校

谈及母校,张某不好意思地说道,印象最深刻的反而是为了恶补英语而和同学们结伴起早贪黑学习的时光。

财大教予的"平衡"二字,伴随着他的选择。扎实的金融知识是安身立命的基础,执着的油画艺术追求也绝不是平淡生活中的调剂。

这正像绘画中的虚和实,虚的地方模糊,实的地方清晰,而虚实结合处理出的明暗对比,才因层次丰富而引人入胜。

(来源:葛瑶.张昌贵:虚实一甲子,素履往心向[EB/OL].(2018-04-28)[2022-10-26].https://mp.weixin.qq.com/s/hfmIAYeR48Jt5w0XKNTHnA.)

生涯体验站·霍兰德职业兴趣岛

1. 活动目的

通过测试找出自己的兴趣类型,并通过兴趣类型匹配到合适的职业。

2. 活动说明

人的兴趣与职业有着密切的关系,不同类型的兴趣适合不同的职业,通过兴趣测试,可以预测自己的个性特征,从而获悉自己的兴趣特征更适合从事哪方面的工作。

假如你抽中了一张免费旅游的彩票,获得了一次长达三个月的旅游机会,如果有机会去以下六个岛屿旅游,不用考虑费用和其他等问题,那么你最想去哪个岛屿?为什么?如果中途可以选择其他两个岛屿,那么你还会选择哪两个?这两个岛屿你会优先选择哪一个呢?

岛屿A:美丽浪漫的岛屿。岛上有艺术画廊、音乐厅、街头雕塑和街头艺人,弥漫着浓厚的艺术文化气息。居民们保留了传统的舞蹈、音乐和绘画,文艺界的许多朋友都喜欢来这里寻求灵感。

岛屿S:友善亲切的岛屿。岛上居民个性温柔、友善、乐于助人,已发展成为一个紧密合作的服务网络。人们重视相互合作,教育和关心他人。

岛屿E:著名而富裕的岛屿。居民擅长企业经营和商业,能言善道。岛上经济高度发达,到处是高级酒店、俱乐部、高尔夫球场。主要服务对象是企业家、经理人、政治家和律师等。

岛屿C:现代化的岛屿。岛上建筑十分现代化,是进步的都市形态,有着完善的户政管理、地政管理、金融管理系统。居民个性冷静、保守,处事有条不紊,有计划,高效率。

岛屿R:天然的原始岛屿。岛上的自然环境非常好,有许多野生动物。居民擅长制作手工艺品,自己种植水果和蔬菜、修建房屋、打造器物、制作工具,喜欢户外运动。

岛屿 I：沉思岛。岛上有许多天文馆、科技博物馆和图书馆等。居民喜欢观察、学习、研究和分析，崇尚和追求真知，经常有机会与哲学家、科学家、心理学家等交流经验。

六个岛屿的解析详见表 3-2。

表 3-2 兴趣岛解析

兴趣类型	总体特征	典型职业
R 岛——实际型	个性平和稳重，看重物质，追求实际效果，喜欢动手进行操作实践	总体来说，喜欢与户外、动植物、实物、工具、机器打交道的工作内容。如农业、林业、渔业、野外生活管理业、制造业、机械业、技术贸易业、军事工作
I 岛——研究型	自主独立，好奇心强烈，敏感并且慎重，重视分析与内省，爱好抽象推理等智力活动	喜欢以观察、学习、探索、分析、评估或解决问题为主要内容的工作。如，实验室工作人员、物理学家、化学家、生物学家、工程师、程序设计员、社会学家
A 岛——艺术型	属于理想主义者，具有独创的思维方式和丰富的想象力，直觉强烈，感情丰富	喜欢非精细管理的创意类和创造类的工作。如美术家、漫画家、作家、诗人、舞蹈家、演员、戏剧导演、广告设计师、室内装潢设计师
S 岛——社会型	洞察力强，乐于助人，善于合作，重视友谊，热情，有强烈的社会责任感，总是关心自己的工作能对他人及社会有多大贡献	喜欢帮助、支持、教导类工作。如辅导员、医护人员、其他各种服务性行业人员
E 岛——企业型	喜欢冒险，对自己充满自信，精力旺盛，喜好发表意见和见解	喜欢领导和影响别人，或为达到个人或组织的目的而说服别人，成就一番事业。如商业管理、市场或销售经理、营销人员、采购员、投资商、电视制片人、保险代理、政治运动领袖、公关人员、律师
C 岛——事务型	追求秩序感，较为自律，顺从，追求实际，避免突发情况发生	喜欢有清楚的规范和要求的、按部就班、精打细算追求效率的工作。如税务专家、会计师、银行出纳、簿记、行政助理、秘书、档案文书、计算机操作员

请写出你的霍兰德代码组合：_____

请写出这里面你最想从事的三个职业：_____

其实这六个岛屿就代表着霍兰德提出的六种典型职业兴趣类型。你选择的岛屿就是你的职业兴趣所在。

第二节 能力探索

阅读思考 两个和尚挑水的故事

有两个和尚分别住在相邻两座山上的庙里,两座山之间有一条小溪。因为两个和尚每天都需要下山去溪边取水,便相约在同一时间前来取水。久而久之,他们就成了好朋友。就这样,不知不觉过去了五年。

突然有一天,东边这座山的和尚没有下山取水。西边那座山的和尚认为:"他可能是睡过头了。"便不以为意。哪知第二天、第三天,东边这座山的和尚,还是没有下山取水。

一周过去了,还是没来。直到一个月过去了,西边那座山的和尚终究是放心不下对方。他心想:"我的朋友可能是病了,我要去看望他,看看能帮他做些什么。"

然后他便爬上了东边这座山去探望他的老朋友。当他到达东边这座山的庙时,看到他的老朋友正在庙前打太极拳,一点也不像一个月没喝水的人,这让他很是惊讶。他好奇地问:"你已经一个月没有下山取水了,难道你不喝水吗?"

东边这座山的和尚说:"跟我来,我带你去看一个东西。"于是,他带着西边那座山的和尚走到庙的后院,指着一口井说:"这五年来,我每天做完功课后,都会抽空挖这口井。虽然有时很忙,挖不了多少但我每天都会坚持挖。现在,我终于挖出了井水,所以我就不必再下山取水,我可以花更多的时间在我喜欢的太极拳练习上。"

我们当下的工作,即使得到的薪水再多,那都只是在取水。如果能挖一口属于自己的井,持续提高自己的实力,等将来年纪大了,体力拼不过年轻人时,你还是会有水喝,而且可以喝得很悠闲。

(来源:李家晔.世界上最伟大的励志寓言故事:鹿皮卷[M].广州:广东经济出版社,2016.)

一、能力与职业能力

(一)能力的概念

能力是一个人顺利达成某个目标的先天特质和后天技能条件,它不仅包含了一个人现在已经达到的水平,而且包含了一个人具有的潜力。例如,作为一名外交官,要具有灵活而敏捷的思维、良好的语言表达、较强的记忆等能力;作为一名会计,要具备耐心细致、认真专注、审核计算等能力。

按照获得方式的不同,能力可分为能力倾向和技能两大类。能力倾向是指生来具有的特殊才能,也就是我们常说的天赋。而技能是指经过后天学习和训练而培养的能力,如运动技能、沟通表达技能等。

（二）职业能力的概念

职业能力是人们从事某种职业的多种能力的综合。职业能力决定一个人在既定的职业方面是否能够胜任，是一个人获得职业外在满意度的重要因素。

职业能力目前没有统一的定义。学者郑晓明在研究大学生就业时指出，职业能力是指大学毕业生在校期间，通过知识学习和综合素质开发获得的能够实现就业理想、满足社会需求、在社会生活中实现自身价值的本领。田卫东认为，职业能力是指人们从事某种职业所具备的能力。

总体而言，职业能力是一种与职业相关的综合能力，是一系列可变化的技能群组合，表现为一种职业适应性和灵活性。

二、KST 能力理论

美国心理学家辛迪尼·梵（Sidney Fine）和理查德·鲍尔斯（Richard Bolles）将能力分为三种类型，即专业知识技能（knowledge）、可迁移技能（skill）、自我管理技能（trait），简称 KST。

（一）专业知识技能

专业知识技能，是指一个人通过教育或培训才能获得的知识或能力，是个人所学的专业、所懂得的知识，如英语、生物学知识等。知识技能一般用名词来描述。

大学生可以通过专业修读、选修第二学位、听讲座、自学等方式获取知识技能。当今社会，拥有多种知识技能组合的复合型人才更受用人单位的青睐。例如，既懂财经知识又具备心理学知识的人，可以更好理解客户需求，运用心理学知识更好地与客户沟通；掌握法律知识的财经人才，更能规避经济工作中的法律风险，既能从事财经行业的法务工作，也能从事法律行业的经济法务工作。

知识技能必须经过有意识的专门培训学习才能掌握，且不可迁移。知识技能常常与专业学习或工作内容直接相关，它的重要性也往往被过分夸大。很多大学生认为，专业对口才能顺利就业，这是有偏误的。在真实职场中，要求专业对口的岗位仅占少数，且主要是会计、律师等专业要求度较高的职业。很多岗位，其实对专业并没有特殊要求。例如，每年到西南财大招聘的单位，要求专业对口的岗位仅占岗位总量的 20% 左右。特别是很多企业设立的"管培生"岗位，旨在为企业发展储备管理型人才，重点考察毕业生的综合能力和素养。新员工进入企业后，企业会为新员工提供完善的业务学习培训，帮助员工重新建构与岗位相适应的知识系统。

事实上，知识技能不是只能通过正式的专业教育才能获得的。除了学校的课程外，还有课外培训、自学、资格认证考试等方式都可以帮助个人获得知识技能。很多公司也为新员工提供相关的上岗培训。例如，某知名会计师事务所培训新员工的第一年，重点是为非专业学生补充财会基础知识。由此可见，即使是一些专业要求较高的职业，如会计师等，其专业技能也可以在就职后的培训中获得。如果想从事本专业之外的工作，那么大学生可以通过选修第二学位、自修自学等多种途径获得相关的知识技能。

专业知识技能往往都不是用人单位最看重的技能。现实中,大学生把大把时间花在了知识技能的学习上,造成了人才同质化问题,而更为重要的可迁移技能、自我管理技能却没有得到更好的发展,缺乏核心的就业竞争力。

(二)可迁移技能

可迁移技能,是指一个人会做的事情,如学习能力、分析能力、沟通能力等。可迁移技能可以用动词来表示,这一能力可以迁移应用到不同的领域。例如,学习能力既可以帮助学生在大学阶段取得优异的专业成绩,也可以迁移到工作领域,助其在短时间内掌握新的业务知识和技能。

与知识技能相比,可迁移技能不会被更新换代,无论工作环境发生怎样的变化都能得以运用。此外,随着工作经验和社会经验的积累,可迁移技能还可以得到不断发展,这是一个人可以不断使用和信任的技能。因此,它又被称为"通用技能"。

随着信息时代的到来,新技术的发展每天都在变化,知识的更新也在加快,这意味着个体需要不断学习新的知识才能跟上时代的发展。例如,二三十年前,我们对手机、电脑还不是很了解,但如今,它们却在我们的生活中占据了极其重要的位置,而与它们相关的行业知识也处于飞速发展变化中。正因为如此,当今越来越强调终身学习,学习能力比拿到某个专业的学位或证书更为重要。

事实上,任何一种知识技能都需要可迁移技能的承载才能实现。举例来说,你的知识技能是金融学,但你将怎样运用它呢?是进入银行当一名客户经理向客户"营销"自己所学的金融知识?还是去当一名大学教师"讲授"金融学知识?或是成为一名财经记者"写作"与金融相关的文章?这些加引号的词都是可迁移技能。你以前可能没有做过银行客户经理,但具备社团拉赞助、校园跳蚤市场卖货等经历,那你就可能已经具备了"营销"技能,当你把这项可迁移技能与金融学知识结合在一起时,你就可以去应聘银行客户经理的岗位。从这个意义上说,在求职的时候,尽管你从未担任过某个岗位的工作,但只要你具备与这个岗位相当的可迁移技能,你就可以向招聘者展示自己胜任岗位的潜能。因此,即使你的专业不对口,也有可能跨专业从事自己想从事的职业,尤其是那些对知识技能要求并不是很高而可迁移技能占重要比重的职业。

专业知识技能、可迁移技能、自我管理技能三者之间是紧密关联的。若求职者能将这三类技能有机结合起来运用到工作中,就会受到用人单位的青睐,这样的求职者也就具备了更强的职场核心竞争力。

西南财大对到校招聘的60家用人单位进行了"西财毕业生能力需求调查",请用人单位对希望招聘的毕业生的各项能力指标进行了评价,满分6分,各指标评分详见表3-3。请学生们结合各项指标分值,了解用人单位最希望毕业生具备哪些能力,哪些能力自己已经具备,哪些能力需要进一步提升,对于弱项,自己准备在大学期间做哪些改变?

表3-3　用人单位对毕业生能力指标重要性评分

一级指标	二级指标	分值
理解交流维度	语言沟通	5.83
	积极学习	5.72
	爱岗敬业	5.69
	团队合作	5.66
	服务他人	5.62
	积极聆听	5.52
	吃苦耐劳	5.48
思维维度	理解他人	5.42
	科学分析	5.00
	数据分析	5.21
	阅读理解	5.17
	写作	5.00
	批判性思维	4.72
	数学计算	4.59
管理能力	抗压能力	5.60
	时间管理	5.59
	人际交往	5.55
	事务管理	5.41
	解决复杂问题	5.38
	统筹协调	5.38
	谈判能力	5.10
	财务管理能力	5.03
	说服他人	5.00
	外语表达	4.62
应用分析能力	系统分析	5.03
	疑难排解	4.97
	新产品构想	4.41
知识维度	经济学知识	5.07
	管理学知识	5.28
	统计学知识	4.76
	数学知识	4.55
	法学知识	4.55
	文史哲知识	3.86

(三)自我管理技能

自我管理技能,是指一个人以什么样的态度来运用知识技能和可迁移技能,表现为我们在不同的环境下如何管理和掌控自我,常被用来描述一个人的个性特点,因此也经常被看作一个人的品质和态度。如认真踏实、主动进取、创新灵活、善解人意、坚韧不拔等,自我管理技能一般可用形容词或副词来描述。

自我管理技能往往是在日常生活中,通过个人有意识地自我培养和塑造而获得的,并可以应用到人生的各个方面。例如,从小养成认真细致的态度,带到工作中自然会表现出一如既往的认真细致;弹性灵活的态度可以帮助人们更好地适应新的环境,解决工作中出现的问题。因此,自我管理技能也被称为"适应性技能",是个人最有价值的资产。

个人如何使用自己的知识,以什么样的态度从事工作,这比工作内容本身更为重要。正是这样一些品质和态度,将许多具有相同知识技能的人区别开来,最终体现为独特的职业竞争力。

事实上,很多离职者并不是因为缺乏知识技能,甚至也不缺乏可迁移技能,而是因为缺乏自我管理技能。在用人单位对刚毕业大学生的评价中,常会听到"缺少敬业精神、缺乏服务意识、缺乏主动意识、眼高手低"等评价,这些都是与自我管理技能相关的。部分大学毕业生,由于从小受父母呵护,在处理问题和人际关系时,往往以自我为中心显得不成熟,他们没有认识到,那些更虚心学习、能承受压力、能自我负责的职场新人才是企业真正看重的可造之才。可以说,在大学生从校园走向社会之前,培养良好的自我管理技能,学会如何为人处世,是终身受用的财富。

三、中华文化对能力的论述

在能力提升方面,儒家文化十分注重"修身"和理想人格的培育。如儒家倡导"天行健,君子以自强不息""任重道远,死而后已"的积极人生志向;倡导"杀身成仁""舍生取义"的崇高精神境界;倡导"三军可夺帅也,匹夫不可夺志""威武不能屈,富贵不能淫,贫贱不能移"的独立人格;倡导"君子爱财,取之有道""不义而富且贵者,于我如浮云"的义利观等。

老子在《道德经》中言道:"居善地,心善渊,与善仁,言善信,正善治,事善能,动善时。夫唯不争,故无尤。""事善能"就是做力所能及的事,不能妄自尊大,也不妄自菲薄。《孟子·梁惠王上》中写道:"挟泰山以超北海,是不能也,非不为也;为老人折枝,是不为也,非不能也。"即有些事情不是我们想不想做的问题,确实力有不逮,也没办法。但有些事情我们能做,而且做了有益,但我们却不愿意去做。勉强去做能力所不能及的事,或者放弃做力所能及的事,都不符合"事善能"的自然法则。

四、能力测试

撰写你的成就故事,即书写自己取得的成就,将自己做过的、自认为比较成功或者感觉不错的事情写下来。内容不一定是有关学习或者工作的,也可以是娱乐活动或家庭生活中所发生的事情。成就故事不一定是惊天动地的大事,可以只是一次很小的成就,如组织了一次班级的集体出游,完成了一幅十字绣,在他人需要的时候给予了帮助,跟心仪的女生成功表白等,只要故事符合以下两条标准,就可以被视为"成就故事"。一是你非常享受做这件事时体验到的感受。二是你为完成这件事感到自豪,如果你还获得了他人的认可那就更好了。

请回忆自己过往曾经做过的一件成就事件。做这件事情时,遇到了什么样的困难?(这些困难有多大?自己是否曾经遇到过?面对困难时自己的情绪体验如何?)自己做了哪些事情克服上述困难?(这些办法你之前用过吗?怎么想出来的?寻求了哪些资源和帮助?是怎样做这些事情的?是你自己独立做的?还是跟别人协商解决的?你如何寻找资源的?)最后这件事情效果如何?(成功了还是失败了?你感受体验如何?你学到了什么?)通过这些问题的回忆与总结,就能够清晰地发现自己到底拥有怎样的能力,这就是"STAR"法。"STAR"法主要从以下四个方面思考:你曾经面临什么问题?(situation)你承担了什么任务、责任?(tasks)你采取了什么行动来解决问题?(action)你的行动取得了什么样的有益结果?(result)

例如,一位学生认为自己最值得自豪的事情就是在临近高中毕业时成功组织了毕业晚会。他用"STAR"法撰写了自己的成就故事。

S:筹备晚会前期,大家想法很多,想在晚会上表达的也很多,但是晚会时长有限,节目内容需要精心筛选。

T:老师让我担任本次晚会的总负责人。

A:接到这个任务后,我首先收集了同学们对于毕业晚会的想法,根据收集到的内容以及节目的类型划分出几个主题,再将相似的节目进行整合。第二天,我进行演员动员,通过个别沟通、思想动员,邀请原来参与度较低的同学积极参与,还逐一审核了各个节目,与节目负责人商量人员安排及节目内容改进等细节工作,鼓励节目效果欠佳的同学创编新节目,或者转到后勤组协助开展后期工作,与各个同学都进行了深入细致的前期沟通。

R:晚会现场,给每位同学安排了晚会对应的工作岗位,他们都发挥了自己的特长,明确自己的工作内容,相互配合。节目水平得到很大提升,晚会时间把控也恰到好处。晚会现场座无虚席,还吸引了很多其他年级的同学前来观看。很多同学当场流下了感动的眼泪。

写下生活中令自己有成就感的具体事件后,对其进行分析。请用笔标注出这个成就故事所呈现的知识技能、可迁移技能、自我管理技能,如果已经明确写出技能的就在下面画横线,如果没有明确写出的,这些语句潜藏了哪些能力,进行标注说明。

总结你在这个成就事件中使用了哪些能力?看看在这个故事中,是否有重复出现的技能,这可能就是你喜欢施展也擅长的技能了。再次梳理这个成就故事时,你可能发现还有一些可以做得更好的地方,这些可能就是可以进一步提升的技能。如何提升这些技能呢?在大学四年中,你可以如何行动呢?

生涯体验站 个人综合能力盘点

每个人各方面的能力有很多,请初步选定这个暑假自己想参与的一项实习或完成的一项社会实践项目,通过信息收集汇总要完成这项任务所需要的能力清单。在暑假之前的这段时间内,如果想要完成这项任务,那么你需要如何提升你的技能呢?请填写在表3-4中。

表3-4 暑期实践个人综合能力盘点表

类别	现有能力名称	使用频率（1~10分）	当前分数（1~10分）	目标分数（1~10分）	希望提升的能力	提升途径
专业能力						
可迁移能力						
自我管理能力						

第三节 价值观探索

阅读思考：你是想有钱，还是想让自己值钱

一个人不管有没有钱，都要让自己变得有价值。因为有价值的人能体会到成就感。对于一个追求过有意义人生的人来说，成就感至关重要。成就感从哪里来？成就感来自自己努力奋斗后得到的收获。收获越大，成就感就越大。如果一个人的钱是伸手向父母要来的，那无论他有多少钱，他都不会有成就感。如果一个人的钱是靠自己的能力赚来的，那不管他赚得多还是赚得少，他都会有成就感。

有人说：把思想放入一个人的脑袋中，就像把钱从别人的口袋里掏出来一样困难。这句话说明改变一个人的思想很困难，但同时也说明赚钱不是一件容易的事。因此，能够赚到钱的人多少是有点能力的人，也就是值钱的人。如果一个人最初身无分文，经过自己的努力奋斗，最后功成名就，那么他肯定会充满成就感。成就感是人生幸福的重要基石之一。从某种角度来说，一个人如果没有体会过奋斗所带来的成就感，那么他的人生幸福值必定会大打折扣。因此，我们可以说，一个人不断努力的过程就是让自己不断值钱的过程，是一个人的个人价值从量变到质变的过程，同时也是一个人慢慢获取幸福的过程。

（来源：倪春虎.大学生入学教育读本[M].苏州：苏州大学出版社，2019.）

一、价值观与职业价值观

（一）价值观的概念

北京师范大学许燕教授认为，价值观是指人们对客观事物、现象及对自己行为结果的意义、作用、效果和重要性的评定标准或尺度，是推动并指引人们决策和采取行动的核心要素。金盛华教授认为，价值观是人们按照自己所理解的重要性对事物进行评价与抉择的标准。凡是自己觉得重要的、想追求的就是自己的价值观。它是我们生活中的信念、情感和动力、行为的指挥官。

综合而言，价值观是一种内心尺度，是我们认识和处理事务的一套价值体系，也就是我们在生活和工作中所看重的原则或标准。它支配着人的行为、态度、观察、信念、理解等，支配着人认识世界、明白事物对自己的意义和自我了解、自我定向、自我设计等。一个人越清楚自己的价值观，生活目标也越明晰。

（二）职业价值观的概念

1. 职业价值观的内涵

职业价值观，是一个人对各种职业价值的基本认识和基本态度，是人们在选择职业时的一种内心尺度，反映的是人的需要与社会职业属性之间的关系，它支配着人的择业心态、行为及信念和理解等。

职业价值观在职业认知过程中起着"过滤器"作用。它使个人的择业行为带有一定的选择性和指向性，既是确定职业责任、态度、行为方向的"定向器"，又是调节职业行为方式并制动的"调节器"。

职业价值观是一种复杂的心理现象，表现出内涵的丰富性、层次的多样性和个体多元性等特点，它与一个人所处的社会、文化、历史境遇、生涯发展阶段等因素有关，具有鲜明的时代特征，随着社会的发展而变化。

2. 职业价值观的类型

每个人的个人特征、家庭特征、社会特征都存在差异，所以个人对职业会有不同的主观评价。从社会层面而言，由于社会分工不同，不同职业在劳动强度、难度，劳动条件、待遇，所有制形式和稳定性等方面都存在差别，再加上社会文化思想观念的影响，人们对于各类职业声望、地位评价也有所不同，这些评价都形成了人的职业价值观，并影响着人们对职业的选择。

阚雅玲教授结合马斯洛需求层次理论，将职业价值观分为十二类，详见表3-5。

表3-5 职业价值观分类

马斯洛需求层次	职业价值观	含义
生理需要	收入与财富	工作能够明显有效地改变自己的财务状况,将薪酬作为选择工作的重要依据。工作的目的或动力主要源于对收入和财富的追求,并以此改善生活质量,显示自己的身份和地位
安全需要	身心健康	工作能够免于危险、过度劳累,免于焦虑、紧张和恐惧,使自己的身心健康不受影响
安全需要	环境舒适	工作环境舒适宜人
安全需要	工作稳定	工作相对稳定,不必担心经常出现裁员和辞退现象,免于经常奔波找工作
归属和爱的需要	人际关系	将工作单位的人际关系看得非常重要,渴望能够在一个和谐、友好甚至被关爱的环境工作
尊重需要	权力地位	有较高的权力欲望,希望能够影响或控制他人,使他人照着自己的意思去行动,认为有较高的权力地位会受到他人尊重,从中可以得到较强的成就感和满足感
尊重需要	自由独立	在工作中能有弹性,不想受太多的约束,可以充分掌握自己的时间和行动,自由度高,不想与太多人发生工作关系,既不想治人也不想治于人
自我实现需要	兴趣特长	以自己的兴趣和特长作为选择职业最重要的因素,能够扬长避短、趋利避害、择我所爱、爱我所选,可以从工作中得到乐趣、得到成就感。在很多时候,会拒绝做自己不喜欢、不擅长的工作
自我实现需要	自我成长	工作能够给予受培训和锻炼的机会,使自己的经验与阅历在一定的时间内得以丰富和提高
自我实现需要	自我实现	工作能够提供平台和机会,使自己的专业和能力得以全面运用和施展,实现自身价值
自我实现需要	社会需要	能够根据组织和社会的需要响应某一号召,为集体和社会作出贡献
自我实现需要	追求新意	希望工作的内容经常变换,使工作和生活显得丰富多彩,不单调枯燥

二、施恩的职业锚理论

(一)职业锚的内涵

职业锚(又称职业定位)的概念是由美国职业心理学家施恩提出的。施恩认为,职业锚是指当一个人不得不做出选择的时候,无论如何都不会放弃的职业中的那种至关重要的东西或价值观,即人们选择和发展自己职业时所围绕的中心。职业生涯发展是一个持续不断的探索过程,随着对自己越来越了解,个体就会越来越明显地形成一个占主导地位的职业锚。施恩认为,在职业生涯发展过程中需要在三方面加强自我觉察:一是自省的动机和需要,以实际工作经验的自我检测、自我诊断及他人反馈为基础来认知自我;二是自省的才干和能力,以在组织的各种作业环境中的实验工作经验和成功为基础来认知自我的能力;三是自省的态度和价值观,以自我与雇用组织和工作环境的准则和价值观之间的实际碰撞为基础,逐步重视自己所擅长的东西,并在这些方面完善自己的能力。

在职业心理学中,职业锚实际上就是人们选择和发展职业时围绕自己所确定的中心。一个人对自己的天资与能力、动机与需要、态度与价值观越清楚,就越会明确自己的职业锚,知道什么东西对自己来说才是最重要的,从而做出适合自己的职业选择。

(二)职业锚的类型

经过多年的发展,职业锚已经成为职业发展、职业设计的重要工具。许多用人单位将职业锚作为员工职业发展、职业生涯规划的主要参考点。施恩根据自己对麻省理工学院毕业生的研究,确定了八种基本的职业锚类型,见表3-6。

表3-6 职业锚类型

类型	擅长的工作
技术/职能型	技术/职能型的人追求在技术职能领域的成长和技能的不断提高,以及应用这种技术职能的机会。他们对自己的认可来自他们的专业水平,他们喜欢面对专业领域的挑战。他们通常不喜欢从事一般的管理工作,因为这意味着他们不得不放弃在技术/职能领域的成就
管理型	管理型的人追求并致力于工作晋升,倾心于全面管理,独立负责一个部分,可以跨部门整合其他人的努力成果。他们想去承担整体的责任,并将公司的成功与否看成自己的工作。具体的技术职能工作仅仅被看作是通向更高、更全面管理层的必经之路
自主/独立型	自主/独立型的人希望随心所欲安排自己的工作方式、工作习惯和生活方式。追求能施展个人能力的工作环境,最大限度地摆脱组织的限制和制约。他们宁愿放弃提升或工作发展机会,也不愿意放弃自由与独立
挑战型	挑战型的人喜欢解决看上去无法解决的问题,战胜实力强硬的对手,克服无法克服的困难障碍等。对他们而言,参加工作的原因是工作允许他们去战胜各种不可能。他们需要新奇、变化和困难,如果事情非常容易,工作马上会变得令他们厌烦
生活型	生活型的人希望将生活的各个主要方面整合为一个整体,喜欢平衡个人的、家庭的和职业的需要。因此,生活型的人需要一个能够提供"足够弹性"的工作环境来实现这一目标。他们将成功定义得比职业成功更广泛。相对于具体的工作环境、工作内容,生活型的人更关注自己如何生活、在哪里居住、如何处理家庭事务及怎样自我提升等
安全/稳定型	安全/稳定型的人追求工作中的安全感与稳定感,他们因为能够预测到稳定的将来而感到放松。他们关心财务安全,例如,退休金和退休计划

续 表

类型	擅长的工作
创造/创业型	创造/创业型的人希望用自己的能力去创建属于自己的公司或创建完全属于自己的产品(或服务),而且愿意去冒风险,并克服面临的障碍。他们想向社会学习并寻找机会,一旦时机成熟,他们便会走出去创立自己的事业
服务/奉献型	服务/奉献型的人一直追求他们认可的核心价值,例如,帮助他人,改善人们的安全,通过新产品消除疾病等。他们一直追寻这种机会,这意味着即使变换公司,他们也不会接受不允许他们实现这种价值的变动或工作提升

三、中华文化对价值观的论述

价值观是人们判断是非曲直、真善美丑的标准,凝聚着一个国家、一个民族独特的价值观念。伴随着全球化和文化多元化时代的到来,世界各国不仅致力于构建本国的价值观,而且努力扩大本国价值观的国际影响。在观念价值体系的结构中,有其核心结构,这就是现在常说的核心价值体系,即核心价值观。国有四维,礼义廉耻,四维不张,国乃灭亡,这是古人对核心价值观的认识。党的十八大提出,要积极培育和践行社会主义核心价值观。富强、民主、文明、和谐是国家层面的价值要求;自由、平等、公正、法治是社会层面的价值要求;爱国、敬业、诚信、友善是公民个人层面的价值要求。这也就回答了我们要建设什么样的国家、建设什么样的社会、培育什么样的公民的重大问题。

民族精神是一个民族赖以生存和发展的精神支撑,是民族意识和价值系统的最高形式。民族精神具有三大特征:历史延续性、时代创新性、教育传承性。在五千多年的发展中,中华民族形成了以爱国主义为核心的团结统一、爱好和平、勤劳勇敢、自强不息的伟大民族精神。从范仲淹的"先天下之忧而忧,后天下之乐而乐"到文天祥的"人生自古谁无死,留取丹心照汗青",从顾先成的"风声、雨声、读书声,声声入耳;家事、国事、天下事,事事关心",到顾炎武的"天下兴亡,匹夫有责",从林则徐的"苟利国家生死以,岂因祸福避趋之"到鲁迅的"我以我血荐轩辕"……爱国主义是我们民族精神的核心,是中华民族团结奋斗、自强不息的精神纽带。

在近代中国,民族精神还表现在不屈不挠地抗击外来侵略、争取国家民族独立的斗争精神,不断改革创新、探求救国救民真理的精神。历史事实表明,在每一个重要历史关头,中国人民都会孕育出新的民族精神。这些新的民族精神,不是传统民族精神的简单重复,而是在新的历史条件下对传统民族精神的发扬光大。如"长征精神""延安精神""井冈山精神""红岩精神""西柏坡精神""五四精神"等,无一例外,都是中华民族自强不息、艰苦奋斗精神的延续与升华。在社会主义建设时期,"大庆精神""两弹一星精神""雷锋精神""抗洪抢险精神""航天精神""奥运精神"等,无一不是民族精神的细化与具体表现。它们是用以维系、协调、凝聚民族成员间的精神纽带,是激励和推动中华民族朝着共同目标积极奋进的精神动力。

四、价值观测试

请登录学生职业规划与就业指导中心网站生涯测评系统（http://swufe.careersky.cn/jixun/Account/signIn），按测评指导说明完成自我价值观测试，也可参见附录Ⅳ：舒伯的职业价值观量表（WVI）进行性格测试，测试自己的价值观。

生涯体验站·工作价值观拍卖

请同学们在小组内进行价值观拍卖。选出一名拍卖官，其他同学作为竞拍者。你手中有1000万元，每次竞拍的低价为100万，每次叫价50万，价高者得。拍卖结束后，请填写表3-7，看看这些拍得的项目是你看重的吗？表3-8给出了与项目相关的价值观，圈出反复出现的这些价值观，看看它们会对你产生怎样的影响？请开始竞拍吧！

表3-7 工作价值观拍卖表

待出售的职业	你的预算金额	你的最高价格	你赢得的项目
1. 让大家都喜欢我			
2. 拥有健康			
3. 能帮助自己认识自我			
4. 高收入			
5. 成为一个有影响力的人			
6. 有时间过愉快温馨的家庭生活			
7. 能实现自己的理想			
8. 有时间参加自己喜欢的文娱运动			
9. 没有歧视，公正的工作环境			
10. 能为弱势群体服务			
11. 什么时候都可以做自己喜欢的事情			
12. 有一份稳定的工作和收入			
13. 能够帮助我寻找到生活的意义			
14. 专业性强，能帮助我在某个专业领域成为佼佼者			
15. 有较多提升自我的学习机会			
16. 能让人感觉自由，并能感受温暖的人际氛围			
17. 冒险，迎接挑战，能帮助我过一个精彩的人生			
18. 能产生新思想，创造新的行动方式			
19. 能自由决定工作时间、位置和着装等			
20. 能制作出有吸引力、为世界增添美丽的物品			
21. 能帮助我在某个领域取得荣誉和声望			
22. 有较长时间的假期			

表3-8 价值观拍卖表中涉及的项目及价值观

待出售的职业	价值观
1. 让大家都喜欢我	容貌,被赏识
2. 拥有健康	健康,心理健康
3. 能帮助自己认识自我	智慧,自我了解,内心和谐
4. 高收入	财富,利润
5. 成为一个有影响力的人	权利,领导能力,晋升
6. 有时间过愉快温馨的家庭生活	家庭关系,生活方式
7. 能实现自己的理想	对道德的关心,自我实现,满足感
8. 有时间参加自己喜欢的文娱运动	审美,休闲,刺激
9. 没有歧视,公正的工作环境	公平,正义,诚实,道德
10. 能为弱势群体服务	利他主义,帮助他人,友谊
11. 什么时候都可以做自己喜欢的事情	自主,独立,生活方式
12. 有一份稳定的工作和收入	工作保障,稳定、固定的工作
13. 能够帮助我寻找到生活的意义	智慧,真理,个人的成长
14. 专业性强,能帮助我在某个专业领域成为佼佼者	成就,技能,赏识
15. 有较多提升自我的学习机会	知识,智力方面的鼓励
16. 能让人感觉自由,并能感受温暖的人际氛围	慈爱,爱,友谊
17. 冒险,迎接挑战,能帮助我过一个精彩的人生	冒险,兴奋,竞争
18. 能产生新思想,创造新的行动方式	创造性,多样性,变化性
19. 能自由决定工作时间、位置和着装等	自由,独立,个人权利
20. 能制作出有吸引力、为世界增添美丽的物品	审美,艺术性的创造
21. 能帮助我在某个领域取得荣誉和声望	被赏识,炫耀,威望
22. 有较长时间的假期	休闲时间,放松,健康

第四节 性格探索

阅读思考 如何与性格不同的室友相处?

小张和小王是同寝室室友,平时关系很好,是无话不谈的朋友。但不久前,因为一些小事发生了矛盾。

小张非常看重双方的友谊,这样彼此不说话,让他感觉很苦恼。于是,他找到辅导员,把这件事的来龙去脉说了一遍,倾诉了自己的烦恼,也希望得到辅导员的帮助。之后,辅导员找了小王谈话,希望化解他们之间的矛盾,但小王对小张把此事告诉辅导员的做法非常生气,认为这是他和小张两个人之间的事情,不应该让辅导员介入,应该由他们自己想办法解决。结果,他们之间的矛盾不但没有缓解,反而产生了更大的隔阂。

如果你是他们的朋友,你会如何进行调解以化解双方的矛盾?这件事对于你认识性格有什么启发呢?你能从理解两人不同性格的角度破解难题吗?

一、性格与职业性格

人们常说,性格决定命运。从职业选择而言,如果性格和职业相匹配,那么能提高个人在职业方面的内在满意度,确保职业发展的稳定性。近年来,越来越多的用人单位逐渐意识到员工性格的重要性,在招聘时加入了性格测试。他们认为,如果一个人能力不足可以通过后期的培训逐渐提高,但一个人的性格却不易改变。所以这些单位在招聘时,通常会把性格测试放在首位,当性格测试通过后,才对应聘者的能力进行测试。

(一)性格的概念及特征

性格,是指个人对待现实的态度和相应的行为方式中比较稳定的,具有核心意义的心理特征。"性格(character)"一词源于希腊语"kharakter",意为"印记""雕刻"或"雕成之物",意指由外界环境塑造的、深层的人格结构。

性格不是与生俱来的,是在先天素质的基础上受到后天教育和环境的影响以及人自主选择之后逐渐形成的。性格的形成与大脑生成过程关系密切,人脑的触突在经历先天塑造与后天培养后,到一定年龄将不易改变。因此,一个人潜在的性格特征在一定程度上是稳定的,且与众不同。但性格也会随着阅历、经历的增长而变化,具有一定的可变性。但一般而言,个人的性格自我塑造速度较为缓慢,改变程度也相对有限。

性格特征一般包括情绪、态度、理智、意志四个方面。其中情绪特征包括情绪活动的强度、稳定性、持久性和主导心境等,如外向、内向等。理智特征是指人在认知过程中的性格特点,表现为人的认知水平的差异,如理性、感性等。态度特征体现为在与各种社会互动关系中的自我概念,即个人与社会、个人与集体、个人与个人的关系及在这些关系中对待自己的态度方面的特征,如积极、消极等。意志特征是指人在对自己行为的自觉调节方式和水平方面的特征,如坚强、软弱等。

(二)性格与职业的关系

性格在一定程度上影响着个人对职业的适应性。例如,性格活泼的人适合社会工作者、销售员等职业;性格冷静的人比较适合会计、医生等职业;性格理性的人适合工程师、法官等职业;感性的人善解人意,容易换位思考,先天具有很强的人性关怀能力,在服务行业可能更具优势。

性格对于从事某种职业没有绝对的优劣之分,但会表现出个人不同的职业气质。例如,虽然性格内向的人不善言辞,但可能是很好的倾听者,思考的时间多于说话的时间。因此,其职业气质更多表现为沉稳、内敛、善于思考。

性格对职业选择并不起决定性作用。仔细观察我们身边的多种职业就会发现,很多性格特征不同的人都在从事同一种职业。当不同性格的人共同参与时,同一类职业可能会更有活力。认知自己的性格,选择适合自己性格的职业,可以帮助我们利用和发挥天性中的优势,提高工作效率和对工作生活的满意度;了解目标职业所需要的性格,可以让我们主动塑造自己的性格,以适应未来的职业发展。

二、MBTI 性格理论

(一) MBTI 介绍

MBTI(Myers-Briggs Type Indicator)是在瑞典心理学家卡尔·荣格(Carl Jung)有关知觉、判断和人格态度的观点的基础上,由凯瑟琳·C.布里格斯(Katherine C. Briggs)和伊莎贝尔·布里格斯·迈尔斯(Isabel Briggs Myers)二人研究发展而成的一种心理测评工具。MBTI 有许多研究数据支持,可信度与有效度都较高,用途广泛,常被用于职业发展、自我探索、团队建设、人才选拔等多个方面的测试。

(二) MBTI 中的四个维度

MBTI 衡量的是个人的类型偏好,也称作倾向。所谓"偏好",是一种天生的倾向性,是一种特定的行为和思考方式。这些偏好之间并无优劣之分,却形成了人与人之间的性格差异。在 MBTI 中,用四个维度来评估人们之间不同的性格偏好,每个维度上都有两个彼此对立的极端,一个维度上的倾向取决于个人的偏好,于是就有了八种不同类型的性格偏好,每种类型用一个字母表示,详见表 3-9。

表 3-9 MBTI 维度解释

能量倾向:你更喜欢将自己的注意力集中于何处?你从何处获得活力?E-I 维度	
□ 外倾 Extroverision(E) 注意力和能量主要指向外部世界的人和事,从与人交往和行动中得到活力。 ● 关注外部环境 ● 喜欢用谈话的方式进行沟通 ● 通过谈话形成自己的意见 ● 用实际操作或讨论的方式能学最好 ● 兴趣广泛 ● 好与人交往,善于表达 ● 先行动,后思考 ● 在工作和人际关系中都很积极主动	□ 内倾 Introverision(I) 注意力和能量集中于自己的内心世界,从对思想、回忆和情感的反思中得到活力。 ● 关注自己的内心世界 ● 更愿意用书面方式沟通 ● 通过思考形成自己的意见 ● 在头脑中"练习"的方式学得最好 ● 兴趣专注 ● 安静而显得内向 ● 先思考,后行动 ● 当情境或事件对他们具有重要意义时会采取行动
接受信息:你如何获取信息?S-N 维度	
□ 感觉 Sensing(S) 用自己的五官来获取信息。喜欢收集实实在在的、确实已出现的信息。对于周围所发生的事件观察入微,特别关注现实。 ● 着眼于当前的实际情况 ● 现实、具体 ● 关注真实的、实际存在的事物 ● 观察敏锐,并能记住细节 ● 经过仔细周祥的推理一步步得出结论 ● 通过实际运用来理解抽象的思维和理论 ● 相信自己的经验	□ 直觉 Intuition(N) 通过想象、无意识等超越感觉的方法来获取信息,喜欢看整个事件的全貌,关注事实之间的关联。想要抓住事件的模式,特别善于看到新的可能性。 ● 着眼于未来的可能 ● 富于想象力和创造性 ● 关注数据所代表的模式和意义 ● 当细节与某一模式相关时才能记得 ● 靠直觉很快得出结论 ● 希望在应用理论之前先能对之进行澄清 ● 相信自己的灵感

续　表

处理信息：你是如何做决定的？T-F 维度	
☐　思考 Thinking(T) 　　通过分析某一行动或选择的逻辑后果来做决定。会将自己从情境中分离出来，对事件的正反两方面进行客观分析。从分析和确认事件中的错误并解决问题中获得活力。目标是要找到一个能应用与所有相似情境的标准或原则。 ● 好分析的 ● 运用因果推理 ● 以逻辑的方式解决问题 ● 寻求一个合乎真理的客观标准 ● 爱讲理的 ● 可能显得不近人情 ● 公平意味着每个人都能得到平等的待遇	☐　情感 Feeling(F) 　　喜欢考虑对自己和他人来说什么是重要的。会在头脑中将自己放在情境所牵涉的所有人的位置上并试图理解别人的感受，然后在此基础上根据自己的价值判断做出决定。从对他人表示赞赏和支持中获得活力。目标是创造和谐的氛围，把每个人都当作一个独特的个体来对待。 ● 善于体贴他人、感同身受 ● 受个人价值观的引导 ● 衡量决定对他人产生的后果和影响 ● 寻求和谐的气氛和积极的人际交往 ● 富于同情心，可能会显得心肠软 ● 公平意味着每个人都被作为独特的个体来对待
行动方式：你如何与外部世界打交道？J-P 维度	
☐　判断 Judging(J) 　　喜欢将事情管理得井井有条，过一种有计划的、井然有序的生活。喜欢做出决定，完成后继续下面的工作。生活通常会比较有规划、有秩序，喜欢把事情敲定下来。照计划和日程安排办事对他们来说很重要。从完成任务中获得能量。 ● 有计划的 ● 喜欢组织管理自己的生活 ● 有系统、有计划 ● 按部就班 ● 爱制订短期和长期计划 ● 喜欢把事情落实敲定 ● 力图避免最后一分钟才做决定或完成任务的压力	☐　知觉 Perceiving(P) 　　喜欢以一种灵活、自发的方式生活，更愿意去体验和理解生活而不是去控制它。详细的计划或最后决定会使他们感到被束缚。愿意对新的信息和选择保持开放，直到最后一分钟。足智多谋，善于调节自己适应当前场合的需要，并从中获得能量。 ● 自发的 ● 灵活 ● 随意开放 ● 适应，改变方向 ● 不喜欢把事情确定下来，以留有改变的可能性 ● 最后一分钟的压力会使他们精力充沛

　　在 MBTI 的测试结果中，个人在一个维度上只能有一种偏好。例如，一个人在能量倾向维度上是内倾的，就不可能是外倾的；在行动方式维度上，是知觉型的就不可能是判断型的。然而，一个人在 MBTI 测试中显示是内倾的，并不代表这个人就没有外倾特征，这就好像一个习惯用右手的人并不代表他的左手就完全没有用处，有些时候需要左右手相互配合来完成某个任务。性格也是如此。在能量倾向维度上，如果一个人测试结果显示的是内倾，则意味着这个人在绝大多数情况下其性格的自然反应是内倾，但是在一些特别情境下，他也会有性格显示为外倾的时候，甚至可能主要表现为外倾。所以，MBTI 测评结果的类型所指的并不是"非此即彼"，而是"主要"表现。

　　事实上，由于环境的限制，我们常常不能按照自己所喜好的那样生活。社会往往要求我们用一种有规律、有计划的方式生活，要求我们多与人打交道。这就好像在这个右利手居多的社会,左利手不得不尝试多用右手一样。因此,在我们判断自己更偏向于哪一方面的时候,要注意区分到底是出于天生的倾向还是出于外在的期望,关注哪些是我们的第一反应,哪些源自我们天生的偏好。

外倾的人习惯于社会交往活动,愿意与人打交道,而内倾者则多安静,喜欢独处或习惯一对一的人际交往。一个外倾的人需要通过参加外界活动或与不同的人打交道来积蓄能量,而内倾者独处后能量会更充足。

在工作中,与人打交道的事情往往让外倾的人更有活力,而安静独处可让内倾的人更好地发挥才能。讨论问题时,外倾的人通常首先发言,而且观点很多;内倾的人一般在深思熟虑后才发表意见,且内容深刻。内倾者常常不能抢在第一时间发表意见,往往给人留下的印象是没有什么想法。这会让一些内倾者感到自己缺乏表现的能力,进而缺乏自信。其实,这只是不同的性格有不同的行为方式而已。

需要提醒的是,MBTI中所讲的内倾和外倾不同于我们日常所说的"内向"和"外向"。在习惯中,人们认为外向的人善于和人打交道,能言善辩;内向的人不善言辞,缺乏交际能力。MBTI是从性格角度出发的,MBTI中所谈的外倾、内倾,是以能量朝向角度来区分的,内倾者并非不能说,只是他们谈话的内容更多朝向内而已。例如,内倾者不愿意和不同的人打交道,但不代表他们人际关系能力差。所以,在进行内倾、外倾探索时,应当注意区别这些不同。

三、中华文化对性格的论述

儒家作为中国传统文化的主体,在中华民族的性格形成过程中起到了十分重要的作用。儒家倡导"修己善人"的做人之道,主要内涵是做人要"诚以立身、仁以待人、公以处世",重"仁"、讲"和"等,铸就了中华民族公正、谦虚、内敛的民族性格。《荀子·不苟》中将人的性格分为五种类型:通士、公士、直士、悫士与小人。例如,通士的性格就是"上则能尊君,下则能爱民,物至而应(事情发生了就应对),事起而辨(辨别是非真伪)"。三国时期的刘劭对人的性格类型差异进行了更深入、更系统的研究。他认为人是"含元一以为质,禀阴阳以立性"(《人物志·九征》)的。这里的"元"是指元气;"阴阳"指的是元气中所具有的两种根本属性,即动与静。由于每个人所秉阴阳的兼与偏不同,因而表现出不同的性格特点。刘劭认为,人是"体五行而著形"的。其中,"五行"分别形成了人体的骨、筋、气、肌、血,即"五体"。人体不同部位的不同表现,也显示出人的不同性格特征。

四、性格测试

请登录学生职业规划与就业指导中心网站生涯测评系统(http://swufe.careersky.cn/jixun/Account/signIn),按测评指导说明完成自我兴趣测试,也可参见附录Ⅲ进行性格测试。

生涯体验站 性格探索

你了解自己的性格吗?请用五个词来描述你的性格:

让你的朋友、家人、老师、同学,分别用五个词对你的性格特点进行概括(可以约定其中至少有一个描述缺点的词),将其记录于表 3-10 中。

表 3-10　个人性格评价

评价人	特点一	特点二	特点三	特点四	特点五

现在,把自己的描述与大家眼中你的性格进行对比,有哪些共同点呢?
_____

根据这些性格特点,你认为自己可能适合哪些特征的职业呢?为什么?
_____

课后训练　撰写自传

参照以下模板写一份你的结构性自传。

1. 个人资料:
   姓名_____　电话_____　年龄_____　地址_____

2. 父母和重要的他人:
   父亲_____　职业_____　影响_____
   母亲_____　职业_____　影响_____
   他人_____　职业_____　影响_____
   他人_____　职业_____　影响_____
   他人_____　职业_____　影响_____
   他人_____　职业_____　影响_____

3. 现在和以前读过的学校或接受过的培训:
   日期　　学校名称/地点　　培训经历(课程名称、成就、从中学习的技能等)
   _____
   _____
   _____
   _____
   _____
   _____

4. 从你最近的经验开始回顾工作(兼职、实习、志愿者)经历:
   日期　　单位名称/地点　　实践经历(实践项目名称、成就、从中学习的技能等)

_____
_____
_____
_____

5. 业余和休闲活动(兴趣爱好、俱乐部、社团、运动等),从这些活动中获得的满足感和技能:
_____

6. 童年兴趣:
_____

7. 生活角色:
个人角色,如儿子或女儿、兄弟姐妹;教育角色,如学生、社团成员;职业角色,如兼职工作、志愿者等。写出每种角色带来的满足感和你学到的技能。
_____
_____
_____

8. 自我评估:
成就(包括任何你已提及的和你随意能够想到的新成就):
_____
_____

为获得该成就而运用的技能及从中培养的能力:
_____
_____
_____

该成就中体现出来的价值观(从该成就中你获得了哪些满足感):
_____
_____
_____

9. 写下你近期的三个生涯目标,并尝试计划未来五至十年希望达到的目标:
_____
_____
_____

本章要点导图

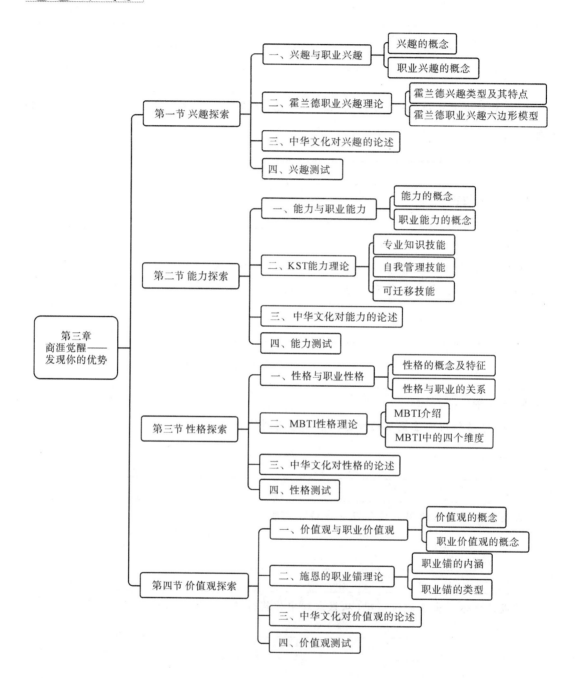

第四章 生涯探索
——了解财经职业世界

学习目标

1. 知识目标
了解财经大学各专业分类及人才培养目标。
了解新财经行业的发展趋势和特点。
了解财经行业、职业、岗位的概念和特点。
2. 技能目标
掌握搜集财经行业、企业、职位信息的方法和路径。
掌握形成自我职业世界库的路径和方法。
3. 态度目标
理解探索职业世界的意义,增强求职信心。
能主动进行职场外部世界探索,促进行动。

生涯榜样

袁文平:社会主义市场经济理论第一人

1979年2月,党的十一届三中全会闭幕后不久,四川省召开价值规律理论讨论会,对在"文革"中被搅乱的经济学理论进行清理和探讨。时任四川财经学院经济系副系主任的袁文平参加会议,袁文平在大会上谈了他关于社会主义也应该发展市场经济的观点,引起了强烈反响。

此时,距离国内物价协会开会时专家提出应允许发展商品经济还有两个多月,距离邓小平同志正式提出社会主义经济也可以搞市场经济还有9个月。所以后来中共中央文献研究室《百年潮》相关研究文章中,以"经济学者第一"介绍袁文平对于发展我国社会主义市场经济的贡献,《四川党的建设》更是称袁文平是"提出和阐释社会主义市场经济理论第一人"。

率先探索社会主义市场经济理论

36年后,当谈起这段历史时,袁文平教授依然有些激动。他说,"文革"结束后,当时的中国政界和学术界对商品经济问题十分敏感,很少有人敢触碰这个领域的内容。由于曾在成都市委工作8年，袁文平对社会生活有深刻的认识，他敏锐地意识到社会不承认商品经济会给中国的发展带来很多严重的问题。"当时的政策制定是为了保护农民的利益，结果过低的物价使得卖主不愿出卖，农民反而要以更高的价格求人找后门才能买到东西，利益受到更大伤害。我当时看了这些事很痛心，为什么不能搞商品经济？商品经济等价交换，民来民去，多好！这么简单的道理怎么就想不通呢？"

带着这些思考，那时袁文平就开始研究新中国成立以后每次经济波动的经验教训，从新中国成立初期的经济繁荣，到"三大改造"，再到困难时期，从新中国的经济发展和百姓生活水平当中寻找经济发展与市场经济的关系，并深入阅读马克思的著作，翻阅列宁的典籍，从理论上寻求社会主义商品经济的新出路。1979年初，小有心得的他写了一篇关于商品经济的文章投递给中央电视台。随后，他应邀参加四川省价值规律理论讨论会，袁文平回忆，参加这个会议的有130多人，包括全省一些行署专员，计委系统、物价系统的干部、专家，以及北京大学、四川大学、四川省社科院的专家、学者。当时四川财经学院院长刘洪康怕他有顾虑，专门鼓励他在会上要大胆地发表意见。袁文平几个晚上都没有睡好觉，精心准备，2月16日，他在大会上做了长达6个小时的发言"市场经济理论"。

袁文平的发言引起了极大的震动，会上就有人批评他是在"鼓吹复辟资本主义"，这在当时可是一顶很大的帽子。但他用大量现实实例讲清利害，用扎实的理论基础支撑论证，言之成理，持之有据，还赢得了现场一些专家为他辩护，并获得了中共四川省委的重视。《光明日报》当时报道："这次讨论会得到中共四川省委领导的重视，会议期间省委领导听取了汇报，鼓励会议大胆讨论。"这次会议对中国经济观念和走向的影响是如此之大，30多年后《中国新闻周刊》还以《1979年成都会议："社会主义市场经济"的首次提出》为题做了回顾性报道。

难忘母校培养之恩

今天的袁文平，是全国高等财经院校政治经济学研究会副会长，四川省经济学会副会长，四川省发展经济学会副会长，教育部、国家民委、四川省社科联、省教育厅等部门单位的科研成果评奖专家，享受国务院批准的政府特殊津贴。说起自己在科研和教学上的一些创新和获得的成绩，这位老人表示，还是离不开自己学习和工作的四川财院，离不开各位恩师，是这样的环境培养了他深入基层的工作习惯和实事求是的研究风格。

袁文平1955年考进四川财经学院会计系，当时的系主任是杨佑之，副系主任是雷瑶芝和归润章。袁文平回忆，在校期间杨佑之教授给他们讲会计学原理，刘洪康教授给他们讲哲学，还有当时还年轻的刘诗白老师给他们讲外国经济史，几位老师给学生的印象很深。杨佑之专业水平很高，教学任务很饱满，还坐火车到北京、天津、保定上课。刘洪康做学问很严谨，平常给人以亲切感，很容易接触，学生跟他打招呼说事情，他都非常乐意听。刘诗白自己编讲义，印好后发给学生学习，他的讲课内容丰富，条理清楚，治学严谨，为人认真也很风趣。那时候学校经常组织劳动，先是修建了游泳池，到农村帮助农民抢收抢种，后来又植树，现在光华校区阳光广场周围的梧桐树和光华村到青羊宫道路两边的梧桐树都是他们在校期间师生们种下的。留校后，刘洪康又组织年轻老师，教给他们如何读经典著作，选择了《反杜林论》中有关经济学的篇章，请老师来做示范，一段一段引导他们怎么读，怎么理解，怎么体会。老一辈的先生们就是这样一步步地传帮带，让袁文平等年轻人走上了研究学问之路。

（来源：陈奇志. 中国市场经济理论第一人：访1955级会计系校友袁文平教授[EB/OL]. (2016-01-08)[2022-10-26]. https://dag.swufe.edu.cn/info/1013/1121.htm.）

思政淬炼

在经济建设、政治建设、文化建设、社会建设、生态文明建设"五位一体"总体布局中，国家将经济建设置于首位、视为根本，并始终坚持以经济建设为中心。党的十八大以来，习近平总书记多次就金融与实体经济的关系问题发表重要论述，2017年7月，习近平在第五次全国金融工作会议上指出："金融是实体经济的血脉，为实体经济服务是金融的天职，是金融的宗旨，也是防范金融风险的根本举措。"经济是肌体，金融是血脉。要立足中国实际，走出中国特色金融发展之路。中国经济飞速发展，财经人才大有用武之地，立志将个人的职业发展与国家建设发展结合，书写自我。

第一节 商科专业与职业

阅读思考：司马迁的职业操守

汉武帝刘彻在位时，司马迁在朝中任太史令，具体负责编写《史记》。当时，许多达官贵人都想讨好司马迁，期望通过他的笔给自己在历史上留下好名声，于是纷纷给他送来了奇珍异宝。

有一天，朝中最得宠的大将军李广利派人给他送来一件礼物，司马迁的女儿妹娟打开送来的精致盒子，发现盒子里放着的是一对世间罕见的珍宝——玉璧。

司马迁发现妹娟对宝物有不舍之意，于是语重心长地说："白璧最可贵的地方是没有斑痕和污点，所以人们才说，白玉无瑕。我是一个平庸而卑微的小官，从来不敢以白璧自居，如果我收下了这珍贵的白璧，我身上的污点就增加了一分，白璧不能要，叫人送回去。"

司马迁所著的《史记》，被称为"史家之绝唱"，在我国历史上占有重要的地位。《史记》的价值就在于真实地记录了历史，司马迁何以能据实写史？原因之一就是他自身清白，珍惜自己的名誉，行得端，做得正。倘若司马迁见了别人的东西就喜爱，不珍惜自己的名誉，必定使他难以秉笔直书，《史记》也绝不会有今天这样的价值。

（来源：房慧，张翠仙. 职业道德[M]. 青岛：中国海洋大学出版社，2012.）

一、认识商科专业

（一）商科专业分类

专业是指高校根据社会分工的需要设置的学业门类。在我国，财经类大学都具有非常鲜明的学科特色。国际语境下的财经是包含商科在内的广义财经,涵盖经济金融类和管理类,不同国家、不同大学在专业细分上也有差异。

根据教育部2021年发布的《普通高等学校本科专业目录》,以西南财经大学为例,全校的专业可分为经济学、管理学、理学、工学、法学、文学和艺术等七大门类,涵盖十六个专业门类,下属多个专业,见表4-1。

表4-1 西南财经大学本科专业

门类	专业门类	专业名称
经济学	经济学类	经济学、数字经济、财政学、税收学、经济统计、国际经济与贸易
	金融学类	金融学、金融工程、信用管理、投资学、保险学、金融科技、精算学、金融数学
管理学	工商管理类	工商管理、市场营销、人力资源管理、财务管理、审计学、会计学、国际商务
	旅游管理类	旅游管理
	物流管理与工程类	供应链管理
	管理科学与工程类	大数据管理与应用、信息管理与信息系统、计算金融、电子商务、管理科学
	公共管理类	行政管理、劳动与社会保障
理学	统计学类	统计学、数据科学与大数据技术
	数学类	数学与应用数学
工学	计算机类	计算机科学与技术、人工智能
法学	法学类	法学
文学	外国语言文学类	英语、商务英语、西班牙语
	中国语言文学类	汉语言文学
	新闻传播学类	新闻学
艺术	数字媒体艺术	数字媒体艺术、网络与新媒体

各专业根据社会对人才需求确定了各专业人才培养方案。学生们在开始大学生涯之前,阅读各专业人才培养方案,可以快速了解本科四年的学业规划目标及未来的职业发展方向。

(二)商科课程类型

要成为未来职场合格的财经人才,需要在大学期间进行严格全面的训练和系统深入的学习。大学期间,财经高校开设的专业课程可分为基础类、经济类、金融类、管理类和法律类。

(1)基础类课程包括思想政治理论课、英语、专业英语、高等数学、线性代数、概率论与数理统计、运筹学、计算智能与数据科学等。

（2）经济类课程包括经济学基础、微观经济学、宏观经济学、政治经济学、财政学、统计学、国际经济学、金融经济学、计量经济学、经济史、经济思想史、西方经济学流派、当代中国经济、劳动经济学、区域经济学、产业经济学、技术经济学、信息经济学、博弈论等。

（3）金融类课程包括货币银行学、国际金融学、资产定价、金融市场学、金融工程学、数理金融学、金融计量经济学、行为金融学、信托与租赁、公司金融、证券投资学、商业银行经营与管理、金融统计分析、国际结算、保险学、国际保险、精算等。

（4）管理类课程包括管理学、战略管理、领导力与组织管理、人力资源管理、供应链管理、管理科学与工程、信息管理与信息系统、商业分析、会计学、国际贸易理论与实务、公司财务、公司治理、市场营销、创新创业、公共政策等。

（5）法律类课程包括经济法、保险法、国际经济法、知识产权法等。

(三) 商科专业的特点

1. 专业性

从以上详细列出的主要课程可以看出，商科专业具有专业性和高智力性。通常，财经行业对职业资格的要求更加严格，普遍要求具备资格证书，如注册会计师（CPA）、特许金融分析师（CFA）、金融风险管理师（FRM）、注册财务策划师（RFP）等，未取得这些从业资格证的人员，不得从事相关工作。随着数字经济的发展，财经行业不断拔高对从业人员的要求，相应地对学历的要求也越来越高，最典型的就是金融学类。随着中国与世界经济的联系日益紧密，财经行业规范和标准也迅速与国际接轨，财经人才还需要过硬的外语水平。

2. 复合性

财经行业涉及经济管理领域的诸多交叉环节，没有熟稔的经济、金融、管理知识和足够的专业水准，很难成为合格的财经人才。实际工作中更可能涉及法律、计算机、数学、外语等多项专业技能，这也是大量非商科专业毕业生得以进入相关行业的原因。高级财经从业人员应是"专才"与"全才"的结合体，能融汇专业体系内外的各类知识，通晓多种专业技能，拥有复合的知识结构。

3. 实践性

财经行业不但需要多维度知识的融会贯通，还要做到理论与实践的平衡。财经是显学，具有强烈的实践品格，与现实联系密切，注重务实管用，强调应用性和操作性，崇尚学以致用和经世济民。以金融学专业为例，金融学专业致力于培养掌握经济学基本原理、金融学基本知识和理论、金融运作和金融市场的基本知识与基本技能，熟悉通行的国际金融规则、惯例及WTO的运行机制，通晓中国对外金融管理政策法规，了解当代金融市场的发展状况，运用当代科技手段，进行现代金融业务操作的、具有扎实外语能力的应用型金融专门人才。

二、专业与职业的关系

(一) 专业与职业的联系

专业是指高校根据社会分工的需要设置的学业门类，职业是指从生产劳动的角度对工作形式所作的区分。

1. 专业决定着职业发展的大致方向

学什么专业很大程度上决定了学生今后将从事怎样的职业。例如,学经济学的学生,未来可以成为会计师、证券分析师;学农学的学生,未来可以成为畜牧师、园艺师;学医学的学生未来可以成为医生、医药代表。因为所学专业不同,所以职业发展方向存在着较大的差异性。

2. 专业对应着职业群

专业与职业并不是简单的一对一的关系,往往是一对多的关系,也就是说专业对应着职业群。例如,保险专业的学生未来不仅可以成为保险精算师,还可以成为保险理财师、保险销售员、保险培训师等。

职业群一般由基本专业技能相通,工作内容、社会作用以及从业者所应该具备的素质接近的若干个职位构成。职业群横向划分,是指相同的职业存在于不同的产业或行业之中,如人力资源专业所对应的职业群广泛分布于国民经济的各个产业和行业之中。职业群纵向划分,是指同一职业存在于同一行业若干个不同的岗位及其可能晋升的职务上。例如,人力资源专业的纵向职业群包括人力资源助理、人力资源专员、人力资源主管、人力资源经理、人力资源总监等。

3. 专业为拓展职业领域提供可能

在新兴职业不断涌现的今天,专业设置已不再只是为某一类职业服务,而可能为不同类型的职业服务。专业可以为我们打开通往不同职业目标的大门,相关专业知识会为我们进入某个行业打下基础,而专业组合更能提升职业竞争力。例如,法律与金融专业结合,毕业生未来既可以选择到金融机构从事法律工作,也可以在律师行业成为一名经济案件律师。

(二)专业和职业的转换

图 4-1 显示了专业转换之间的路径和通道,箭头所指方向是专业可以转换的方向,箭头的粗细代表着专业转换可能性的大小。

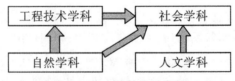

图 4-1 专业转换示意图

从图 4-1 中箭头所指方向可以看出,工程技术学科、自然学科、人文学科转到社会学科是可行的,但是一条单行道。也就是说,工程技术学科、自然学科、人文学科转入社会学科相对容易,反之则不太容易。例如,华为掌门人任正非大学读暖通专业,但并不妨碍他成为优秀的企业经营者。这是因为,企业管理学属于社会学科,文科、工科转到社会学科相对容易,但如果学企业管理专业的学生未来要从事暖通技术工作却不太容易,经济学专业的学生想转入室内设计行业比较难,就是因为社会学科转向工程学科相对困难。从图 4-1 可以看出,自然学科转入工程技术学科可行,而且转换相对容易。这是因为自然学科是工程技术学科的基础,而工程技术学科往往是自然学科的实践与运用。例如,经济数学专业的学生未来可以进入 IT 行业。

图 4-1 的专业转换示意图可供跨专业考研或想换专业的学生参考。例如,学计算机、生物技术专业的学生跨考金融专业可能性较大。事实上,每年考取西财金融专业的研究生中,不乏这些专业的学生。但金融专业的学生想考取计算机专业、生物技术专业的研究生可能性较小。想换专业的学生可以先明确自己所学专业和希望转入专业的学科属性,再对照专业转换路径判断专业转换的难易程度。

当然,尽管专业转换难易程度不同,但专业转换的主动权、决定权还是掌握在每个学生手上,个人意愿和内在动力才是促进生涯发展的真正内驱力。

三、商科专业就业趋势

(一)商科专业对应的工作世界地图概貌

工作世界地图(见图 4-2)是通过将职业群体的具体位置标定在坐标图上而得到的,是在霍兰德的职业环境分类基础上由美国考试中心(ACT)研发的。普里蒂奇(Prediger)在霍兰德职业兴趣六边形模型的基础上,增加了人和物、实物和理论两个维度。人和物维度,分别表示与人相关的工作,与物体相关的工作。实物和理论维度,分别表示与具体事实、数字、计算相关的工作,与观念理论相关的工作。

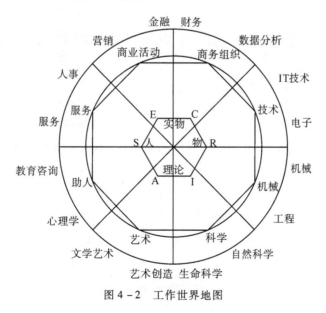

图 4-2 工作世界地图

工作世界地图将十六种职业类型(相似的工作群)归入八个职业门类,覆盖了当时主要的职业。三个圈从外到内,呈现出从属关系,越往里,对职业特征的抽象归纳性越强。通过这幅工作世界地图,我们可以发现财经职业地图的一些特征。

首先,与财经行业对应的职业门类,主要位于工作世界地图中间八边形的上半部分,对应的四个职业门类分别是：服务业门类、商业活动门类、商务组织门类、技术门类；最外层对应着相关的八个职业类型，分别是：服务类、人事类、营销类、金融类、财务类、数据分析类、IT技术类。

其次，财经职业群的工作特点与实物相关，偏重与事实、数据、计算打交道，而不偏向于理论和观念创造。其对应的霍兰德职业兴趣代码主要包含社会型（S）、企业型（E）、事务型（C）、实用型（R）。例如，银行职员、出纳会计，具有与数据、计算打交道，重视工作的规则与流程等特征。

（二）商科专业就业特点

1. 就业面广

在"五位一体"总体布局中，国家将经济建设置于首位，视为根本，并始终坚持以经济建设为中心，因此财经人才大有用武之地。在国民经济各个行业，无论是大型国有企业、三资企业还是小型民营公司都对商科毕业生有旺盛的需求，而且该类毕业生受行业结构调整变化的影响也较小。随着市场经济的纵深发展，商科专业的就业途径将越来越宽。

2. 市场需求量大

随着经济的快速发展，就业市场对商科专业人才的需求居高不下，多年来一直位居前三位。未来许多新兴产业还将对商科专业人才产生新的需求。以互联网金融为例，互联网金融电子商务类公司，主要提供基于互联网的金融电子商务服务，如苏宁、京东等；互联网金融技术类公司，主要提供基于互联网的金融技术服务，如第三方支付公司；互联网金融管理工具类公司，主要为用户提供便利与具有个性的管理工具，如理财工具或信用卡管理工具等。

3. 就业竞争力增大

商科专业就业竞争压力主要源于三个方面。一是商科毕业人数众多。由于持续的财经热，开设商科专业的大专院校众多，伴随着财经行业火爆的是各地非财经类高校纷纷开设财经类专业，不仅师范类院校，许多理工类院校也都开设了商科。据教育部2020年6月30日数据显示，全国财经类高等院校共有229所，院校总数位居理工科院校、综合院校和师范院校之后，数量庞大；开设本科经济管理类专业的院校超1026所，占本科院校的81.55%，可谓"无校不财经"。二是商科专业设置和课程设置与社会经济发展人才需求吻合度有待进一步优化和改进，毕业生存在知识结构不完善、综合素质不高、胜任力和竞争力不强等问题。三是财经行业历来有重实践经验的传统，对实际操作要求较高，很多用人单位对经验的要求甚至超出对专业的要求，这成为应届毕业生就业难的直接原因。

（三）商科专业主要就业行业

国家统计局2017年发布的《国民经济行业分类标准》，将我国行业归为二十个大门类，包括农林牧渔业、金融业、制造业、教育业、交通运输等。《西南财经大学毕业生就业质量报告（2016—2021）》数据显示，西南财大本科毕业生的主要就业行业集中在金融业、信息传输、软件和信息技术服务行业、公共管理、社会保障和社会组织行业、建筑业、商务服务行业、房地产业、教育等行业。

金融行业是西南财大毕业生就业分布最广的行业,但受金融监管、金融科技转型发展等影响,传统金融岗位需求缩减,毕业生在金融行业就业比例呈下降趋势(见图4-3、4-4)。同时,金融科技类岗位就业比例增加。

图4-3 西南财经大学金融业(本科)2016—2021年就业情况

图4-4 西南财经大学金融业(硕士)2016—2021年就业情况

在数字经济蓬勃发展的背景下,西南财经大学毕业生在信息传输、软件和信息技术服务业就业的毕业生呈增长趋势(见图4-5、4-6)。

西南财经大学本科毕业生在租赁和商务服务业、制造业、建筑业均有较大的分布,在房地产业分布呈下降趋势(见图4-7)。硕士毕业生在党政机关、租赁和商务服务业、房地产、教育、制造业均有较大的分布。

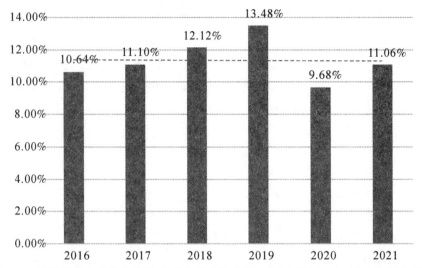

图4-5 西南财经大学信息传输、软件和信息技术服务业（本科）2016—2021年就业情况

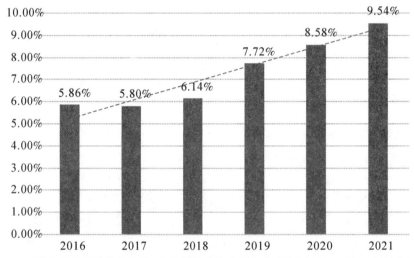

图4-6 西南财经大学信息传输、软件和信息技术服务业（硕士）2016—2021年就业情况

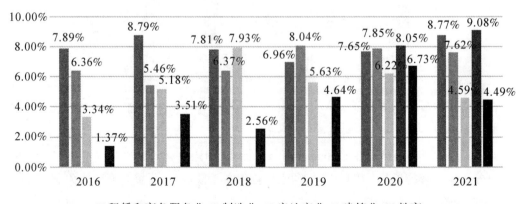

图4-7 西南财经大学租赁和商务服务业、制造业、房地产业、建筑业、教育（本科）2016—2021年就业情况

第四章　商涯探索——了解财经职业世界

生涯体验站·职业博览会

1. 4~5人组成一个"职业资料专家小组",每组选定1人为组长,1人负责记录,其他人为参谋,每组选定一个与所学专业、职业目标比较接近的具体职业或行业,并收集相关资料。

2. 每组选1人进行5分钟左右的"职业资料发布"演示(最好用PPT等多媒体手段),内容包括职业的工作内容、对应聘人的要求等。

3. 演示完毕,全体组员接受其他同学的咨询,时间为5分钟左右。

4. 其他各组同学就准备的职业资料情况、演示现场和答询情况进行打分。

5. 讨论:

(1)如何才能收集到正确、完整的职业资料?都有哪些收集职业信息的渠道?

_____

_____

(2)各组介绍的职业中,哪个或者哪些吸引你,理由是什么?

_____

_____

第二节　探索财经职业环境

阅读思考·实践是最好的职业探索方式

小陈是西南财经大学市场营销专业的学生。在高考前夕,小陈就对自己和专业进行了全面的探索。结合探索的结果和自己的兴趣,小陈确定了自己的生涯目标:成为世界上最伟大的销售员!怀揣着这样的理想,小陈报考了市场营销专业。进入大学后,小陈除了认真完成学业,在平时也为了自己的职业理想做了许多准备。为了锻炼自己的社交能力和口才,他参加了学生会,表现优异的他很快成了学生会干部。小陈通过参与校内商业活动发传单,拉赞助等实践活动来锻炼自己的销售能力。同时,小陈还自学了演讲课程,为将来能胜任销售岗位做好准备。

大三下学期时,小陈去了一家知名的房地产公司实习。在实习过程中,他发现,身边的同事学历普遍比自己低,然而同事的销售业绩却比自己高出很多。因为同事比他更能放低姿态,去满足客户的许多烦琐要求。在他看来,满足客户要求,不仅费时费力,还与自己本科高才生的身份有些不符。由于一直没有销售业绩,再加上自己不适应工作环境,小陈就这样结束了实习。

实践是职业探索最直接的途径。通过这次实习,小陈才意识到,可能自己的性格并不适合做一名销售员,当初只看到销售员的成功,却没想到他们在现实中的辛苦付出。职业理想和真实选择之间,还有一条未能逾越的鸿沟。

一、新财经行业分析

如今,以互联网、大数据、人工智能、云计算、5G、量子通信、区块链等为代表的新科技革命和产业革命,加速与经济社会各领域深入渗透融合。数联、物联、智联、大带宽、低时延、大链接、全栈全场景和虚拟世界,对生产模式、生活方式、思维方式和学习方式产生了深刻影响,并重构人类法律、文化、风尚、观念、伦理和秩序。与此同时,新经济、新技术、新业态日新月异,不断改变和重塑财经领域的内涵和外延,引发、催生"新财经"。新财经专业呈现出深度科技化、高度智能化、交叉融合化、集群复合化的发展趋势。

(一)深度科技化

深度科技化以金融最为典型。近年来"金融科技(fintech)"快速发展,金融科技即金融(finance)+科技(technology),但又不是两者的简单组合,而是通过各类科技手段创新传统金融行业所提供的产品和服务,如大数据征信、智能投顾、供应链金融等。金融科技改变传统的金融信息采集来源、风险定价模型、投资决策过程、信用中介角色,因此能大幅提升传统金融的效率,降低传统金融服务的成本,解决传统金融的痛点。

金融科技以信息技术为基础,将诸多高科技用于银行、保险、证券、基金、租赁、信托、消费金融、金融监管等领域,重塑了传统金融业,形成了零售银行、网络借贷与融资、云计算平台、数字货币、资产管理、互联网保险、监管科技等多种新兴金融生态。这些高科技包括互联网技术(互联网、移动互联网、物联网)、大数据、人工智能、分布式技术(区块链、云计算)、安全技术(生物识别技术)等。

区块链本质上是一种分布式的公共账本,由参与者共同负责核查、记录和维护,具有点对点直接交换价值、交易透明不可篡改、安全可靠等特点。区块链技术有助于降低交易和信任风险,降低金融机构的运作成本,已经在数字货币、跨境支付、证券清算、贸易融资等领域探索应用,有可能构建一种全新的金融基础设施,彻底改变现有金融生态。

区块链为信用体系建设提供可靠信用共识技术,基于区块链技术建立信用机制可以不依赖社会力量和资金支持,不依靠权威信用中介机构介入,将日常运营分布在每一个参与者身上自动完成,由参与者平等投票确定信息公信力,即使是系统设计者也无法干预。因此,区块链技术中性特征能较好适应文化差异大的环境,未来中国可能会进一步致力于构建技术中性的信用体系。

(二)高度智能化

高度智能化以商务分析(business analytics,BA)、商业智能(business intelligence,BI)最为典型。在当今竞争日益激烈的市场环境中,企业如何从浩如烟海的商务数据以及其他相关的数据和信息中发现商机,并将这些数据和信息合理有效地利用于商业管理和决策,提升企业的管理水平和效益,已经成为每个企业不得不面对的现实。面对爆炸式增长的各类信息和数据,只有那些能够合理利用先进的信息技术成功地收集、分析、处理、理解信息,利用高深的技术、模型和算法进行数据挖掘和商业分析,并依据信息进行科学决策预测的企业才能获得竞争优势,成为市场的赢家。

商业世界拥有海量丰富的数据,这里所谈的数据包括企业前端、后端和历史产生的数据,业务系统的订单、库存、交易账目、客户和供应商数据,企业所处行业和竞争对手的数据,以及其他外部环境中的各种数据,并与现在的互联网及大数据相连。BA 和 BI 能将所有这些多维数据进行高效挖掘和整合,能快速、准确、智慧地形成业务经营决策建议。这里的业务经营决策既可以是操作层的,也可以是战术层和战略层的决策。随着数据日益成为企业的核心资产和深度学习模式的突破,BA 和 BI 已开始渗入企业管理的方方面面,并且发挥着越来越重要的作用。

(三)交叉融合化

学科交叉和科技整合已经成为推动学科建设的重要手段。新财经专业呈现出鲜明的交叉融合化特征,不仅财经内部经管法交叉,财经与人文科学、社会科学之间交叉,财经还与理科、工科、农科、医科等其他学科之间无障碍交叉。财经研究越来越多地需要综合利用经济学、管理学、法学、哲学、伦理学,以及社会学、行为科学、脑科学、神经科学、认知科学、心理学、认知心理学等学科,更不用说数学、系统科学、运筹学、数理统计学、计算机科学和数据科学了。实际上,前面述及的商业分析和商业智能,就是集商业管理、统计学、计算机科学为一体的商科与理工科紧密交叉综合的产物。

美国国家科学基金会(NSF)社会行为与经济学(SBE)学部发布的学科发展战略报告(*Building the Mosaic*)中指出,未来 10 年学术研究的特点是:数据密集(data-intensive);跨学科;强合作(collaborative);问题驱动(problem-driven)。这四大特点都指向新财经的交叉融合:数据密集(泛在)自不待言,跨学科和强合作几乎就是交叉融合的同义语,而问题驱动则倒逼交叉融合,因为没有哪一个问题是某个单一学科的问题,必须打破学科壁垒,综合考量、协同施策,方能解决问题。

(四)集群复合化

集群复合化中的"集群"是指学科,"复合"则指人才培养。"双一流"建设是以学科为基础的主要策略。现代学科呈现出高分化、高整合的趋势,在高分化、高整合的辩证统一中,从单一学科、跨学科走向超学科。人类知识生产的组织已经从个体和独立转变为团体(集体、团队)和联合(联盟)。在当前的学科建设中,各校都非常明确各自学科建设的重点,都十分注重学科平台体系、学术组织体系和学术人才体系的全面建设,选择学科群建设方案来引领财经学科的发展,成为各高校的自觉行为。中国经济已经进入商业 3.0 时代。新兴技术的迅猛发展和商业理念的迭代更新,既是多学科交叉融合的成果,又是对商业发展中的学科交叉、知识融合、技术集成。高校如何与经济、社会、科技和民生紧密结合,与国家、社会和市场充分互动,未来新财经行业的发展必然以集群学科建设为基础,以复合型财经人才为支撑。

二、财经职业分析

(一)职业的分类

2022 年版《中华人民共和国职业分类大典》,包括大类 8 个、中类 79 个、小类 449 个、细类(职业)1636个,与2015年版大典相比,增加了法律事务及辅助人员等4个中类、数字技术工程技术人员等15个小类、碳汇计量评估师等155个职业。

从职业增减的发展趋势看,职业会随着时代发展不断发展与消亡,具有鲜明的时代性。一些看似冷门的职业,可能随着时代发展成为新兴职业,而一些热门的职业,也可能随着时间被淘汰。因此,要以发展的眼光指导人生职业选择。

(二)财经职业的含义和特征

职业是参与社会分工,利用专门的知识和技能,为社会创造物质财富和精神财富,通过获取合理报酬,满足物质和精神需求的工作。职业具有几个基本特征。第一,职业是社会分工的产物,具有社会属性。第二,职业需要具备专门的知识和技能,不同的专业知识和技能区分不同的职业基础。第三,职业需要创造价值,包括物质价值和精神价值。第四,职业还要获得报酬,也就是工资。例如,"学生"就不能算作职业,因为学生还不能给社会创造价值,也不能获得报酬。

从行业与职业关系看,有些职业存在于特定行业,如飞行员、医生等;而有些职业存在于不同行业,如财务人员、销售员、数据分析员,不同的行业都可能需要这类职业。

职业的差异主要来源于职能不同。相似职能的工作,在不同的行业差异并不会太大。而不同职能的组合可能产生一种新的职业。例如,一位既懂得市场营销又懂得IT技术的学生,未来可能成为一名信息公司的技术型销售员。一名既懂法律又懂金融学知识的学生,未来可能成为金融行业的法律专家。不同职能的组合,为我们拓展职业空间提供了新的视野。如果个人拥有更加多元的知识结构和综合能力,就有可能跨界发展,或者胜任未来一些新兴职业。

三、财经岗位分析

岗位通常也称为职位,是我们了解职业世界的第三个重要维度。通常求职者要准确了解职位信息后,才能清楚地知道这个工作到底要做什么,所做的工作内容是否是自己感兴趣的,自己应该具备哪些与职位要求相匹配的能力。

每个企业都设有众多岗位。招聘网站上公布出的职位数量,一般只占企业实际职位设置的1/3左右。有大量的岗位,企业会根据实际需要灵活设立,也不会对外公布。所以如果我们对哪个用人单位很有兴趣,可以通过实习的方式真实了解其岗位需求,从而有针对性地进行准备。

一般企业机构设置都包含三大职能部门:生产部门、销售部门、运营部门。三大部门对应着三大职位群:生产技术职位群、营销职位群、营运职位群。生产技术类职位又包含产品研发、产品服务两个职位序列。营销类职位包括市场拓展、产品销售两个职位序列。营运类职位包含财务、人力资源、行政管理三个职位序列(见图4-8)。通过汇总西南财经大学发布的400条招聘信息,我们可以发现,86%的职位都可以纳入图4-8。剩余14%的职位中,管培生的比例大概占50%,不能涵盖的其他职业包括教师、飞行员、公务员等。

第四章 商涯探索——了解财经职业世界

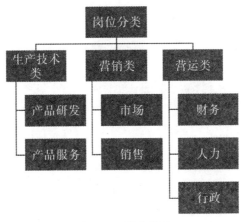

图 4-8 岗位分类

(一) 生产技术类岗位

生产技术部是企业创造价值的核心部门,工作职责主要服务于产品生产、产品研发、售后服务等。

表 4-2 是某知名 IT 企业的招聘启事,招聘的职位包括算法工程师、程序开发员、业务分析师等。从招聘条件看,财经行业的生产技术类岗位对学历的要求比较高,一般要求研究生学历;对专业的限定程度也比较高,主要集中于金融工程、经济信息工程、经济数学、经济统计等专业;从能力要求看,对数据分析、建模能力要求较高,要求求职者具有较强的分析、研判能力,有良好的软件开发能力。此外,对学习能力、团队合作能力、沟通能力也有一定要求。

表 4-2 某知名 IT 企业招聘启事

职位大类	职位中类	职位名称（举例）	工作职责	招聘要求
生产技术类	产品研发	算法工程师	1.负责设计、训练和测试机器学习、深度学习算法模型； 2.负责数据收集、整理和分析,并设计模型的检验方案； 3.构建各种数据规模下的大规模机器学习平台	1.研究生及以上学历,计算机、软件、数学等相关专业； 2.具备人工智能、大数据、数据结构算法设计和开发能力,有较强的数学建模能力； 3.具备较强的动手实践能力,能够快速把想法用算法程序实现； 4.掌握一种数据挖掘工具和深度模型训练工具,如 Tensorflow \ Caffe2 \ Keras 等； 5.有机器学习、数据挖掘、数据建模经验,熟悉深度学习算法的优先； 6.具备挑战不可能的精神和创新意识,主动担责,攻坚破难,具备良好的团队合作精神,善于沟通

续 表

职位大类	职位中类	职位名称（举例）	工作职责	招聘要求
生产技术类	产品服务	业务分析师	1. 负责分析、解读智慧城市、云计算、电子政务等领域及应急、生态、交通、市场监管等行业的政府信息化发展趋势和各项政策，发掘、分析、传达和确认客户需求，协助分析、构建、规划行业信息化解决方案和产品宣传材料； 2. 负责提供相关产品的规划、售前、咨询和技术交流，引导技术团队解决业务问题	1. 研究生及以上学历，计算机、数学、软件工程、信息管理、公共管理、工商管理相关专业优先考虑； 2. 逻辑思维严谨，学习能力强； 3. 具有科研项目经验或技术竞赛获奖经历者优先

（二）营销类岗位

营销类岗位主要负责市场运营和产品销售。两者之间的区别是：市场运营主要负责树立品牌，扩大品牌知名度；产品销售主要负责把产品送到消费者的面前，实现商品的价值，两大职能相互配合，以实现产品利润。营销部门是企业实现利润的核心部门。

表 4-3 是某投资公司的招聘启事。招聘的岗位包括咨询顾问（投资公司）、品牌拓展专员等。从招聘条件看，营销类岗位的学历要求本科即可，对数据分析能力的要求也比较低，但对综合能力要求高，如谈判能力、团队合作、沟通协调、解决问题能力、亲和力，特别对意志品质、抗压能力有较高的要求。

表 4-3 某投资公司招聘启事

职位大类	职位中类	职位名称（举例）	工作职责	招聘要求
营销类	销售岗	咨询顾问（投资公司）	1. 为企业或机构提供资本市场咨询方案、估值建议； 2. 分析行业及投资机会，寻找和洽谈潜在的目标客户； 3. 准备咨询或交易所需的相关文件，包括方案建议、投资报告、融资建议书、商业计划书、财务模型等； 4. 负责执行咨询或交易需要的尽职调查、价值评估、财务分析、方案设计等，对客户类型及需求充分把握，高精准地达成客户期望，或推荐机构并获得投资/出资意向； 5. 协助领导实时掌握项目进度，协助谈判，最终促成咨询项目落地或交易达成	1. 本科学历，拥有投资、投行、财务顾问、管理咨询或会计师事务所经验，或者 TMT 行业产品、财务、媒体记者等经验； 2. 充分了解资本市场和目标行业，有良好的独立工作能力、团队协作精神和沟通表达能力，责任心强，能够承受压力

续 表

职位大类	职位中类	职位名称（举例）	工作职责	招聘要求
营销类	市场拓展岗	品牌拓展专员（投资公司）	1.负责调研、收集、整理客户、市场需求,并提出会议开发、产品迭代建议； 2.负责合作方开发,包括会议、产品、营销渠道开发； 3.负责商务谈判、合作协议签署； 4.辅助平台的运营,协助制定及执行会议、产品推广运营方案； 5.完成领导交办的其他工作	1.有良好的人际交往能力、商务谈判能力； 2.市场敏锐度高,善于发现机会并进行资源整合； 3.拥有商业财经领域人脉,以及财经领域自媒体资源； 4.有财经会议、出版编辑、知识付费、财经内容商务拓展经验者优先； 5.经管类、市场营销、新闻相关专业

（三）营运类岗位

营运部是公司的综合性职能部门,主要职责是对公司经营管理进行全过程的规划、管控,合理调配人力、财力,是企业正常运行的中枢。招聘的职位包括财务师、会计师、审计师、秘书、行政助理、人事经理等。从表4-4的招聘要求来看,营运类岗位的学历要求本科即可；行政岗位、人力岗位对专业限制度较低,对综合能力特别是写作能力、沟通表达能力、组织协调能力有较高要求；财务岗对专业要求比较高,对毕业生的专业能力,特别是职业资质要求、实习经历有较高要求。

表4-4　某公司招聘启事

职位大类	职位中类	职位名称（举例）	工作职责	招聘要求
营运类	财务岗	财务师、会计师、审计师	1.负责公司日常账务处理,包括往来款项核算、录入凭证、登记账簿、整理和保管相关财务资料等； 2.负责公司日常税务工作,包括报税、发票管理以及其他税务工作； 3.负责公司资金预算； 4.负责编制公司财务报表	1.本科及以上学历； 2.税收、会计等相关专业； 3.专业知识扎实,个性稳重； 4.立志于长期从事企业财务（管理）工作

续　表

职位大类	职位中类	职位名称（举例）	工作职责	招聘要求
营运类	行政岗	行政助理	1.协助公司董事会、监事会和股东大会相关事宜； 2.协助办理公司信息披露相关事务，协助公司投资者关系管理工作； 3.协助组织公司董事、监事和高级管理人员进行相关法律法规的培训	1.沟通表达能力强，形象气质佳； 2.专业不限，暖通专业、有售后及相关行业实习经历者优先； 3.有想法和创新意识，能吃苦，具备较好的执行力； 4.优秀的表达和沟通能力，良好的组织及统筹能力
	人力岗	人事专员	1.负责开展常规人事工作，如处理员工的入、离、转、调手续及劳动合同、人事档案管理； 2.根据集团业务发展情况，协助上级不断优化和完善集团招聘、培训、薪酬绩效、员工关系等人事制度及流程，提升集团人力资源管理水平； 3.协助管理和维护集团及各学校的人力资源信息系统，并根据各单位的人事管理需求及建议，不断优化管理平台； 4.负责集团员工五险一金业务的办理，每月定期清缴，及时与各单位结算，同时积极关注和研究国家最新出台的五险一金、个税政策，向集团提供有益建议； 5.协同人力资源中心开展其他业务	1.优秀应届硕士毕业生，专业不限； 2.负责、细心、专注，学习能力强，执行力强，能快速适应快节奏及多任务工作； 3.阳光心态、积极主动、拼搏进取、乐观忠诚； 4.有人力资源相关实习经验者优先，能尽快入职者优先

生涯体验站 我的行业探索报告

1.我感兴趣的行业是？
2.该行业是做什么的？
3.行业的细分领域有？
4.该行业国内外知名公司有？
5.该行业有哪些名人？

6. 从事该行业的人对该行业有哪些评价?
7. 什么样的人适合该行业?
8. 可以通过什么方式进入该行业?
9. 该行业的现状是?

第三节 未来职业世界

阅读思考 工作的差距

刘文(化名)和李红(化名)同时入职于一家卖场,开始时大家都一样,从最基层干起。不久,李红得到总经理的青睐,一再被提升,从领班一直升到了部门经理。刘文却像被人遗忘了一般,还在最基层。终于有一天,刘文忍无可忍,向总经理提出了辞职的想法,并痛斥总经理用人不公平。总经理耐心地听着,他了解这个小伙子,工作肯吃苦,但似乎缺少点什么。

总经理忽然有了个主意,他说,"刘文,你帮我去集市上看看,今天有什么卖的。"刘文很快从集市回来,说:"在集市上只看到一位大爷拉了一车土豆在卖。""一车大约有多少袋?多少斤?"总经理问。刘文又跑去,回来说有10袋。"价格多少?"刘文刚想再一次跑到集市上。总经理看着跑得气喘吁吁的他说:"先休息一下吧,你可以看看李红是怎么做的。"

总经理叫来李红,对她说:"李红,你帮我去集市上看看,今天有什么卖的。"李红很快从集市回来了,汇报说现在只有一个大爷在卖土豆,大约有10袋,价格适中,质量很好。李红还带回了几个土豆让总经理看看品质。"这个大爷过一阵子还会拉一些西红柿来卖,价格也低于菜市场的价格,我们可以进一些货。"

总经理看了一眼红了脸的刘文,说:"这次你明白了吧。"在工作时,李红由于比刘文多想了几步,因而在工作上取得了成功。

(来源:金文.工作是最好的投资[M].济南:山东文艺出版社,2018.)

一、职业的发展变化

(一)职业发展变化趋势

社会分工不断调整,职业分类不断细化。如今是知识经济的时代,在国民经济中,知识经济已占据了主导地位。社会对人才的需求已经打破了传统模式,开始呈现出前所未有的新特点。

1. 打破传统职业模式,逐步实现智能化

自工业革命胜利后,科学技术不断发展,社会出现了以学校为形式而展开的职业技术教育。在体力劳动者与脑力劳动者之间,形成了一种新的人才类型,这种新兴的"中间人才"成为与经济发展和新兴职业结构相对应的新的人才类型。增加职业和工作岗位的科学技术含量,成为促进生产力发展的关键动力。改进组织和生产手段,能够有效提高劳动效率,掌握科学文化知识、熟练运用科学信息技术和现代管理方法,能够胜任智能型工作的人才,成为主流人才,以适应岗位更新以及工作内容和工作职责更新的职业发展新需求。

2. 新兴产业不断兴起,职业技能提高化

随着现代工业革命的完成以及社会的不断发展,第三产业成为一种新崛起的行业类型,如交通运输行业、邮电通信行业、金融和保险行业、卫生体育教育文化艺术等公共事业及商业和服务业都属于第三产业的范围。随着第三产业内行业门类的不断丰富和细化,相应的工作和岗位与日俱增。科学技术的发展,使得劳动力和生产力不断提高,很大程度解放了劳动力,社会对服务行业的人才需求不断扩大。可见,第三产业的出现,不仅丰富、细化了行业门类,增加了大量的就业需求,而且成为吸纳社会劳动力和生产力的主要渠道。

3. 人才类型不断多样化,比例结构差异化

我国主要的人才类型有学术型人才、工程型人才、技术型人才和技能型人才。其中,技能型人才是发展和变化最为明显的一种人才类型,在社会劳动力需求和就业结构中的比重不断提高。一方面,原有技术型工作和岗位要求向智能化发展,转变为需求技能型人才。另一方面,科学和信息技术不断发展,原有工程型人才采用现代信息技术手段进行设计和管理等,转型成为技能型人才。同时,技术型人才在其职业发展中的时间和空间变化日益显著,由于其工作岗位有专业技术人员胜任,更多技术人员开始从事第三产业的岗位,岗位更换愈加频繁。随着市场对人才知识、技能及综合素质的要求和标准不断提高,人才的类型不断多样化,不同行业的人才比例和结构也逐渐产生差异。

4. 复合型人才需求提升,职业岗位复杂化

而今,面对新兴职业发展的新趋势,职业对岗位就业者的知识储备和专业技能要求不断提升,对职业的空间和时间变化也提出了更多要求,对求职者的专业化、职业化能力也提出了更高要求。就目前的就业形势来看,职业和具体岗位对人才的综合素质要求逐渐从简单向复杂发展,过去单一技能就能够从事的工作,如今其工作内容、工作职责等职业内涵不断扩大,需要更多具有渊博专业知识背景和扎实专业技术的跨专业、复合型人才。

(二)应对职业发展变化

职业结构和行业分类的不断调整,职业世界的不断变化和发展,对大学生的就业规划和职业选择产生了多方面的影响。

1. 就业心态要有新转变

智联招聘联手美团研究院发布的《2020年生活服务业新业态和新职业从业者报告》称,之前已经在新兴行业就业的新职业从业者的比重为8.2%,其中19.7%的从业者来自商业和生活服务业(非新兴行业),该比重较2019年的18.3%提升了1.4个百分点,说明越来越多的传统生活服务业从业者正在涌入新职业领域,新职业逐步成为生活服务业从业者探索

更广阔发展空间的新起点。新一代择业期青年不同于父辈,他们秉承着自由而专业的精神,不拘泥于传统择业观念。由此,新的概念如斜杠青年、数码游牧民族、零工经济出现了。

高校的专业设置同样反映出社会变化,折射着新的用人需求。很多专业的设置具有开创性。数据科学与大数据技术成为很多高校的热门专业,例如,西南财经大学与电子科技大学联合开设的金融学(智能金融与区块链金融)是金融学和计算机科学与技术联合学士学位项目;中国传媒大学等高校开设了电子竞技专业等。当前行业已超出了传统的三百六十行的概念,这是经济生活变迁的表现,专业设置更加服务于现实职业需要,例如,湖北潜江一所高职院校致力于培养小龙虾专业人才;有的职业技术学校开设网店美工专业等。

以往人们习惯于被工厂或社会机构雇用,而如今一些新生代求职者就业观念发生了很大变化,他们不喜欢上班打卡、固定的工作场所和规定的工作时长及公司的科层制管理,更愿意投身新兴职业,这折射出青年一代就业观之变和社会的发展进步。

2. 职业管理要有新办法

面对变化和不确定的未来,在进行职业生涯规划和职业选择时,大学生要认真分析和研究职业世界的变化和发展新趋势及其影响。

第一,大量出现新兴职业丰富了大学生就业的选择范围。要解放思想,开阔视野,跳脱传统就业观念及选择定势的束缚,以自身专业知识、专业技能及综合素养为基础,在种类繁多的职业种类中选择适合自己的岗位。

第二,行业和职业对人才的需求和要求不断提高。如注册会计师、金融工程师、人力资源管理师等职业,不仅需要大学生具备相关专业的知识和技能,获得对应专业的学历和学位证书,还需要通过职业资格鉴定,获得职业资格证书。

第三,职业结构的不断发展及国家劳动人事制度的不断改革与完善,为人才的合理使用和流动创造了条件,提供了保障。大学毕业后的择业和就业并不意味着要终身从事该职业,随着周围环境和条件的变化、自身综合素质的提高、实践经验的积累,大学生可根据自己所处的就业阶段和自身能力进行第二次甚至第三次择业,要用发展的眼光正确看待自己的第一次择业。

二、无边界职业出现

无边界职业生涯最早由美国管理学者德菲利皮(Defilippi)和阿瑟于1994年在《组织行为学报》提出。阿瑟将无边界职业生涯定义为超越单个就业环境边界的一系列就业机会。无边界职业生涯最突出的特点就是跨越了组织边界,主要表现在以下方面:一是雇员的职业生涯不再局限在一个组织当中,而是在两个或多个组织中完成;二是组织不再愿意也很难为员工提供终身或长期的就业保障,员工主动或被迫地频繁流动,使得传统的建立在忠诚观念基础上的心理契约逐渐被以就业能力为基础的心理契约所取代;三是传统的组织等级制度和晋升标准被打破,谁有学习能力、适应能力,谁就能处于职业生涯发展的主动地位。无边界职业与传统职业的对比详见表4-5。

表 4-5 无边界职业与传统职业的对比

项目	传统职业	无边界职业
雇佣关系	员工用忠诚换工作保障	良好绩效换得持续学习和竞争力
职业边界	在一两家公司工作	在多家公司工作
技术	服务于特定公司	可转移
职业管理责任	由组织负责	由个人负责
培训	正式的	随时的、自觉的
成功标准	晋升、薪酬	工作有意义
职业阶段划分	时间导向	学习导向

三、适应无边界职业生涯

无边界职业生涯不是线性发展的,也不是简单的一个个小循环构成的大循环过程,是在一次次的循环中前进的复杂的过程。随着社会的发展,无边界职业生涯的模式也许还会发生新的变化,出现新的形式和特征,如何应对外在环境变化和内在自我发展的需求,把握发展机遇,实现生涯发展,需要个体不断地自我调适。因此个体需要具备一种能够改变自我和环境,取得生涯成功的适应能力。

美国心理学家萨维科斯指出,生涯适应力属于资源层面(能力),是指个体在应对各种工作任务及角色转变中进行自我调整的准备状态或社会心理资源,它适应当前职业生涯变化多端的特征,体现了个体在生涯发展过程中面对外部挑战所具备的核心能力。萨维科斯提出生涯关注、生涯控制、生涯好奇和生涯自信是生涯适应力的四个维度,对应"我有未来吗""谁拥有我的未来""未来我想要做什么"和"我能做到吗"四个生涯发展问题的解释。

萨维科斯在《生涯咨询》一书中指出:"组织形式改变引发了个体生涯形式的改变。"正是由于出现了无边界组织,才形成了无边界职业生涯。当今社会,工作往往被项目化,成了一项以项目开始以产品结束的任务。有项目大家就一起做事,项目结束就拿了酬劳走人,个人不再受雇于唯一的组织,这就要求我们必须时刻关注变动的环境中的可能性来管理自己的生涯,必须通过不断学习来维持自己的可雇佣性。每个时代的有识之士都要懂得借势,发挥主观能动性,适应时代的要求,充分利用时代所造就的平台实现个人职业生涯的跃迁。在无边界职业生涯背景下,个体需要注意以下方面,以适应无边界职业生涯。

(一)培养无边界职业生涯意识

无边界除了指物理维度上的不同公司、岗位、职业、国家的跨越外,还包括个体心理维度上对自己跨越边界能力的认知。要适应无边界职业生涯时代的要求,个体必须摒弃落后的就业观念,树立无边界职业生涯意识。马克思主义哲学告诉我们,物质决定意识,意识对物质具有能动的反作用。个体无边界职业生涯意识的建立,会产生非常强大的内驱力,驱动个体主动适应社会需求,追求满意的职业生涯。

(二)培养主动性人格

无边界职业生涯背景下,个体是自己职业生涯的第一责任人,这就需要个体看待问题和处理问题时有独到见解,喜欢主动、独立地去学习知识,不容易被困难吓倒,敢于质疑,勤于思考,如此才能把个人生涯发展的主动权牢牢掌握在自己手上。

(三)提升就业竞争力

无边界职业生涯时代,工作能力成为决定个人职业生涯发展的第一要素,个体需要加强以可迁移技能培养为主的就业能力培养。这里的可迁移能力包括两个部分。第一部分是扎实的专业能力,是我们跨越组织、跨越行业的核心能力,不仅要求掌握系统的理论知识,而且要能将理论应用于实践,并且可以在不同的组织和岗位上应用。第二部分是非专业能力,如沟通、协调、组织、策划等能力,这些能力不仅可以帮助我们跨越组织,甚至跨越行业或职业。个体需要以终身学习为目标,系统学习理论知识,锻炼实践技能,涵养职业素养,不断提高自身的就业竞争力。

四、个人成长跃迁

(一)转变思维方式

有句话叫态度决定命运。的确,同样的事情,不同的态度就会导致不同的结果。例如,老师分配一项任务,有的学生把它看成是老师的信任和自己成长的一个机会,认真负责;而有的学生把它看成是一个负担,应付了之。同样是花费时间,这两类学生所获得的收获,肯定不一样。

心理学上有个经典的故事:一群孩子在一位老人家门前嬉闹,叫声连天。几天过去,老人难以忍受。于是,他出来给了每个孩子25美分,对他们说:"你们让这儿变得很热闹,我觉得自己年轻了不少,这点钱表示谢意。"孩子们很高兴,第二天仍然来了,一如既往地嬉闹。老人再出来,给了每个孩子15美分。他解释说,自己没有收入,只能少给一些。15美分也还可以吧,孩子们仍然兴高采烈地走了。第三天,老人只给了每个孩子5美分。孩子们勃然大怒:"一天才5美分,知不知道我们多辛苦!"他们向老人发誓,他们再也不会为他玩了!

这虽然是一个心理学的故事,但却告诉我们一个道理,转变思路,可以让问题的解决事半功倍。

(二)转换学习理念

未来社会,人与人之间的竞争将是综合素质的竞争,而人的综合素质中,除了与生俱来的天赋外,所有的内容都是通过后天的努力学习得到的。因此学习能力本质上是未来社会中人才的核心竞争力。现在,知识更新换代的频率比以往任何时代都要快,我们要想跟得上时代,要想掌握这个时代的主动权,必须不断地更新知识,掌握新的技能和技术。终身学习是在未来社会能够生存下去的能力。

大学生传统的学习,就是按照学校教学大纲的学分要求,完成基础课程和专业课程的学习,通过考试,如果老师有要求,就阅读一些相关的文献资料。这种学习模式,过于强调学业上取得的成就、信息的掌握、专业知识的精通,而忽视了课程的拓展、知识的交叉融合,已经不能适应新时代对学习的要求。

生活中有"二八定律",我们在学习时也应该应用这个定律。每个人的时间、精力都是有限的,与其用100%的精力学习某个领域的100%的内容,不如用80%的精力学习多个领域20%的精华,这样更容易获得竞争优势。

大学生要积极主动,紧跟时代。主动接受新鲜的知识,主动要求进步,学习先进的经验和技术,透彻理解知识,熟知知识的事实和程序,运用思考能力,加深对学习内容的理解。

大学生还要善于利用各类公共学习资源。互联网技术打破了时间、空间的限制,给学习、探险和尝试提供了土壤,要学会充分利用网络的优质学习资源充实自己。各行各业都有免费的开放课程,如斯坦福的公共课、麦肯锡的管理经验、清华北大的名师讲座……任何求知需求在今天都能被满足。

(三)获取多维优势

个人的核心竞争力不是一维的,而是多维的。当个人的核心竞争力只有一个时,在变幻莫测、竞争激烈的职场,很容易遇到强大的竞争对手,或者容易受到环境的制约,无法发挥巨大的作用。当个人拥有多维核心竞争力时,每个维度的核心竞争力之间就可以互相促进,从而展现强大的综合素质。在任何单一的维度上,都只有少数人能取得并保持竞争优势,但如果不断增加优势竞争维度,那最终拥有的优势就会成倍地增加。所以,不管自己真正喜欢的领域是什么,首先要努力在一个领域取得一定的竞争优势,然后再增加一些其他领域,以提升自身的综合竞争优势。

生涯体验站 你想象中的职业世界

通过一系列的产业探索与职业介绍,想必你对职业世界已有了一些了解,是不是有些职业令你印象深刻呢?现在就请你将它们填写在表4-6中。

表4-6 工作情形

职业名称	工作内容	工作时间	工作地点	所需特质或能力

在上述的职业中,你最欣赏的有＿＿＿＿＿＿＿＿＿＿＿＿＿＿＿＿＿＿＿＿＿＿

原因是＿＿＿＿＿＿＿＿＿＿＿＿＿＿＿＿＿＿＿＿＿＿＿＿＿＿＿＿＿＿＿＿＿＿

你最想从事的职业是＿＿＿＿＿＿＿＿＿＿＿＿＿＿＿＿＿＿＿＿＿＿＿＿＿＿

原因是＿＿＿＿＿＿＿＿＿＿＿＿＿＿＿＿＿＿＿＿＿＿＿＿＿＿＿＿＿＿＿＿＿＿

你的心得及发现＿＿＿＿＿＿＿＿＿＿＿＿＿＿＿＿＿＿＿＿＿＿＿＿＿＿＿＿＿

【解读】

做什么职业、自己适合什么职业,是不能仅依据自己学什么专业来决定的,更何况每个专业都有多种职业对应,所以应该进行探索,以便找到适合自己的职业。

《孙子兵法·谋攻篇》曰:"知彼知己,百战不殆。"有效的自我职业生涯规划,不仅要"知己",即学会评估、认识自己,还要"知彼",即有能力认识外部职业世界,识别出适合自己的职业发展机会。

考查自己对职业的了解,为实现就业做好准备;记录对职业世界的了解,探索目标职业;了解职业认知的基本内容,找到适合自己的职业发展方向。

课后训练 工作世界调查表

你理想的职业:(1)＿＿＿＿＿＿＿;(2)＿＿＿＿＿＿＿;(3)＿＿＿＿＿＿＿。

请从中选择一个最希望了解的职业。

1. 职业名称＿＿＿＿＿＿＿＿＿＿＿＿＿＿。
2. 它与文字、数字、人际或事物哪一个关系较密切?
3. 主要的工作内容是?
4. 主要工作场所是室内还是室外?
5. 工作时间是固定还是自行调配?
6. 起薪标准和计薪方式(计时、计件、月薪、年薪)?
7. 从业者所需要的教育背景?
8. 从业者所需具备的能力或特殊能力?
9. 从业者所需的人格特质?
10. 从业者是否需要专业资格(或执照)?
11. 从业者的升迁和发展机会怎样?
12. 从业者的就业市场如何?
13. 从业者可能的压力来源是?

方式:采访采取现场访谈笔录或录音(需征得被访谈者的同意)。

用途:整理访谈资料,以便总结或分享。

本章要点导图

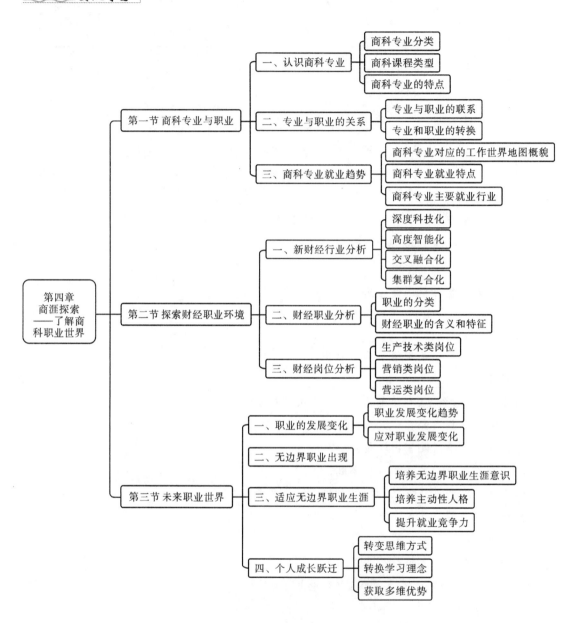

第五章 生涯决策
——平衡未来的期望

学习目标

1. 知识目标

了解胜任力模型及财经行业所需的岗位胜任力。

了解理性决策理论和非理性决策理论。

2. 技能目标

掌握生涯决策方法和制定行动方案的方法。

学会制定生涯决策和生涯规划行动方案。

3. 态度目标

树立职涯发展定位意识。

树立理性择业观。

生涯榜样

援疆岁月：扎根边陲六十年

——访1952级财政系新疆校友

新疆维吾尔自治区成立的锣鼓声中，30名四川财经学院的1955届毕业生意气风发入疆参加援建；60年后，西南财经大学"口述校史"采访组来到新疆寻觅老校友的踪迹，在乌鲁木齐的9位银发老校友再次欢聚，共叙难忘岁月。陈昭铭、史龙海、陈光镛、刘广云、温国安、王华芬……是他们，用自己的无私奉献将母校与大西北的发展联系在了一起，让西南财经大学在新疆的经济建设和发展中留下了独特的一笔。

义无反顾共赴新疆，不畏前路坚定成行

说起60年前毕业时大家踊跃参加祖国建设的激情，校友陈昭铭至今依然十分激动。据他回忆，毕业前夕，学校召开毕业动员大会暨分配动员会，在会上，同学们纷纷表态，发自内心地表示坚决服从组织分配，到祖国边疆去，到祖国最需要的地方去，到祖国最艰苦的地方去。而新疆，这个当时对于成都来说遥远而神秘的西北边地，以祖国开发急需人才的独特需求在这些青年学子心中有着巨大的诱惑力，很多学生已经是跃跃欲试。

动员会后不久，中央高等教育部分配方案下达，第二天学校宣布分配后，30名同学都表示坚决服从组织分配，没有一个人提出不同意见。第三天他们就整队出发，踏上了进疆之路。

寒天烈日进疆，艰苦前行风雨载途

1955年3月2日，学生干部陈昭铭和史龙海受学校委派，带领着同学们踏上进疆的道路。

出行之前，同学们对新疆的艰苦环境早有预料，但这一路气候变化之大，还是让他们很吃惊。尤其是翻过秦岭往兰州走，四下里都是光秃秃的黄土，再往西走就是戈壁滩，看不见树木，经过兰州时，风雪交加，没有棉裤的同学们只好把棉被裹在身上，却依旧难以抵御刺骨的寒冷。而一旦天气热起来，吐鲁番高达40摄氏度的火炉气候又令人燥热难耐。但尽管气候恶劣，同学们援疆的热情依旧只增不减。

道路的艰难同样出乎意料。坐硬座火车到广元后，转乘四面通风的大敞篷车，车辙在将近三千公里的路途上留下深深浅浅的印迹。回忆起曲径狭窄的山路，陈昭铭至今还有些后怕："从广元到宝鸡坐汽车走山路，山路很窄，旁边就是悬崖，不注意就翻车，我们坐在上面就提心吊胆的。"在崎岖的道路上一路前行，"同学中没有人叫苦，没有一句怨言，也没有提出任何要求。"当年的坚毅与顽强，映在今时的陈昭铭眼里，满是荣光与骄傲。途经兰州时，新疆驻兰州办事处的工作人员主动提供帮助，却被他们婉言谢绝了。凭借着一股韧劲，在极其恶劣的环境中，30个刚刚毕业的学生化身为30名斗士，唱着欢歌相互鼓舞着勇敢前进，扫净了沿途所有的阴霾。

抵达乌鲁木齐后，一行人受到了新疆人事厅的热情接待：住上了暖和的房子，吃的是中灶伙食，有人事科长陪同参观工厂，也欣赏了少数民族歌舞表演……新疆同胞的热情与周到让他们在他乡感受到了家庭的温暖。而在听了王震将军率领解放军团结奉献、艰苦创业的故事之后，他们更是被其建设新疆的精神所鼓舞，坚定了渴望援疆献力的决心。随后，30位同学被分配至不同的地区和岗位开始了各自的工作与生活。

一年后，进疆的同级同学名单中又增加了王华芬、韩俊夫妇的名字。1955年和1956年，韩俊和王华芬分别被分配到北京国家计委工作。工作两年之后面临重新分配，王华芬与爱人韩俊被分配到山东，而单位一同事被分配到新疆。那位同事认为新疆条件艰苦，不愿意去。王华芬便对爱人说："他已经结婚了，有爱人孩子父母，我们就俩人，去也方便。"爱人就回答了一个字："好！"于是夫妻俩也义无反顾地踏上了入疆之路。

历尽辛苦迎难而上，扎根边疆初心不忘

温国安是同学中唯一一个被分往阿勒泰地区的，那里的条件比乌鲁木齐更艰苦。"我住的是地窝式房屋，靠火墙取暖，火炉坏了都得靠自己修。"回忆起当初饱含艰辛的岁月，温国安脸上浮现出岁月洗练后的淡然微笑。冬天的阿勒泰，气温在零下30摄氏度左右，取水十分困难。每次打水之前，温国安都需要先在冰库上打一个窟窿，然后才能将水舀进桶里挑回家。天寒地冻，但温国安却不忘初心、迎难而上："当时的生活很苦，自己觉得作为一个受过教育的人，并且还是名党员，应该接受锻炼，吃吃苦。"在阿勒泰艰苦朴素的生活环境中，温国安没有过抱怨与退缩，一待便是20年。

经过长期的努力与实践,这些同学凭借着自己的专业知识和踏实工作为所在单位作出了贡献,得到了组织和群众的信任,有的被评为先进工作者、优秀共产党员,有的在高校、政府担任重要职务,有的成了高级经济师、高级会计师和统计师,为新疆的经济建设献出了自己的力量,也让四川财经学院(西南财经大学)在他们周围人心中留下了深刻的印象。回想几十年的奋斗和奉献,陈昭铭不禁感慨:"这些虽苦,但苦中有乐,苦中有甜,苦中锻炼了自己,教育了自己,值!"

入疆60年来,周围援疆的人中有许多人来来去去,王华芬和爱人一直坚持到了现在。他们从未向组织要求回到内地去,两个女儿现在也留在新疆工作。两人不仅将青春奉献给了边疆,更是将子女也奉献给了边疆。"我觉得扎根新疆建设边疆,作为我们年轻人来说是应该的,给国家作点贡献吧。"回忆起自己当年的选择,王华芬仍旧一脸坚定。

(来源:西南财经大学档案馆,2016.01.08.)

思政淬炼

青年是整个社会力量中最积极、最有生气的力量,国家的希望在青年,民族的未来在青年。100多年前,在那个风雨如晦的年代,正是中国青年的觉醒,点燃了中华民族伟大复兴的希望之光。进入新时代,在党和国家事业取得历史性成就、发生历史性变革进程中,总是能看见青春足迹。打赢脱贫攻坚战,多少年轻基层工作者留下了挥汗的身影;航天事业勇攀高峰,多少年轻工程师辛勤耕耘、默默守护……把青春梦融入中国梦,把青春奋斗融入党和国家事业,新时代的中国青年以"请党放心、强国有我"的豪情阔步向前,以"可以平视这个世界"的自信与时代共同成长,为党和国家事业发展贡献智慧力量。

第一节 商涯胜任力

阅读思考:综合实力是最好的敲门砖

2014年5月14日就业频道报道,江汉大学商学院会计学专业应届毕业生阮秦南,被全球四大会计师事务所之一的普华永道录用。

普华永道在武汉设立办事处后的招聘吸引了众多学子。阮秦南抱着试一试的心态,在网上投了简历。3月,他接到笔试通知时,一度怀疑对方看错了他的简历,因为自己毕竟就读一般院校而非名校。笔试过程中,阮秦南发现,普华永道不仅考察应聘者的智力,还测评性格、情商,甚至抗压能力,他"淡定"地完成考试。

4月,阮秦南参加了普华永道长达3个半小时的面试。自我介绍时,他说:"我毕业于江汉大学,学校坐落在武汉经济开发区,因此和众多中外企业有着广泛的合作……"他的不卑不亢和机智灵活打动了面试官,顺利通过了两轮面试,成为被录取的15人之一。

阮秦南能够被录用,属于偶然之中的必然。他的英语六级考了579分,曾获全国大学生英语竞赛二等奖;国家奖学金、校一等奖学金、学术成果奖学金他也拿过,他还是"汤尤杯"世界团体羽毛球锦标赛十佳志愿者、中央赴欧志愿服务中国青年代表。阮秦南在总结这次经验时认为,专业成绩和英语口语固然重要,良好的人际交往和组织协调能力更为应聘加了分。

(来源:江汉大学商学院.商学院应届毕业生被全球"四大"会计事务所之一普华永道聘用[EB/OL].(2014 - 05 - 14)[2022 - 10 - 27].https://www.jhun.edu.cn/23/7f/c208a9087/page.htm. 有删改)

一、胜任力的概念

20世纪60年代,美国的政治形势和经济形势都发生了急剧的变化。资本进一步集中,垄断势力进一步加强。资本家们迫切希望了解影响工人绩效的根本原因,却找不到满意的答案。当时,主张以科学方法甄选、训练优秀员工的泰勒理论已被基本否定,而智商学说也越来越受到质疑,因为跟踪研究发现很多智商高的人工作表现一般,"差学生"在工作中的表现却非常好,智商被认为不再能作为有效区分"好的工作者"与"差的工作者"的标准。之后,哈佛大学麦克利兰教授经过研究发表了《测量胜任力而非智力》一文,首次提出"胜任力"概念,认为胜任力是有效区分有卓越成就者与普通者的深层次特征,包括动机、特质、自我形象、态度或价值观、某领域知识、认知或行为技能等任何可以被可靠测量或计数的个体特征。

二、商涯岗位胜任力

(一)商科专业能力要求

商科专业对知识技能、可迁移技能、自我管理技能都提出了要求。其中,知识技能不仅包括金融学、会计学、管理学等与专业相关的知识,还包括数学、统计学、计量经济学、计算机知识及相关方法的运用、人文知识。可迁移技能包括表达能力、写作能力、人际沟通能力、跨文化交流能力等。自我管理技能包括社会责任感、创新意识、国际视野等。这些能力的组合就构成了商科学生的综合能力(见图5-1)。

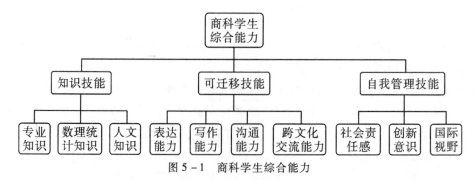

图5-1 商科学生综合能力

(二)财经行业能力要求

用人单位对毕业生的能力要求,是大学生进行学涯规划的重要参考,以需求倒推培养,能使大学的生涯规划更具针对性。表5-1是到西南财大招聘的60家用人单位对希望招聘的财大学生的能力指标的评分,每项指标满分为6分。

从表5-1可以看出,用人单位对知识维度技能的要求相对较低,知识技能的重要性排序依次是:管理学知识、经济学知识、统计学知识、数学知识、法学知识和文史哲知识。可迁移技能指标得分普遍高于知识维度技能,包括语言沟通、积极学习、团队协作、积极聆听、时间管理、人际交往、事务管理、统筹协调、财务管理、系统分析能力等。自我管理技能指标得分最高,包括爱岗敬业、服务他人、吃苦耐劳、理解他人、抗压能力等。

表5-1 60家用人单位最重视的技能

一级指标	二级指标	分值
理解交流维度	语言沟通	5.83
	积极学习	5.72
	爱岗敬业	5.69
	团队协作	5.66
	服务他人	5.62
	积极聆听	5.52
	吃苦耐劳	5.48
思维维度	理解他人	5.42
	科学分析	5.00
	数据分析	5.21
	阅读理解	5.17
	写作	5.00
	批判性思维	4.72
	数学计算	4.59
管理维度	抗压能力	5.60
	时间管理	5.59
	人际交往	5.55
	事务管理	5.41
	解决复杂问题	5.38
	统筹协调	5.38
	谈判能力	5.10
	财务管理	5.03
	说服他人	5.00
	外语表达	4.62
分析维度	系统分析	5.03
	疑难排解	4.97
	新产品构想	4.41

续 表

一级指标	二级指标	分值
知识维度	经济学知识	5.07
	管理学知识	5.28
	统计学知识	4.76
	数学知识	4.55
	法学知识	4.55
	文史哲学知识	3.86

三、培育商涯岗位胜任力

（一）学好专业知识

商科专业的人才培养方案中有一个共同的特点，那就是课程涉及面广。从英语、高等数学、大学语文、计算机基础等公共课程到管理学、经济学、法律基础、市场营销、会计学、金融学等专业课程。课程特点是"厚基础、宽口径"，旨在为学生打造较广的知识面和合理的知识体系。除此之外，在宝贵的大学时间里，商科大学生应在知识的宽度和深度上下功夫，关注行业发展前沿信息，涉猎交叉学科的书籍，使自己的思维方法具备前瞻性和先进性，紧跟行业的全球性发展步伐，为自己的职业生涯拓展空间。

（二）提升专业技能

随着社会发展及组织管理水平的提高，各企事业单位对从业人员职业化的要求也越来越高，尤其是金融、财经、工商管理、法律等相关岗位。许多岗位要求从业人员持证上岗，职业资格证书成为衡量个人专业技能的重要参考。例如，会计岗位须持有会计从业资格证，从事证券行业的工作须持有证券从业人员资格证，从事律师职业要有法律职业资格证等。因此要及时了解自己未来从事的职业有哪些专业技能要求，并为此做好准备。

（三）冲破思维定式

思维定式又称"习惯性思维"，是指人们按习惯的、比较固定的思路去考虑问题、分析问题，包括权威定式、从众定式、唯经验定式、唯书本定式等。

思维定式是一种按常规处理问题的思维方式。这种方式可以省去许多摸索、试探的步骤，缩短思考时间，提高效率。但思维定式带来的消极影响也十分明显。在面对问题和困境时，先不要急于处理和解决。急于解决问题，很容易沿用以往的知识经验，如果能先搁置问题，给大脑反应和思考的时间，就不容易陷入思维定式的困局中。在学习的过程中，有时应该给自己设置一些难题，通过思考来解决，形成多元的思维模式。

生涯体验站 生涯人物访谈

生涯人物访谈是通过与一定数量的职场人士（通常是自己感兴趣的职业从业者）交流而

获得关于一个行业、职业和单位"内部"信息的一种职业探索活动,是获取职业信息的一种有效渠道。通过生涯人物访谈,大学生可深入了解行业、职业、专业(大学专业)的信息,并了解与未来工作有关的特殊问题或需要,如潜在的入职标准、核心素质要求、晋升路径、工作者的内心感受等。通过生涯人物访谈,学生能够正确认识自己的优势和不足,从而制订更加合理的学习、能力素质提升和生活计划。

一、生涯人物访谈一般流程

1. 了解自己,确定目标

借助一定的工具或测评软件(网络上搜寻,如霍兰德职业倾向测试、职业能力测量表、职业价值观自测量表)分析自己的兴趣、技能和工作价值观。以这些测评结果为参考,综合考虑自己的实际情况,确定需要访谈的目标行业和单位。

2. 寻找生涯人物

结合自己的兴趣、技能、工作价值观、教育背景和已掌握的职业知识列出自己未来可能从事的3~5个职业,每个职业领域寻找3位以上的在职人士作为生涯人物(亲人、老师、朋友均可)。需要注意的是,生涯人物的职业应是自己所向往的职业,每个职业领域的生涯人物应结构合理,既有初入职场的人士,也有工作了一定年限的中高层人士。正式访谈前,对生涯人物的信息掌握得越全面越好,姓名、职务和联系方式是必需的,对生涯人物的讲话、文章或者在大众传媒和单位网页上的信息要尽可能地收集和熟悉。

3. 设计访谈问题

问题的设计要结合自身的实际情况,要从被访谈人那里获得对自己有效的信息。问题的设计以封闭式为主,要尽量切中关键、通俗易懂。例如,您是如何找到这份工作的?您认为做好这份工作应该具备哪些知识、技能和经验?平常您的工作内容都有哪些?

4. 预约生涯人物

预约可以通过多种方式,如电话、QQ、电子邮件、信件等,其中电话最好。预约时首先介绍自己,然后说明找到他的途径、访谈目的以及进行采访需要的时间(通常20到30分钟),联系时一定要有礼貌,记录好访谈时间和地点。

如果生涯人物能和自己见面,就感谢他能够接受采访并确认采访的时间和地点;如果生涯人物不能和自己见面,就问他能否给5分钟进行电话采访;如果还是不行,就表示遗憾,并请求他推荐一位与他所从事的工作类似的人,如果得到了被推荐人的名字,要表示感谢。联系前的准备要充分,电话联系时还应备好纸和笔,以备临时电话采访。联系时一定要有礼貌,时间要短。

5. 采访生涯人物

采访方式可以是面谈、电话访谈、QQ访谈等,最好是面谈。面谈前,采访者一般可以用已经从其他渠道了解到的生涯人物的好消息轻松打开话题。之后就可以按设计好的问题开始访谈了。遇到生涯人物谈兴正浓时,采访者要乐于倾听,给生涯人物留出提供其他信息的机会。在访谈结束时,请生涯人物再给自己推荐其他相关的生涯人物。这样就可以以滚雪球的方式拓展自己的职业认知领域。

采访前最好为自己准备一个"30秒的广告",因为在访谈过程中生涯人物可能会问到采访者的职业兴趣。面谈前,应征求生涯人物的意见,视情况对谈话进行录音或书面记录或不记录。面谈一定要守时、简洁,不浪费他人时间。访谈结束后,对访谈现场记录的内容应整理、补记。采访结束后一天之内,要通过合适的方式表示感谢。

6. 信息加工分析并撰写访谈报告

根据访谈内容,对照之前自己对该职业的认识,找出主观认识和客观现实之间的偏差,确定自己是否适合这一行,是否具备相应的能力、知识和品质,进而详细制订自己大学期间的学习、生活、工作计划并撰写访谈总结报告。如果访谈结果与自己之前的认识出现严重偏差,就有必要进入另一个职业领域开展新一轮的生涯人物访谈了。

二、设计访谈问题

问题1:您是如何找到这份工作的?

问题2:目前,行业内要求从事这份工作的人应具备怎样的教育和培训背景?

问题3:您认为做好这份工作应该具备哪些知识、技能和经验?

问题4:您认为什么样的个人品质、性格和能力对做好这份工作来讲是重要的?

问题5:这项工作需要的个人品质、性格和能力与别的工作有什么不同吗?

问题6:据您所知,从事这种工作的人在单位或者行业内发展的前景怎样?

问题7:最近这个行业和工作因为科技的进步和经济的全球化发生变化了吗?

问题8:您平常在工作方面每天都做些什么?

问题9:您在做这份工作时,什么是最成功的?什么是最具有挑战性的?

问题10:就您的工作而言,您最喜欢什么?最不喜欢什么?

问题11:据您所知,有什么职业杂志、行业网站或其他渠道能帮助我深入了解这个领域?

问题12:您能帮我推荐下次采访的对象吗?可以说是您介绍的吗?

我们可以参考以上的问题,再结合自己的具体情况进行问题的设计,生涯人物访谈的核心目的是要从生涯人物那里获得对自己有用的信息。我们设计的问题可以以封闭式为主,既节约时间,又能得到需要的答案。问题要尽量设计得口语化、浅显易懂。

第二节 生涯体验

阅读思考 二十几岁,我们为什么都怕走弯路

每年的毕业季,身边的人总是显得惶恐不已,害怕走入社会以后迷失自我,害怕兜兜转转几年才发现走错了路。

专业课王老师与我们分享了他的职业生涯。他说,他刚毕业的时候,在工地上工作了一年,后来发现自己不适合工地的生活,于是揣着工作后攒下来的积蓄,在学校旁边租了个房子,开始备战考研。最终,他出乎所有人的意料考上了一所知名211高校。

在设计院待了两年后,他又发现自己不喜欢那里的高压工作环境,他想要的是有充足时

间看书阅读的生活。于是,他又在众人的不解与阻挠下,开启了考博之路。最终,他博士毕业,如愿进入高校任教。

看着他说话时脸上洋溢的笑容,旁边一位女同学张大了嘴巴:"老师,您这样折腾,到三十几岁的时候才找到自己想过的生活,您不觉得前面的路都走错了吗?您当初毕业时就没给自己做一份完美的职业规划吗?"

老师听完那个女同学的话,扶了扶鼻梁上的眼镜,笑着说:"我所走过的那些路,在你们眼中可能是弯路,但于我而言却是必经之路。如果没有它们的存在,我绝不会发现自己内心最想过的生活是什么。"

王老师接着说,年轻人在毕业的时候要学会适当地给自己做职业规划,但不能靠一份规划就明确地过完一生。社会在发展,人也随时在变化,并不是每个人都能一下子就找到自己的终生所爱。你所经历的每一个阶段,所吃的每一份苦,踏出的每一步,都有其独特的意义。

人生没有白走的路,每一步都算数。弯路自有弯路存在的意义,走下去,可能才会找到真正属于自己的路。

我始终相信,人所走的每一步,都有其存在的意义。二十几岁的我们,真的没必要纠结于是否从一开始就拥有一份完美无缺的职业规划。我们需要做的仅仅只是,脚踏实地地前进,把直路走稳了,将弯路踏直了。同时,依据行进中的经历,持续修改当初看似完美的规划。弯路与直路都是必经之路,都是成长路上的珍宝。

(来源:午后呓语.二十几岁,我们为什么都怕走弯路[EB/OL].(2017-05-29)[2022-9-29]. https://www.jianshu.com/p/d8f37ce91ea0.有删改)

一、生涯体验的内涵

生涯体验是一种生涯历程,构成了生涯个体独特的生活。每个个体不仅自身是一个整体,而且还存在于一个更大的世界中,他通过自己的生涯活动与世界发生关系。

生涯体验活动的最终目的在于通过体验活动加深对生命的感悟,了解自己的职业目标,了解社会,掌握必要的生存技能,增强承受挫折的能力,增强适应能力,树立自信心,练就职业技能,培养自我职业意识和责任心,提升合作与协调能力、沟通与公关能力,锤炼良好的心理素质等,进一步认识、感悟生涯的意义和价值,学会关心自我、关心他人、关心社会,从而树立积极的人生观、职业观,增强人生规划的意识,深入思考自己未来的职业生涯道路。

人生无时不在选择,每个人都必定要在不同的时期做出不同的选择,在三岔路口、未取之路,如何决策?如何选择?如何实现?生涯体验活动,让每位学生在体验中感受人生,体验人生不同阶段的抉择。生涯体验过后选择,会更加坚定而自信。

二、生涯体验的意义

作为大学教育的生涯体验,因其目的不同可分为三种类型:一是为提高大学生学习效果的理论实践型;二是以提高大学生职业意识为重点的职业意识养成型;三是以体验企业活动为主要目的的现场体验型。

职业生涯体验是为了让大学生适应具体的工作场所和环境中的职业岗位,为其提供一个真实而生动的学习环境和接触工作实质内容的机会。通过职业生涯体验,大学生可培养良好的职业态度,提升现实的职业能力。比起教室教学,现场环境中的学习更为重要和有效。来自现场的切身体验不是空洞说教,而是现场工作者鲜活的经验和真实的情景,不是标准化了的静态环境,而是瞬息万变的动态生活。大学生在变化着的人、事、物中锻炼自身的应变能力,通过感受现场的情景,磨炼自身的职业观和职业意识,对于促进自身的职业化和社会化无疑是十分有效的。大学生参与生涯体验活动后的体会也证实了生涯体验活动的价值。

第一,加深了对职业世界和职业场所的了解。"我对企业的认识更为客观,而不是轻信外面的宣传,对企业现状的了解成为我今后求职的重要参考";"对相关职业岗位信息和职业人的所思所想的熟悉和了解,锻炼了人际协调能力和对各种事物的判断能力";"通过与顾客打交道,并采取适当的措施,找到合适的方法,感受到员工对顾客的责任,以及解决问题之后的成就感"。

第二,可以获得了解自我和发现自我的机会。"生涯体验活动促使我思考将要从事的工作和今后的人生";"发现憧憬已久的工作与原来想象的有很大的不同";"只凭想象是不行的,生涯体验让我认识了真实的自我"。

第三,可以增强学习自觉性和职业意识。"扩展了视野,感到了自己在专业知识和一般素养方面的不足,进一步明确了今后需努力学习的方向";"经过职业生涯体验,对自己将来有了较为明确的设想,学习目的性增强了";"应该在事前更好地学习才对,生涯体验活动激发了我今后的学习兴趣"。

三、生涯体验的形式

(一)社团活动体验

大学生社团无疑是大学校园一道亮丽的风景。迈过18岁的门槛,大学生们跨越班级、专业和年级的界限,按照自己的兴趣、特长或需求,自由地组合在一起,建立了各种各样的社团。这些社团可以分为理论学习、学术科技、文学艺术、体育健身、志愿服务、社会政治等。在社团里,可以认识新朋友,和志同道合的同学交流思想,一起读书或打球、举办讲座,走出校园,参加社会实践,了解中国现实。在社团里往往有大学期间难忘的经历:在社团里学到了课堂上学不到的东西,结识了一生都难忘的朋友。

社团体验作为生涯体验教育的重要组成部分,主要目的是培养广大学生的组织才能、创新与参与意识、领导力及人际沟通能力。当今大学生面临的是一个迅猛发展的社会环境,这就要求大学生具备一定的竞争能力,在这样的环境中学会生存、进步和发展,并承担社会赋予的责任。在这个过程当中,组织才能、创新与参与意识就显得尤为重要。

大学生可根据个人的兴趣和爱好报名参加校内外的社团组织,或自己创办一个社团。在参加社团的过程当中,要注重培养发现问题的能力,并提出解决问题的可行办法,根据社团体验的经历,可以制作相应的体验报告。

(二)志愿活动体验

志愿活动体验是指大学生在校外成为一名志愿者或社区的义务工作者,在非营利性组织进行服务和体验。如到福利院、敬老院、红十字会、聋哑学校、社区等担任志愿者。

大学生在志愿活动体验之前,需要搜集相关的信息和资料。首先,依据自身情况,选择几个比较感兴趣的机构。其次,从各个渠道(网络、报纸、书籍等)搜集这几个机构的相关信息。最后,根据所搜集的信息,锁定两至三个目标,提供身份或者志愿活动体验的证明材料,与选定机构的负责人进行联系,确定之后,进行志愿体验活动。

建议学生们利用暑假的时间进行志愿者服务,完成体验后,也需要完成相应的体验报告。志愿活动体验要求大学生在服务的过程当中仔细观察,除了有同情心之外,还需具备同理心,站在对方的立场考虑,设身处地去感受和体谅他人。大学生可运用SWOT分析法,根据个人的感受和观察,对所体验的组织进行分析,运用个人的知识,思考如何使非营利性组织运用已具备的和周边的资源增强自身的"造血生肌"功能。

(三)校园兼职体验

大学生社会实践是一种以亲身实践方式实现高等教育目标的教育形式,是利用社会资源对学生进行教育、提高其综合素质的必要途径,更是大学生确立和实现自己人生规划的重要方式和有效途径。在校大学生参加社会实践大多是利用业余时间和假期进行一些兼职的工作。

高校设有规范有效的勤工助学制度,大学生可通过各种勤工助学活动,提高服务意识,锻炼吃苦耐劳意志,同时珍惜现有的学习机会,增强社会适应能力。如学校各职能部门学生助理、院系学生助理、助研助教等岗位,为在校学生提供了锻炼的机会。大学生可在校园兼职体验中培养良好的职业习惯,增强社会工作能力。

(四)实习实训活动体验

实习主要目的是为就业打基础,在正式就业前,大学生通过实习工作的锻炼,开始了解职场,了解各类岗位的职责、工作内容等,在此过程中探索个人职业目标和职业定位,即未来的发展方向和个人的定位。实习的过程不仅仅是接受企业考察的过程,也是大学生和企业相互了解的过程。在实习的过程中,大学生能比较深入地融入企业,接触到未来的同事,感受企业的文化。

通过本课程学习的生涯规划理论知识、具体的业务工作方法(工具),大学生们可以深入实践,模拟具体的生产经营管理活动,甚至直接参与生产经营管理活动。大学生可通过实践丰富"怎么做"的经验、积累"如何做更好"的策略,增强业务处理技能和锻炼管理能力。

实训的目的是使学生们的基本技能与专项技能熟练,综合技能应用能力强,真正做到上手快、业务熟、职业素养高,形成较好的"问题解决"的业务操作与管理能力。大学生们在实习实训体验活动过程中不仅能实际学习、感受业务流程,还能对用人单位的管理模式、人际环境、文化等各方面有一个大体的了解。

(五)跨文化活动体验

跨文化体验即通过亲身体验的方式习得其他民族文化的学习方式。从1962年,加拿大传播学者马歇尔·麦克卢汉(Marshall McLuhan)提出"地球村"这一概念以来,世界早已发生了翻天覆地的变化。现代高科技飞速发展,传播通信技术日益改进,特别是互联网技术迅猛发展,带来了全球性的时空紧缩,人们越来越感觉自己真的住进了"地球村"。当然,全球化的影响不只表现在经济和国际交往上,还对国际政治、安全、教育和文化等领域产生了日益广泛的影响。然而,由于不了解对方文化和其他一些心理因素导致的交际失误甚至冲突事件频繁出现。做一个具有跨文化交往能力的"财经人"也是财经类大学人才培养目标之一,有意识提高自身跨文化交际能力也是学生们在校期间需要提升的能力之一。

学生们可根据自己感兴趣并可实施的跨文化交流活动进行初步筛选,然后根据掌握的相关信息以确认活动的可行性。在跨文化体验中,往往是以原籍国文化为衡量标尺,而去看待他国文化,体验相对肤浅。要想真正地了解他国文化,还应参加跨文化的交流和实践活动。例如,可以选择交换生项目、跨文化交际活动、跨国企业实习、访谈国外人士或组织、观看国外经典电影等。

(六)创业体验活动

在一个创业浪潮不断涌来的时代,面对越来越激烈的竞争压力,大学生期望通过各种方式和途径尝试创业,增加进入社会的砝码。各种形式的创业活动不仅能够检验大学生的实践能力,使其找出自身与创业所需素质与能力的差距,也能为他们进入社会提供一个与社会对话的机会和平台。

创业体验的方式可以是大学生乐于接受的"创业训练营""创业实验室""创业大赛"等,也可是创业团队在学校提供的创业基地开展创业活动。创业体验活动模拟实际创业过程,要求参赛的学生围绕一项具有市场前景的产品或服务,经过深入研究和广泛的市场调查,完成一份把产品或服务推向市场的完整而又具体的计划报告。完整的计划报告应该包括企业概述、业务展望、风险因素、投资回报、退出策略、组织管理、财务预测等方面的内容,甚至最终把创业计划变成现实。大学生通过创业计划大赛、创业体验课等活动,为自己积累创业经验,全面了解创业过程,为开展实际创业工作做好心理准备;明白自己的优劣势,明确自己需要加强的方向;融合创业知识,形成基本创业综合能力。

创业的另一种形式是"实战"的创业体验。经过模拟的创业体验之后学生们可能萌发创业意识,这时,可以利用身边的资源尝试一些创业实战项目,校园代理和个人网店是典型的大学生创业体验形式。大学生由于经验、能力、资本等方面都存在不足,直接创业存在很大困难,既不现实成功率也很低,而校园代理对经验、资金等方面一般没有太高要求,大学生可以利用课余时间代理校园畅销产品,积累市场经验、锻炼创业能力。

拓展阅读 体验与学习

体验和学习是紧密联系且不可分的。从诸多方面来看,体验和学习指的是同一件事情,因此，体验学习实际上是同一思想的同义反复。正如柯林·比尔德(Colin Beard)和约翰·威尔逊(John Wilson)在其著作中论述的："我们发现，脱离体验谈论学习没有任何意义。体验不能被忽略；它是所有学习的核心思考点。学习建立并源自体验：不论刺激学习的外部因素是什么——教师、材料、有趣的机会——只有当学习者进行了体验，至少某种程度上进行了体验，学习才会发生。只有通过转化学习者的体验，这些外部影响因素才能起作用。"

通过体验，在体验中，并获得体验，对每个学习者来说都是一种最基本与自然的学习方式。学生体验生活就是体验文化，学习实际是熏染式的、潜移默化的，而非规定性的、确切的。体验本身即学习，学习离不开体验，二者是统一的、一致的，二者可以统称为体验学习。

体验学习是一种以学习者为中心的、从体验和反思中获得进步的学习方式。体验学习是学习者将自己的身心投入到与外部世界或内部世界的交往中，生成情感与意义的一种个性化学习方式。

（来源：叶瑞祥.简明学习科学全书[M].北京：团结出版社，2017.）

生涯体验站 兼职体验总结与分享

在大学学习期间，有很多与社会接触的机会，你一定希望有一些兼职、实习、勤工俭学的经历，请将你希望或已经参与的职业初体验记录下来。

1. 你希望参与哪些兼职体验？

2. 这些体验项目你可以通过哪些渠道找到？

3. 该项体验的主要工作内容是什么？

4. 你希望从该体验中收获什么？

5. 你参与体验项目后实际收获了什么？

6. 经过体验之后,你如何在以后的学习、生活、实践中进行改进?

将体验项目的证明贴于此

第三节 生涯决策

阅读思考：阴影是条纸龙

人生中,经常有无数来自外部的打击,但这些打击究竟会对你产生怎样的影响,最终决定权在你手中。

祖父用纸给我做过一条长龙。长龙腹腔的空隙仅仅只能容纳几只蝗虫,投放进去,它们都在里面死了,无一幸免。祖父说:"蝗虫性子太躁,除了挣扎,它们没想过用嘴巴去咬破长龙,也不知道一直向前可以从另一端爬出来。因而,尽管它有铁钳般的嘴壳和锯齿一般的大腿,也无济于事。"

当祖父把几只同样大小的青虫从龙头放进去,关上龙头,奇迹出现了:仅仅几分钟,小青虫们就一一地从龙尾爬了出来。

命运一直藏匿在我们的思想里。许多人走不出人生各个不同阶段或大或小的阴影,并非因为他们天生的个人条件比别人要差多远,而是因为他们没有思想要将阴影纸龙咬破,也没有耐心慢慢地找准一个方向,一步步地向前,直到眼前出现新的洞天。

(来源:冯丽莎.改变心态　改变命运[M].北京:北京理工大学出版社,2009.)

一、影响生涯决策的主要因素

著名的职业辅导理论家约翰·克朗伯兹(John Krumboltz)将影响个人职业决策的因素划分为四类。

(一)遗传和特殊能力

遗传和特殊能力即个人得自于遗传的一些特质,如种族、性别、外表特征、智力、个人天赋等,在某种程度上决定了个人的职业表现或影响到个人的生涯。例如,在现阶段的大学生就业中,性别因素仍然不可否认地影响到求职者是否有机会参与面试和被录用。而身高、体形、健康状况等先天条件在诸如模特、文艺工作者等职业的招募当中也影响较大。

(二) 环境和重要事件

环境和重要事件包括人类活动(如社会、文化、政治、经济活动,家庭、教育活动)的影响和自然力量(如自然资源的分布或地震、洪水及干旱等自然灾害)的影响。家庭的社会经济地位(偏远农村还是沿海城市,家庭是否贫困)、家庭对个人的期望(如是否重视教育)、所在地区的教育水平等,都会在很大程度上影响个人的求学背景和发展机会。而像改革开放这样重大的社会政治经济变革,也极大地改变了社会中千万人的人生轨迹。

(三) 学习经验

这里所说的"学习"是广义的学习,即每个人在日常生活中不断积累的经验和认识。例如,一个孩子在与小伙伴玩耍的过程中,发现如果自己愿意与伙伴们分享玩具,别人就会更乐意跟自己玩。那么这个孩子可能由此学到了"分享""合作"。而如果父母总是为自己的孩子包办一切,不允许他有自己独立的想法或喜好,那么这个孩子可能学到"不负责任"。这样的孩子长大到该独立进行职业决策的时候,就很难承担决策的责任,也没有自己的主见。再比如,某小学生恰好遇上了一位特别和蔼可亲,循循善诱的数学老师,于是对数学产生了浓厚的兴趣,对教师这一职业也怀有美好的向往。在成年后,他最终选择数学教师作为自己的终身职业。由此可见,每个人在其成长过程中都积累了无数的学习经验,个体的学习经验是独特的,而这对个体的职业生涯选择又具有重要的影响。一个人是自信还是自卑,敢于冒险还是畏惧变化,他怎样看待他人,他对于销售、教师、律师等各种职业有什么样的印象,他更看重工作带来的成就感还是与家人相处的时间……这一切,无不与个人的学习经验有关。

(四) 任务取向的技能

受到上述种种因素的影响,个人在面临一项任务时,会表现出特定的工作习惯、解决问题的能力、心理状态、情绪反应和认知的历程,可称之为"任务取向的技能"。例如,面对找工作这件事情,同一个班里所有的学生都没有经验,都可能犯怵。但其中有的人可能会积极地面对困难,会想到利用学校就业指导中心所提供的各种信息和资源(如选修职业生涯规划课程、听讲座、参加学校组织的各种考察实践活动等),向自己的亲友、老师和高年级的同学请教,之后会开始探索和思考自己的兴趣、能力,并着手联系实习的机会。这样,当他们到了大四的时候,已经对自己和劳动力市场有了相当的认识,也积累了不少的信息和资源,可以说是胸有成竹了。而另外一些人则一味地拖延,不去面对困难,直到大三或大四时才开始着急,或寄希望于自己的某个亲戚能够帮助自己找一份工作,或埋怨学校不帮助毕业生联系就业单位,最后草草找到一个职位了事。在这个过程中,不同的人所表现出来的心态、习惯和能力,其实反映了他们不同的任务取向的技能。

二、理性决策理论

理性决策理论来自经济学领域,理性是经济理论的构造过程中关于个体行为的基本假设。传统经济理论假设有"经济人",这种人被假设具有良好组织和稳定的偏好系统,具有很强的计算能力,能够在备选行动方案中算出哪个方案能够达到其偏好尺度上的最高点。因此,"经济人"在做出行为选择时是"完全理性"的,即决策者是按照"自身效用最大化"的最优原则进行决策的。职业生涯领域,可以沿用的主流理性决策理论包括社会认知职业理论和社会学习理论。

(一)社会认知职业理论

社会认知职业理论将影响个体职业目标选择、职业行动和职业成就(绩效)的个体因素与环境因素进行有机统合,通过自我效能、结果预期和个人目标三个核心概念将个体职业心理、社会环境背景和学习经验连接起来,来阐释个体职业选择和职业发展的内在逻辑关系,如图5-2所示。

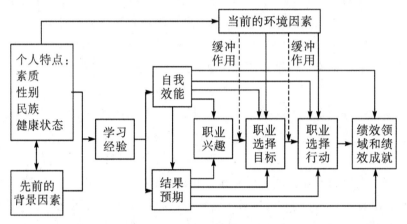

图 5-2 社会认知职业理论模型

社会认知职业理论认为,在个体的职业发展中起决定作用的三个因素是自我效能、结果预期和个人目标。这三个变量之间相互影响,互为促进。其中,自我效能是指个体对自我所能达到的行为结果的能力信念(如"我能胜任吗""我能完成或实现吗")。结果预期是指个体对所实施特定行为之后产生结果的判断或信念(如"如果这么做,会发生什么或会带来什么")。个人目标是指个体实施特定活动或行为的主观意图或目的(如"我为何要这么做"),可分为职业目标和绩效目标两种。

在社会认知职业理论中,个体职业选择与发展过程分为三个阶段:选择职业目标、开展职业行动和获得职业绩效(成绩)。在职业选择与发展的三个阶段中,自我效能和结果预期对其都有直接影响,而当前环境因素只影响职业目标选定和职业行动。

该理论认为,个体职业选择与职业目标的设定,直接源于职业兴趣。除了职业兴趣的影响,自我效能和结果预期也会影响职业选择。例如,个体对某职业的胜任信念和职业回报可达预期,就会促成选择该职业并将该职业设定为个人目标。另外,个体在职业选择过程中,还受当前职业环境因素的影响。例如,当前所拥有的可能工作机会,来自家庭成员的情感与经济支持,以及职业的社会声望等,都会影响个体的职业选择和目标制定。这一理论,同样可以运用于专业和兴趣关系分析。当我们的专业与兴趣产生冲突时,不妨这样来思考:

第一,培养专业兴趣。生活中有很多事情,我们不太想做却必须做好,有了这样的心理建设,我们可以把事情做好。对专业不太感兴趣的学生,首先,降低心理阻抗,接受学好专业其实是一种责任。其次,想一想自己人生中有没有不愿做,但最终做好的经历呢?是如何做到的?把这种成功体验用到培养专业兴趣上,可能对自己会有新的认知。

第二,促进能力向兴趣转化。接受自己不太喜欢的专业一开始也许很困难,但不用着急,可以先脚踏实地认真学习,发挥自己较强的学习能力,优异的学习成绩会激发自己的专业兴趣。

第三,尝试与专业建立关系。兴趣的发展通常有三个阶段:感官兴趣、自觉兴趣和志趣。也就是说,兴趣不只是产生于事物表面的表层关系,任何一种兴趣都是由于人体验到深层的情绪满足而产生的。有时候,我们对某件事不感兴趣,往往是因为我们对这件事缺乏深入了解,或者是对自己的兴趣没有真正了解。当坚持下去,与所学专业发生互动关系之后,我们就能慢慢体验到对专业的兴趣了。

(二)社会学习理论

20世纪70年代,美国著名心理学家阿尔伯特·班杜拉(Albert Bandura)提出了社会学习理论。克朗伯兹把班杜拉的社会学习理论引入生涯辅导领域。

在社会学习理论中,克朗伯兹和贝克提出的决策模式包括七个步骤。①界定问题:描述必须要完成的决策,估计完成所需时间并设定确切的时间表;②拟订行动计划:描述决策所需采取的行动,并估计所需时间及完成的期限;③澄清价值:描述个人将采取哪些标准,以作为评价各种可能选择的依据;④描述可能做出的选择,确认选择方案;⑤依据所定的选择标准、评分标准,逐一评价各种可能选择,找出可能的结果;⑥比较各种可能选择符合价值标准的情况,从中做出最能符合决策者理想的选择;⑦描述将采取何种行动以达成选定的目标。

三、非理性决策理论

非主流经济学在有限理性的框架内利用心理学的研究成果,注重从认知、信息和环境的复杂性对人的选择行为进行了研究,认为人的选择行为是在特定心理作用下发生的,决策过程更多地受不可控因素影响。

非理性决策理论认为,由于决策环境充满复杂性、不确定性、动态发展性和模糊性,而个体的认知能力又是有限的,决策者只能在不确定的情境下进行决策。决策者的决策过程不可能是一种纯粹理性的逻辑推断过程,在此过程中掺杂着决策者自身的文化情感、价值取向、主观偏好等非理性、非逻辑成分,决策的实际过程是一种复杂的认知过程。决策理论研究,经历了理性决策、有限理性决策到生态理性决策等由绝对理性向非理性方向发展的阶段。

决策理论中的非理性,一般是指人在逻辑思维之外所具有的其他心理过程和心理特征。直觉、情绪、气质和性格等都属于人的非理性特征。对于职业生涯领域,可以沿用的主流非理性决策理论包括前景理论、适应决策模型、反省模型和盖拉特模型。

(一)前景理论

诺贝尔经济学奖获得者丹尼尔·卡诗曼(Daniel Kahneman)和美国行为科学家阿莫斯·特沃斯基(Amos Tversky)提出了前景理论,他们在研究中发现,人们在面临收益选择时是回避风险的,而在面临损失抉择时却更乐于冒险,即人们对损失比对收益更为敏感,由此得出人们的实际决策行为往往系统地偏离期望效用理论的结果预测。前景理论的主要观点有:①决策者在决策时会回避损失,决策时损失的效用在权重上大于等量收益,即对于同等程度的损失和收益,损失带来的痛苦远大于收益带来的快乐;②决策者更容易忽视决策带来的收益,而将注意力放在损失上;③决策者通常倾向于给予自身所拥有或可掌控资源之外的东西更高的评价,即期望得到更多"捐赠"。

前景理论同样可以应用于生涯决策领域,帮助我们更加理性地看待生涯决策过程中产生的心理变化。人们很少对自己做出的生涯决策满意,是因为他们更容易看到决策带来的不利的一面,而忽视有利的一面。例如,选择毕业后就业的学生会感觉择业难,离开学校后难以适应复杂的社会环境,但忽视了自己在择业就业过程中收获的经验、薪酬待遇等;选择毕业后继续深造的学生更容易感受到学业上的压力,没有经济独立的痛苦,但忽视了学历的提升、专业知识技能的增强等。

同样,个体在发现自己做出了错误的生涯决策时,会考虑自己已经付出的成本,而很难做出适合自己的正确的生涯决策。例如,有的学生在准备考研的过程中,发现自己确实不适合走考研这条路,但是已经错过了秋招,而且已经用了几个月的时间来准备考试,周围的亲朋好友也知道自己在准备考研,于是选择继续准备考研这个非理性的生涯决策,而不是理性地放弃考研,准备求职这个理性的生涯决策。

(二)适应决策模型

苏珊·D.菲利普斯(Susan D. Phillips)在1997年提出了适应决策的概念,将其应用在职业决策领域,形成了初步的适应决策模型。该模型强调,由于职业决策个体的职业生涯具有生命全程性和空间性特征,影响其做出决策的因素有很多,而且这些影响因素是不断发生变化的,从而导致其本身认知与决策的局限性和非理性。职业决策者的决策结果不可能完全达到期望效价模型所强调的最优化选择,现实中只能达到决策者在做决策时段的最大化,适应决策时的即时需求和判断。适应决策理论提出,职业决策者不仅有理性决策者,还有诸如直觉决策者、情感决策者和模仿决策者等多种多样的非理性决策者。

例如,当有几家实力不相上下的企事业单位向你抛出橄榄枝,同时需要你在一周时间内回复并入职时,由于时间限制,你只能尽快做出决策。可能在入职后的几天或者几周后,你对当初几家企业了解得更加全面了,才后知后觉当时选择入职的企业可能不是最优的。但是那个生涯决策已经是当时的你在自己认知水平下能够做出的最利于自己的选择了。

(三)反省模型

托马斯·S.克里斯霍克(Thomas S. Krieshok)等学者基于认知和实验社会心理学,对职业决策行为研究后于1998年提出了自我反省视域下的职业决策模型。该模型认为,决策个体的大部分决策过程和决策行为是在意识水平下进行的,而对决策过程与决策行为进行反思,其对先前做出的相对较优决策无益甚至是有害的。这一观点,为决策者遇到决策困难提供了一种新的解释,可指导其改进决策方式,提升决策效率。

反省模型为我们的生涯决策反省提供了一种新的视角。事实上,很多人在面临选择时会担心自己做出错误的决策而选择逃避,即不做出任何决策,在做出决策后,不断反思自己是否做出了正确的决策。这样的决策方式不但效率低,而且错误的思维方式也会强化个体的行为,即越反思越难以做出决策,越反思越认为决策是错误的。例如,选择就业的学生不去积极准备个人简历,参加笔试面试,而是反复纠结自己是否就业,不仅浪费了时间,还耽误了自己的求职择业。

(四)盖拉特模型

盖拉特(Gelatt)以量子理论的思维方式,提出职业决策的"积极的不确定论"。他所谓的"积极的不确定",是指决策个体应以积极乐观的态度面对及接纳做决策时的不确定以及成功概率的不确定,以直觉、开放的心态对待职业决策。盖拉特认为,决策者要改变对目标的确定性认识,目标不是确定不变的,是需要调整再调整的。目标需要随时根据个体所处的内外部环境进行动态调整。他还提出,决策要同时采用左脑与右脑,全方位分析过去,深虑未来的变化,以做出保持适度弹性的理性决策,在决策过程中,不会硬套步骤与公式,否则容易出现结果不一致的情形。另外,他认为面对未来的不确定,保持积极开放的心态,侧重思考如何才能主宰信息和自我。

盖拉特理论传达了积极的决策观念,认为在决策过程中应以积极、接受、开放的心态收集多方信息,主动做出选择,不迷信权威,不盲目从众。这也要求大学生们主动承担责任,以已有的知识为基础,结合学习实践和对未来的设想,独立思考,大胆探索,勇于做出决策。

从决策理论的发展来看,目前还没有完全的、纯粹的理性化的决策方法能解决现实中的所有决策问题,而且也很难避免非理性行为对决策的影响。非理性行为存在于职业决策中有其必然性、客观性和合理性。在职业决策过程中,决策者应合理、适当地运用非理性决策行为的直观性、简单性、快速性、高效性、创造性、灵活性等优点,克服盲目性、习惯性、情感性、追随性、听从性等缺陷,以提高职业决策的效能。

四、生涯决策方法

(一)SWOT 分析法

SWOT 分析法又称态势分析法,是指将与研究对象密切相关的各种主要内部优势(strength,S)、劣势(weakness,W)、机会(opportunity,O)和威胁(threat,T)等,通过调查列举出来,并依照矩阵形式排列,然后用系统分析的思想,把各种因素相互匹配加以分析,从中得出一系列相应的结论,而结论通常带有一定的决策性。

1.SWOT 分析法的步骤

(1)选定分析问题,可以是某个职业选择,也可以是希望实现的其他目标。

(2)针对目标,分析性格、能力、兴趣等内在因素有哪些有利于目标达成的优势,哪些不利于目标达成的劣势。

(3)围绕目标,分析环境中存在哪些有利于实现目标的机遇,哪些不利于实现目标的威胁或挑战。

(4) 构造SWOT分析矩阵图,在此过程中,每个方格内的多种因素按照重要性排序,将重要的、影响大的、紧迫的因素排在前面,将不重要的、影响小的、不紧迫的排在后面。

(5) 根据SWOT分析矩阵制订行动计划,原则是发挥优势因素,克服劣势因素,利用机会因素,化解威胁因素。

2. SWOT分析矩阵模型

SWOT是一个矩阵模型,通过这个矩阵模型,大学生可以明确自己的竞争力和发展机会,从而制定恰当的职业目标,同时还能清晰地认识到自己的不足和外在的威胁,从而为提升自己提供良好的现实依据。SWOT分析矩阵图如图5-3所示。

内部因素	优势（可利用的内在积极因素） （1）专业背景 （2）知识技能 （3）见习经验 （4）职业素养 （5）人格特质 （6）人际沟通 （7）创新能力	劣势（应努力改善的内在消极因素） （1）经验缺乏 （2）专业成绩较差 （3）目标不明确 （4）职业能力欠缺 （5）性格急躁 （6）人际沟通不畅 （7）缺乏创新能力
外部因素	机会（可利用的外部积极因素） （1）专业领域人才紧缺 （2）就业机会增加 （3）行业前景广阔 （4）有培训的机会 （5）组织待遇不错 （6）区域环境优越 （7）人际关系和谐	挑战（应规避的外在消极因素） （1）就业机会减少 （2）求职竞争激烈 （3）行业发展停滞 （4）缺乏晋升机会 （5）专业领域发展有限 （6）区域环境不佳 （7）人际关系紧张

图5-3 SWOT分析矩阵图

大学生在进行SWOT分析时,可以采用多种方法来确定自身的优势与劣势、机会与威胁。比较常用的是关键提问法,即不断地向自己提问,从自我探寻中进一步了解自己。例如,与潜在竞争者相比,自己有没有专业优势?自己最希望从事哪个行业?是否参与过和专业相关的实习?是否尽一切努力去实现自己的目标?

(二) 决策平衡单法

职业决策平衡单法最初是由詹尼斯(Janis)和曼恩(Mann)于1997年设计的。决策平衡单法,是将决策所考虑的诸多重大因素集中到四个维度:自我物质方面的得失、他人物质方面的得失、自我赞许与否、社会赞许与否。生涯辅导专家金树人通过研究,将后面的两个维度"自我赞许与否"和"社会赞许与否"修正为"自我精神方面的得失"和"他人精神方面的得失",构建了以"自我—他人""物质—精神"为坐标的职业决策考虑因素的四个象限,如图5-4所示。

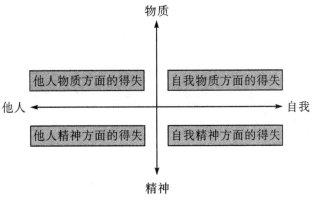

图 5-4 职业决策考量的维度

职业决策平衡单法,是帮助决策者从四个维度出发,依据自身实际构建考虑因素,根据各项因素对自己的影响程度进行赋值并加权,系统分析每一个职业目标选项的情况,最后根据加权后的分数情况,得出各个职业目标选项的优先顺序,做出最终的决策。

职业决策平衡单,可参考表 5-2,该表中的考虑因素可根据自身实际进行调整或重新构建,职业目标选项也可根据自身目标选项的多少进行调整。

表 5-2 职业决策平衡单

考虑因素 (权重 -5~5)		职业目标选项一				职业目标选项二			
		得(+)		失(-)		得(+)		失(-)	
		原始分	加权分	原始分	加权分	原始分	加权分	原始分	加权分
自我物质方面的得失	1. 收入								
	2. 工作的困难								
	3. 升迁的机会								
	4. 工作环境的安全								
	5. 休闲时间								
	6. 生活变化								
	7. 对健康的影响								
	8. 就业机会								
	9. 其他								
他人物质方面的得失	1. 家庭经济								
	2. 家庭地位								
	3. 与家人相处时间								
	4. 其他								

续 表

考虑因素 （权重 –5 ~ 5）		职业目标选项一				职业目标选项二			
		得（+）		失（–）		得（+）		失（–）	
		原始分	加权分	原始分	加权分	原始分	加权分	原始分	加权分
自我精神方面的得失	1. 生活方式的改变								
	2. 成就感								
	3. 自我实现的程度								
	4. 兴趣的满足								
	5. 挑战性								
	6. 社会声望的提高								
	7. 其他								
他人精神方面的得失	1. 父母								
	2. 师长								
	3. 配偶								
	4. 其他								
合计									
得失差数									

职业决策平衡单的使用步骤如下。

（1）列出待分析的职业目标选项。决策者根据意向或综合自我探索与职业认知情况得出职业目标选项（通常 3 ~ 5 个），填写在平衡单的第一行中。

（2）修正完善所考虑的因素。根据职业决策需要考虑的四个维度，决策者结合自身实际情况，修正梳理后填入平衡单的第一列"考虑因素"中。

（3）根据考虑因素权衡利弊得失后进行打分。根据各职业目标选项对决策者而言在各项考虑因素方面的利弊得失情况，决策者进行打分（原始分），填写在表格中。打分标准可采用五分制或十分制（自己确定并统一打分标准），其中"得"用正数打分，"失"用负数打分。

（4）各项考虑因素的加权计分。各项考虑因素对决策者的影响及重要程度是有差别的。因此，决策者可根据自身实际情况，结合各项考虑因素对自己的重要性与迫切性，给每个"考虑项目"赋予权重（加权范围通常是 1 ~ 5 倍）。利用各项考虑因素的原始分乘上权重，即可得到各项因素的加权分数。

（5）统计得分情况做出决策。先将平衡单中的各列求和，然后将每个职业目标选项的正负总数相加，算出其得失差数，即各个职业目标选项的最终总分。然后将最终总分按高低排序，得分越高，越满足决策者的实际需求。

生涯体验站· 澄清生涯决策的影响因素

图 5-5 列出了很多可能影响未来生涯决策的因素,请你仔细思考后用 1~5 来表示它在你做决定时考虑的重要程度。1 表示非常不重要,5 表示非常重要。

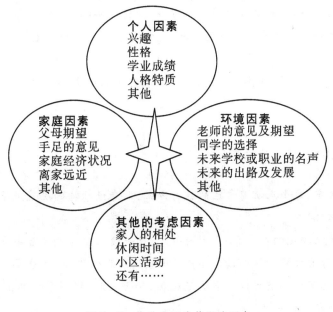

图 5-5 你的生涯决策影响因素

生涯智慧· 小张的生涯决策

抓住可遇而不可求的机会

小张有幸获得了学校保研的资格,看到身边的很多同学风尘仆仆地求职、应聘,以及被知名公司录取后的欣喜若狂,他心中也有些羡慕,但也没有主动求职。

忽然有一天,已经入职某金融公司的室友告诉小张,一家著名证券公司希望在校内毕业生中招收一名新员工,问他有没有兴趣。小张怀着对那家公司的仰慕之情,抱着检验自己实力的想法,把简历递送了过去。

由于他在上学期间认真学习了一些职业生涯规划的知识,掌握了一些求职技巧,实习实践经历也比较丰富,因此,在机会面前他没有束手无措,而是做好了充分的准备。应聘过程艰苦而严格,经历了网上申请及测试,两轮视频面试,四次正式面试,终于,小张获得了这份工作。

权衡收益和风险后的抉择

欣喜过后是面对抉择的冷静思考。一方是几乎无风险,且两年后获得硕士文凭这个可预期的收益;一方是需要到一个全新环境中独立打拼,未来不确定性很大,而预期收益也相对更高。小张征求了老师、师兄师姐和朋友们的意见,综合考虑个人情况,认为无论从该公司的当前声誉和未来发展前景,还是他所从事的工作的性质、工作地点、个人发展空间等来说,这个工作职位不是一般的机会,可遇而不可求。而且,在这样一家知名的企业里工作若干年,也是申请攻读 MBA 的有利条件。于是,小张放弃了保研的机会,迈出了职业生涯的第一步。

从这个案例中,我们可以清楚地看到,小张面临职业生涯岔路口的抉择,并不像很多大学毕业生那样纠结,反而是比较顺其自然地做出了自己的决定。

在这个世界上,通向成功的道路何止千万条,但我们要记住:所有的道路不是别人给的,而是你自己选择的结果。你有什么样的选择,也就有了什么样的人生。路没有最好的,只有最适合的。

(来源:李家华,雷玉梅,黄杰.大学生职业发展与就业指导[M].北京:高等教育出版社,2022.有删改)

课后训练 自我决策风格探索

对于如何做决定,每个人都有自己的独特方式,或者说独特的决策风格。让我们来测一下自己的决策风格吧!

你平时是如何做决定的? 表 5-3 中的句子,是一般人在处理日常事务及做出生涯决定时的态度、习惯及行为方式。请阅读这些句子并填写下边的选项,注意每一个选项无所谓对错,只要符合你的真实情况就可以。当你完成表 5-3 之后,将得分计算出来,填入表 5-4,看看你的决策风格属于哪一类。

表 5-3 决策风格测试

序号	情景陈述	符合	不符合
1	我常仓促做草率的判断		
2	我常凭一时冲动做事		
3	我经常改变我所做的决定		
4	做决定之前,我从未做任何准备,也未分析可能的结果		
5	我常不经慎重思考就做决定		
6	我喜欢凭直觉做事		
7	我做事时不喜欢自己出主意		
8	做事时我喜欢有人在旁边,可以随时商量		
9	发现别人的看法与我不同,我便不知该怎么办		
10	我很容易受到别人意见的影响		
11	在父母、师长或亲友催促我做决定之前,我并不打算做任何决定		
12	我常让父母、师长或亲友来为我做决定		
13	碰到难做决定的事情,我就把它摆在一边		
14	遇到需要做决定时,我就紧张不安		
15	我做事总是东想西想,下不了决心		

续 表

序号	情景陈述	符合	不符合
16	我觉得做决定是一件痛苦的事情		
17	为了避免做决定的痛苦,我现在并不想做决定		
18	我处理事情经常犹豫不决		
19	我会多方收集做决定所必需的一些个人及环境的资料		
20	我会将收集到的资料加以比较分析,列出选择的方案		
21	我会衡量各项可行方案的利益得失,判断出此时此地最好的选择		
22	我会参考其他人的意见,再斟酌自己的情况来做出最适合自己的决策		
23	经过深思熟虑之后,我会明确决定一项最佳的方案		
24	当已经确定所选择的方案,我会展开必要的准备行动并全力以赴做好		

计分方法:选择符合的记1分,不符合的不计分。

表5-4 生涯决策风格类型测试结果

项目	1~6题组	7~12题组	13~18题组	19~24题组
得分				
决策类型	冲动直觉型	依赖型	犹豫逃避型	理性型

表5-4中得分最高一组代表主要生涯决策类型。

根据著名职业生涯学者哈瑞恩(Harren)的观察,大部分人的生涯决策方式可以归纳为直觉型、依赖型、理智型三种,另外还有犹豫不决型等。

(1)直觉型。直觉型以自己在特定情境中的感受或情绪反应做出决定。这种类型的人做决定时全凭感觉,较为冲动,较少会系统地收集其他的相关信息,但他们能为自己的抉择负责。

(2)依赖型。依赖型是指等待或依赖他人为自己收集信息并替自己做决定。这种类型的人做决策时不去系统地收集信息,决策较为被动与顺从,十分关注他人的意见和期望。对于此类的人而言,社会赞许、社会评价、社会规范是他们决定的标准,他们的口头禅是:"爸妈叫我去……""我的男朋友/女朋友希望……""他们认为我很合适"。

(3)理智型。理智型决策合乎逻辑,系统地收集充分的生涯相关信息,且分析各个选项的利弊得失,按部就班,以做出最佳的决定。

(4)犹豫不决型。此类型的人虽然收集了很多相关信息,但却常常处在挣扎、难以下决定的状态中。

经过前面的测验,你属于哪一种类型?喜欢这样的自己吗?你认为如何做可以使自己更满意?

本章要点导图

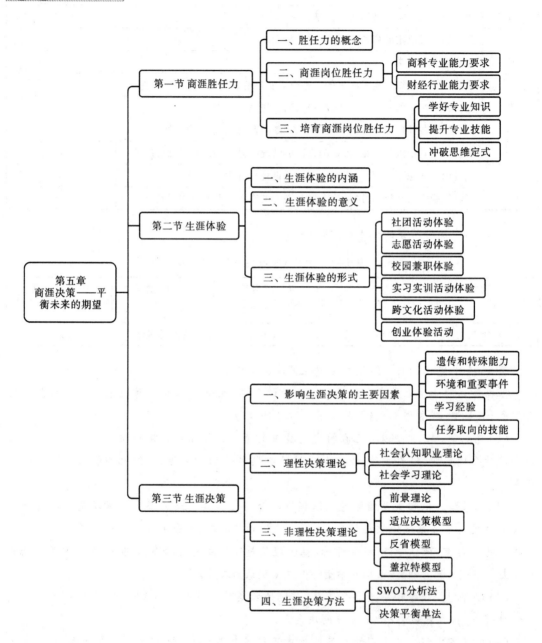

第六章 商涯反思
——修正生涯决策与行动

学习目标

1. 知识目标

了解生涯体验的内涵、意义和形式。

了解职业生涯规划决策评估的内容。

了解修正职业生涯规划决策的内容。

2. 技能目标

掌握评估职业生涯决策的方法。

掌握修正职业生涯决策的方法。

3. 态度目标

能对生涯发展保持自省和觉察。

能以灵活有弹性的心态看待职业生涯决策。

生涯榜样

"西财出品"的农民企业家

黄某，西南财经大学信息工程学院专业经济信息管理与计算机应用校友，曾获"湖北省十大职业农民"称号。

绿水青山也是金山银山

"没想到种树还能贷款，这可真是'绿水青山'变成'金山银山'啊！"黄某看着眼前正挂果的柑橘感叹道。

黄某大学毕业后先后进入银行、证券、能源等行业，在工作岗位上兢兢业业，一步一个脚印，取得了不小的成就。可来自农村的他，一直怀揣发展现代农业的梦想。他在丹江口的某个县城扎根，创建了水果公司，开始发展柑橘产业，将这里作为实现他梦想的开始。

创业初期，他观察到丹江口周边的柑橘受制于品种、种植技术、管理理念等问题，导致柑橘品种老化，果农整体经济效益差，老百姓富不起来。黄某一头扎进基地，请专家号脉，做品种升级；经过几年的拼搏，公司已经成为当地规模最大的柑橘新品种改良标准化示范基地，带动周边一千多户贫困户率先实现脱贫致富,并且成为军运会的指定水果供应商。经过一年多的筹备,他与当地农科院结成战略合作伙伴关系,承包了农科院果茶所几千亩土地,致力于打造乡村振兴示范基地。基地初具雏形,他又马不停蹄地开始筹备精选农产品直销平台,让更多原生态、非转基因的农产品走进千家万户,他的乡村振兴的梦想正在一步一步地变成现实。

绿色农业助力乡村产业振兴

绿色农业是一份伟大的事业,既是国家乡村振兴战略的着力点,也是国家碳达标、碳中和战略的重要支撑。围绕碳达标的金融创新日新月异,传统的农业借助金融的力量和低碳经济开始了完美的嫁接。有很多西财校友奋战在金融战线上,为实现这一国家战略贡献着自己的智慧和力量。母校赵德武书记曾叮嘱黄某:"西财校友中像你这样的农民企业家很少,希望你继续发扬我们西财学子'经世济民 孜孜以求'的精神,在自己的领域里干出一番成就!"黄某一直牢记着赵书记的嘱托,为乡村振兴的宏伟大计,为提升人民群众的生活品质而努力奋斗。

(来源:西南财经大学校友总会微信公众号,2022.10.27.)

思政淬炼

马克思在他的中学毕业论文《青年在选择职业时的考虑》中写道:"如果我们选择了最能为人类谋福利而劳动的职业,那么,重担就不能把我们压倒,因为这是为大家而献身;那时我们所感到的就不是可怜的、自私的、有限的乐趣,我们的幸福将属于千百万人,我们的事业将默默地,永恒地发挥作用存在下去,而面对我们的骨灰,高尚的人们将洒下热泪。"在做职业生涯决策时要树立科学的就业观,科学的就业观是指求职者以正确认识个人与社会关系为前提,在客观评价自我、理性认识就业环境的基础上,寻求职业发展,并最终实现自身需要与社会发展相和谐的就业观念。

第一节 生涯目标制定与行动

阅读思考 傅雷致傅聪的一封信

提早出国,我很赞成。你以前觉得俄文程度太差,应多多准备后再走。其实像你这样学俄文,即使用最大的努力,再学一年也未必能说准备充分,除非你在北京不与中国人来往,而整天生活在俄国人堆里。

自己责备自己而没有行动表现,我是最不赞成的。这是做人的基本作风,不仅对某人某事而已,我以前常和你说的,只有事实才能证明你的心意,只有行动才能表明你的心迹。待朋友不能如此马虎。生性并非"薄情"的人,在行动上做得跟"薄情"一样,是最冤枉的,犯不着的。正如一个并不调皮的人要调皮而结果反吃亏,一个道理。

一切做人的道理,你心里无不明白,吃亏的是没有事实表现;希望你从今以后,一辈子记住这一点。大小事都要对人家有交代!

其次,你对时间的安排,学业的安排,轻重的看去,缓急的分别,还不能有清楚明确的认识与实践。这是我为你最操心的。因为你的生活将来要和我一样的忙,也许更忙。不能充分掌握时间与区别事情的缓急先后,你的一切都会打折扣。所以有关这些方面的问题,不但希望你多听听我的意见,更要自己多想想,想过以后立刻想办法实行,应改的、应调整的都应当立刻改、立刻调整,不以任何理由耽搁。

一九五四年四月七日

(来源:傅雷,朱梅馥,傅聪.傅雷家书[M].南京:译林出版社,2016.)

一、制定行动方案的原则

(一)匹配性原则

大学生做职业生涯规划行动方案时,首先需要建立在人职匹配的基本原则之上。所谓人职匹配,是指个人的职业定位和职业生涯目标的确定,需要将个人的需求特质(性格、兴趣、能力、价值观、理想、气质等)与职业生涯规划目标职业的需要相匹配,不能南辕北辙,要找到最佳的匹配交集。

(二)现实性原则

职业生涯规划行动方案设计的现实性原则是指在职业生涯目标设定的时候,不能只看自己适合什么、自己看重什么、自己胜任什么、自己喜欢什么,还要从目标职业的现实需要进行分析与评价。如果所设定的职业生涯目标所在行业已经进入衰退期,或者所选择的目标职业属于"夕阳职业",或者目标职业的门槛过高,抑或从事该职业的群体过小,就要考虑这些职业的客观现实是否真正能够支撑、实现自己的职业发展目标。大学生在做职业生涯规划设计时,要充分做好所选择行业、职业的发展现状和前景的调查分析,以使自己的职业生涯规划符合现实需要。在制定职业生涯规划方案时,要充分考虑社会与组织的需要,有需求才有职位。

(三)辅助性原则

大学生职业生涯规划行动方案设计是一种自我管理的理念,是一套辅助自我职业发展管理的方法。要使职业生涯规划设计活动有成效,就必须发挥个人的主体作用,按照职业生涯规划设计的步骤与方法去行动、实践。职业生涯规划设计仅仅是一种外因,是一种辅助性的方法,大学生需要通过个人努力学习与实践,才能把职业生涯意识和就业意识、职业发展规划管理与就业观念及职业素质转化为个人的内在品质。大学生职业生涯规划设计实际上是在职业生涯规划方法与理念的引导下,促进自我认识、自我教育、自我提高的过程。

(四)发展性原则

发展性原则是指大学生个体在设计职业生涯规划行动方案时,不局限于个体当前的发展,要考虑到个体未来的职业发展空间,职业生涯设计要有超前性和预测性。大学生在职业生涯规划设计时要将实现现实的自我与发展的自我(或称未来的自我)相结合,将实现今天的发展与明天的发展相结合,为个人的可持续发展奠定坚实的基础。在大学生涯规划中,仅从自身实际出发,完成大学阶段基本的学习任务或发展任务是不够的,还必须拓宽视野,放眼未来,着力于社会对高素质、高层次人才的需要和适应多种岗位群工作需要的多种能力、多种素质的发展,以时代和社会的基本要求为前提,既要立足校园,又要超越校园,实现大学规划与未来职业生涯规划相衔接。

(五)实践性原则

实践性原则是指大学生职业生涯规划行动方案不能仅仅停留在口头上或纸面上,而要用于指导实践,成为大学生活实践的蓝本。列宁曾经说过,一个行动比一打纲领还重要。大学生涯规划也是大学生生活行动的纲领,如果只是纸上谈兵,不付诸实际的行动,将毫无作用。因此,大学生不仅要很好地规划大学生活,还要努力实践该规划,做到真正的知行统一,规划与行动相一致。

二、制定行动方案的方法

我们可以借助 SMART(S、M、A、R、T 分别代表一种特性)法则来确定职业发展目标,制定行动方案。

(一)明确(specific)

目标一定要确定,不要用含糊笼统的语言,例如,不要说"我的目标是更好地利用时间",而是说"我一天只能花不超过一个小时的时间来看电视"或"我每周要花两个小时来上网查找有关信贷分析师这一职业的资料"。

(二)可量化(measurable)

制定的目标一定要是可量化的,这样才有一个可以衡量成功或者失败的标准,从而准确地评价自己是否达到了既定目标。例如,"加强社会实践"表述为"在这个月,参加一个学生社团(摄影协会),并访谈两位设计师"。

(三)挑战性(attainable)

目标必须是经过努力可以实现的,但又有一定难度。例如,如果你目前只是一个大四学生并且没有什么相关的工作经验,却计划在两年之内就成为大公司的中层经理,这个目标也许就不那么现实可行;但如果你计划大四通过英语四级考试,那可能会缺乏挑战性,可能也不太有激情去实现这个目标了。

(四)有意义、有价值,并有奖惩的措施(rewarding)

实现既定目标能带给自己成就感、愉悦感;反之,则会使自己有所损失。例如,如果你没有按计划在一个月内完成对两位工程师的访谈,那么你就不能在国庆假期外出旅游,而要利用假期完成访谈的任务。

(五)有明确的时间限制(time-bounded)

不能将目标完成时间都设为"大学毕业前",而要有计划分步骤地在限定的时间内完成。以一周、一个月或一学期为单位设立目标,会比将事情都堆到大四毕业前完成要有效得多。

(六)可控的(controllable)

在SMART的这几条标准之外,还有一项原则对于目标设立来说是非常重要的,那就是可控性。可控性主要是指个体对影响到目标实现的因素具有相当的控制能力。例如,"我的目标是在ABC公司获得一份工作",这种表述方式就违反了可控性原则。因为你能否获得这份工作并不取决于你自己,你有被拒绝的可能。但如果将目标换成"在下周三之前向ABC公司申请一个职位",就是可行的,因为目标制定者能控制相关的因素。目标的可控性原则表明:目标制定者必须为自己的目标负责,而不能指望他人来实现一切。确实需要他人帮助时,可以争取他们的合作,但同时期望不能太高,必须做好被拒绝的准备。确切地说,目标制定者能够控制的只有自己。

大学生按照上述原则制定行动方案,可提高目标实现的可能性,在一段时间之后回顾总结自己所取得的进步与不足,还可明确自己该干什么以及干得怎么样。

生涯体验站 "甘特图"时间管理法

一位叫亨利·劳伦斯·甘特(Henry Laurence Gantt)的美国科学管理学派创始人,发明了一个生产计划进度图,这是一种组织和监控项目进度的工具,被称为横道图和条状图。这个被广泛应用的图,以他的名字命名为"甘特图"。这个图例简单实用,从严格意义上来讲,它属于项目管理范畴,但是很多人把它看成是时间管理工具。

这张图在应用时,将待办项目根据时间发生的先后顺序,列出起始和终止时间,有助于制定者了解每个项目的截止日期,并能直观地看到项目的整体规划。在甘特图的表示上,很多项目在时间上存在着交叉,这是因为不同项目,很多时候可以共同进行。

例如我们在煮粥的同时,可以清洁地面;装修房子的过程中,可以先开始打扫部分卫生。各项目间时间交叉,是因为很多工种间,并不一定要等一件事办完,才能再做另一件事,有时候可以同步进行。

将甘特图的原理方法,应用到个人时间管理中,具体需三步操作:

1. 首先列出每日待办的清单

在列清单时,不管时间够不够,把必须完成的事项,都要列在清单上(见表6-1)。比如这个周末,有以下几项内容需要待办:洗漱两次、用餐三次、往返路程两次、去商场采购物品、修改计划、打扫卫生、洗衣服、阅读。

2. 将上述待办事项,按照时间先后顺序排列

洗漱—吃饭—往返路程—商场购物—往返路程—吃饭—修改计划—打扫卫生—洗衣服—吃饭—阅读—洗漱。一天时间这样安排满了,时间段分段按半小时来划分。

3. 优化计划

在制定甘特图过程中,根据有些事情可以并列做,很多项目在时间上可以交叉重叠。比如在往返路程中,如果坐公交车,可以在手机上进行阅读和修改计划,在商场购物排队间隙,也可以阅读。

表6-1 甘特图时间管理样例

今日要完成的事项	重要性排序	是否完成	可优化处理事项
去商场采购物品	2		
完成作业	1		
洗衣服	3		
打扫卫生	5		
阅读	4		

在做优化时间的时候,首先要注意精力旺盛,如果在坐公交车时想休息,就不可能进行阅读。另外,在优化时间时,要考虑可以在时间上交叉重叠的事情。

虽然更多时候,提倡做事时一次只做一件事,因为在思想专注集中的情况下,能提升工作效率,但是并不是所有的事,一定要专心致志。比如乘坐公交车时,司机需要专心致志,而乘客却没有必要;在做饭时,也不需要全程盯着电饭煲。

不需要专心致志做的,基本都是些非脑力劳动。需要思考的事情,是无法两件事一起完成的,脑力劳动需要专心,一心一用。比如阅读和写作、画图和思考等就无法同时进行。

在利用甘特图优化时间时,会产生以下几种状况:

1. 脑力劳动和脑力劳动之间,不可优化

任何一项脑力劳动,都需要高度集中的注意力,在时间上是无法优化的。伦敦大学曾经做过一个研究,在测试正在执行多线程工作(脑力劳动和脑力劳动的结合)的对象时,发现他们的智商与平时完全不一样,这个时候的智商,相当于他们一整晚失眠状态下的智商。

2. 非脑力劳动和非脑力劳动之间,做事效率不高

在两项非脑力劳动间,虽然提高了一些工作效率,但是没有实现时间优化最大化。比如在做饭时打扫卫生,有部分时间可以重叠,但不是所有的时间都能交叉重叠。

3. 脑力劳动和非脑力劳动间,才是一种完美优化

比如在洗手间和饭桌上贴一些英语单词,趁着洗漱时间和吃饭时间,顺便记几个单词,这是没有矛盾的优化时间。

好的方法可以一通百通,在使用过程中,能够触类旁通,就能更好地使用甘特图来管理时间。这样,可以让一天活出超过24小时的效果来。

(来源:楚桑.拖延心理分析课[M].北京:中国商业出版社,2019.)

三、生涯规划方案的内容

职业生涯规划方案的内容有八项,大学生的职业生涯规划也应该根据这些要求,按标题、确定目标、个人分析、社会环境分析、职业分析、目标分解与目标组合、实施方案、评估修

正的大致顺序,依次写下个人职业生涯规划的具体内容。

(一)标题

标题包括姓名、规划年限、年龄跨度、起止时间。规划年限可以是半年、三年、五年,视个人的具体情况而定。

(二)确定目标

确立短期目标、中期目标和长期目标。长期目标需要个人经过长期艰苦努力、不懈奋斗才有可能实现,确立长远目标时要立足现实、慎重选择、全面考虑,使之既有现实性又有前瞻性。在确定总体目标时,如果能适当地看得远些,定得高点,则有助于最大限度地激发规划者的潜能。短期目标更具体,对人的影响也更直接,也是长远目标的组成部分。

(三)个人分析

一个有效的职业生涯设计必须是在充分且准确认识自身条件与相关环境的基础上进行的。要审阅自己、认识自己、了解自己,做好自我评估,主要分析个人的兴趣、能力、性格、价值观。为了更加客观全面地分析自我,还可以让周围的老师、朋友对自己进行评价。

(四)社会环境分析

社会环境分析主要是指从政治、经济、文化、法律等角度对职业环境、行业发展趋势等社会外部环境的分析。可以通过查阅当地的政府网站、人力资源和社会保障局官网、新闻网站等来了解社会环境。

(五)职业分析

职业分析主要是对职业、行业与用人单位的分析,包括对用人单位制度、背景、文化、产品或服务、发展领域等分析。可以通过公开资料查询,也可通过生涯人物访谈等询问身边的相关从业者。

(六)目标分解与目标组合

目标分解与目标组合是分析制定、实现目标的主要影响因素,通过目标分解和目标组合的方法做出果断明确的目标选择。

(七)实施方案

首先找出自身观念、知识、能力、心理素质等方面与实现目标要求之间的差距,然后制定具体方案逐步缩小差距,以实现各阶段目标。

(八)评估修正

设定衡量此规划是否成功的标准,如果在实施过程中无法达到制定的目标或要求,应当如何修正和调整。需要注意的是,文案内容的顺序与规划的步骤不是完全一致的。职业生涯规划的第一步就是要进行自我评估,接下来是进行外部环境分析,然后才是职业目标的确立;而文案内容的顺序是先写出职业方向和总体目标,然后再写出自我分析和外部环境分析的结果。其实,这并不矛盾,因为文案的形成是建立在按正常步骤进行规划的基础之上的,将职业方向与目标提前,是为了阅读方便,突出核心主题——规划的目标,并有利于与实施方案进行对照、检查和修订。

图 6-1 列出了一位学生的职业生涯规划方案以供参考。

姓名	邢同学
规划期限	三年
起止时间	2022 年 9 月至 2025 年 7 月
年龄跨度	18~21 岁
短期目标	顺利通过期末考试并拿到奖学金
中期目标	大三能去业内 TOP10 的企业实习
长期目标	成为一个有经验的市场营销人员(职业方向)
个人分析	自己性格外向,善于沟通,曾经有过兼职推销的经历,并取得相当不错的成绩。自己所学的专业是市场营销,这也是自己的兴趣所在……
社会环境分析	我国现在是一个政治稳定,经济、文化高速发展的国家,为每一个人都提供了一个好的发展机遇。随着中国特色社会主义市场经济的发展,市场在经济活动中的作用将越来越大……
职业分析	社会发展将对市场营销这一职业产生重要影响:对市场营销的依赖性将越来越大,而且社会对市场营销的需求也将越来越大。个人选择的行业还没有最后确定,但比较感兴趣的是电商和保险行业。这些行业都是社会所不可缺少的行业,而且随着社会发展,这些行业的发展空间也会相当大……
目标分解与目标组合	**目标分解** ●短期目标,可分解为把专业课和选修课学好,以便修完足够的学分,顺利拿到奖学金。接下来,还可以细分,比如,在专业课程中,如何学好每一门课程;在选修课程中,需要选择哪些课程,如何学好…… ●中期目标,可分解为考取专业资格证书,提高笔试和面试的能力。接下来,还可以细分,比如,何时报考,如何准备考试,选择哪些参考书;了解业内知名企业的笔试面试经验,并有针对性地准备…… ●长期目标,可通过制定短中期目标的方式来实现…… **目标组合** 　　拿到奖学金的前提是学好专业课程,而专业课程的学习及参加知名企业的实习则对职业目标(成为一个有一定经验的市场营销人员)有促进作用……

第六章 商涯反思——修正生涯决策与行动

实施方案	要成为一个有一定经验的市场营销人员,需要缩小自己和有一定经验的市场营销人员的差距。这些差距包括以下四个方面。 (1)就业观念上的差距。刚从事市场营销的人一般会认为营销只是推销商品,但有一定经验的人则会认为营销是"将自己打造为品牌"——客户只有相信销售者,才可能购买商品。为了缩小这种差距,需向有经验的人员请教,并在实践中去体会这一点…… (2)知识上的差距。书本知识的欠缺只是一个方面,更重要的应当是实践的差距。为了缩小这种差距,需要在学习书本知识的同时,多参与真正的市场销售,在实践中体会书本知识…… (3)心理素质的差距。市场销售需要百折不挠,而作为一个学生,缺少的恰恰是这一点,往往遇到一点挫折和失败就会退缩。这种差距需要在实践中逐步消除…… (4)能力的差距。这一点可能是最重要的。为了缩小这种差距,除了在实践中逐步学习外,还要和一些能力强的营销人员保持密切的联系,以便随时请教和学习……
评估修正	在向营销高手请教的过程中,发现自己学习的书本知识很不够,特别是外语方面的能力需要提高,否则,就无法适应现在的营销要求。所以我决定加强英语学习,准备报一个英语口语班,每周一次学习,同时准备参加学校里的英语角,切实提高英语水平。在销售过程中还发现,销售中有很多时候只是一些事务性的活动,没有太多的智力成分,所以决定以后减少参加类似活动的次数,把精力用在那些对自己有锻炼意义的事情上……

图 6-1 邢同学的生涯规划书

生涯体验站·生涯规划书

结合实际,撰写一份个人职业生涯规划书(图 6-2)。

撰写的注意事项:切忌目标宏大,不切实际;注重内在能力素质的规划发展;做好自我评估和职业环境分析等工作;必须考虑未来的风险与变数。

姓名	
规划期限	
起止时间	
年龄跨度	
短期目标	
中期目标	
长期目标	

个人分析	
社会环境分析	
职业分析	
目标分解与目标组合	目标分解
	目标组合
实施方案	
评估修正	

图 6-2 个人职业生涯规划书

第二节 生涯决策与行动评估

阅读思考·决策不同，人生各异

大学同专业的三位同学，分别是小 A、小 B、小 C。进入大学后，三位同学各自忙着自己的学习、生活。小 A 来自沿海城市，父母是公务员，父母希望他在大学能好好学习，提升自己的学历，未来能进入更好的平台。小 B 来自乡村，父母希望他能掌握一门技术，毕业后能够顺利获得一份稳定的工作。小 C 兴趣爱好广泛，还有音乐专长，日常活跃于各个校园活动，父母也希望他在大学中能自由发展。

毕业后，三位同学都选择了与专业相关的工作。小 A 毕业后通过考公务员进入中国银行业监督管理委员会某监管局。小 B 在大学期间考取了会计师从业资格证，顺利进入某国有银行。小 C 希望从事一些有挑战性的工作，毕业后进入某商业银行，选择从一名产品经理做起。尽管他们选择进入相同的金融行业,但单位差异很大,岗位也各不同。也许十年之后,他们的职业发展可能完全不同。职业生涯发展就是如此,当初一个决定,人生轨迹也会不同。

一、决策行动评估内容

(一)对职业生涯规划目标的评估

对职业生涯规划目标的评估是对初步的生涯选择进行重新审视。例如,原来拟定了本科毕业后要考研、出国、就业、创业的决定,但一直对这些决定犹豫不决,还没有真正投入行动,那就需要重新考虑当初制定目标的动机,结合自己现在的实际情况、内在外在变化等,进行重新调整和评估,确立新的生涯规划目标。

对于个人来说,通过更换或调整自己设定的职业生涯规划目标通常会有利于自身的成长发展,但越是长期的职业规划目标,调整和修正越需要格外谨慎。

(二)对职业生涯规划路径的评估

对职业生涯规划路径的评估是对实现目标的过程进行重新审视。当初拟定的大学毕业后的目标是如何实施的?遇到了什么困难?保持了哪些优势?这些路径是否有助于自己生涯目标的达成?实施过程中,有新的机会和其他可能性出现吗?如果出现更适合自己的生涯发展机会或选择,而原定发展方向内在动力不足、缺少发展前景,那么就可以尝试调整发展方向。

(三)对职业生涯规划实施策略的评估

对职业生涯规划实施策略的评估是对实现目标的方法进行重新审视。根据反馈结果审视策略与目标的匹配度。例如,在实施目标的过程中,哪些方法对于达成目标是有效的?哪些是无效的?哪些是自己擅长的?哪些是需要进一步学习的?是否需要改变行动策略?若匹配度较低,就要考虑是否修正自己的行动策略。如果发现策略和方法在实施过程中有难度,或现实中客观因素的变化导致目标改变时,就要适时改变职业生涯规划的实施策略和方法。

(四)对其他因素的评估

对其他因素的评估是对诸如家庭状况、身体状况、经济状况,以及机遇、意外情况等的及时评估。例如,家庭状况、自身条件、机会环境等发生变化时,职业生涯规划的目标设定也应进行及时调整。

二、决策行动评估方法

对职业生涯规划进行客观理性的评估,需要运用正确科学的评估方法。不管是自我评估、他人评估,还是过程与结果评估、内外部评估,评估的要点都是为了判断自己与现实环境、职业目标的兼容性,并找出其中的差距,提高评估的客观准确性。常见的职业生涯规划评估方法有对比反思法、交流反馈法和分析总结法。

(一)对比反思法

大学生在规划职业生涯的过程中要善于思考和向他人学习。每个人都有自己不同的职业生涯规划方法,所以在职业生涯规划时应多比、多思、多学,吸取别人科学的方法。留心他人是如何做生涯规划的,吸取有用的方法;适时对自己的生涯规划进行反思,这样有助于评估和修正自己的职业生涯规划。

在职业生涯规划开展的过程中,制定者也需要对自身职业生涯规划进行回顾、反思,例如,自己的生涯规划目标是什么?学习上有什么收获?还有哪些问题?方法上有何体会?职业生涯规划中的某些计划是否按时完成了?通过实践活动有没有收获?与预期效果的差距是什么?为什么会产生这些差距?这些都是需要大学生不断自问的问题,再根据回答和客观事实对自身职业生涯规划进行调整与修正。

(二)交流反馈法

交流反馈法又称为360度反馈法。在这套评估法中,评估者包括所有与被评估者有密切接触的人,即被评估者的上级、同级、下级、客户和自己都需要参与到整个评估中来(见图6-3)。一般而言,自我反思十分困难,但别人能从旁观者角度清楚地看到自己的弱点。虚心、主动、积极、经常地征求别人对自己计划的看法及修改意见,往往会受益匪浅。被评估者通过评估者的评估反馈意见,来对自己的职业生涯规划进行修改。作为大学生,交流反馈法的评估者应该包括家长、老师、同学、朋友和自己等。

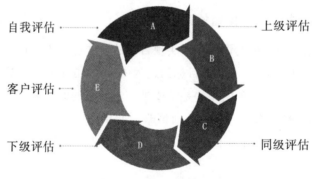

图6-3　360度评估维度

(三)分析总结法

分析总结法是指大学生对自己的生涯规划分类别地进行分析。大学生在每一个短期目标实现后,应对下一步的主(客)观环境、条件进行调查和分析,看看条件是否变化?哪些变好?哪些变坏?总体如何?要做到心中有数。然后,根据变化了的情况,恰如其分地修改下一步的计划。该方法往往可以借助表格,通过分析生涯规划的评估方案来完成,详见表6-2。

表6-2 分析生涯规划的评估方案

类别	需要分析的问题
分析基准	我的人生价值观是否发生了变化?
	外部环境是否发生了变化?
	我目前遇到的最大问题是什么?
	我在实践过程当中发现了自己的哪些不足?
目标与标准	我现在处在生涯的哪个阶段,这个阶段的特点是什么?
	我先前制定的生涯规划目标是否可行?有没有其他更佳的目标出现?
	如何判断自己是否成功?
生涯策略	我是否需要调整生涯规划的实施策略?
	我对相应能力的获取和吸收能力如何?
	我在目标的角色转变方面有什么问题?
	对我而言,现在还有什么问题是暂时无法解决的?
生涯行动计划	我的目标达成计划是否合理?
	我的目标达成需要哪些人的帮助?
	我在达成目标的过程中最大的障碍是什么?
生涯考核	在目前生涯规划开展的过程中,我有哪些做得好,哪些做得不够好?
	我现在最欠缺的是什么?是知识水平、技能,还是人际?
	我应该如何应用我所学到的知识技能?
	我现在应该立刻去做的是什么?应该停止做什么?
生涯修正	我是否需要重新选择方向?
	我是否需要重新调整生涯规划目标的实施线路?
	我是否需要更换人生目标?
	我是否有其他需要更正的方面?

生涯体验站 评估与修正的一般模式

职业生涯规划应该是动态的而不是静态的,它贯穿个体一生的全过程。你实施职业生涯规划之后喜欢什么,不喜欢什么?你的一些假设是不是有问题?你要对这些变化非常敏感。要不断地关注自己的目标职业的行业变化,不断进行自我投资,不断寻求增加自己职业技能的途径,不断关注与自己职业相关的发展状况。从这个角度讲,当你制定职业规划时,一定不要对职业环境以及自己的追求目标的变化无动于衷。

职业生涯规划评估与实践是相辅相成的。在实践时产生的问题能够帮助大学生更好地评估与修正职业生涯规划,而评估与修正职业生涯规划能够帮助大学生更好地规避更多问题的产生。它可以确保个人职业生涯规划的有效性,强化生涯管理的长期性和连续性。

请在表6-3中完成你的生涯规划的阶段性评估,找出差距产生的原因,并提出改进措施。

表 6-3　生涯规划评估与修正

阶段目标 （预计结果）	实施结果	评估差距	分析差距产生的原因	修正措施

第三节　生涯决策与行动修正

阅读思考 初心不改的农村先进模范代表

她很平凡，是中国千万妇女中的普通一员，是朴实无华的农民之一；她很不平凡，不仅是全国人民代表大会制度的见证者，更是中国唯一一位从第一届连任到第十三届的全国人大代表。她就是人民代表申纪兰。

她为妇女代言

1951年，西沟村成立了初级农业生产合作社，申纪兰被选为副社长。当时社里劳动力短缺，社长李顺达鼓励申纪兰发动妇女下地劳动。"那时候男女不平等，在农社里干活挣工分，两个妇女还不顶一个男人。这样不行啊，妇女也要好好干。"

申纪兰走家串户，向妇女宣传"劳动才能获得解放"的道理。鼓励妇女们和男社员开展劳动竞赛，比撒肥、比间苗、比锄苗，经过不懈努力，西沟村在全国率先实现了男女同工同酬。

1953年1月25日，《人民日报》发表长篇通讯《"劳动就是解放，斗争才有地位"——李顺达农林畜牧生产合作社妇女争取同工同酬的经过》，西沟村和申纪兰的故事在全国激起热烈反响。

1954年，25岁的申纪兰当选为第一届全国人大代表，出席了1954年9月召开的第一届全国人大一次会议。

在这次大会上，"男女同工同酬"被正式写入《中华人民共和国宪法》。这位生活在大山深处的普通农村妇女，自此踏上了"人民代表"的征途。

她为农民代言

几十年的代表生涯，申纪兰提出的建议和议案涵盖"三农"、教育、交通、水利建设等多个领域，有的关系国计民生，有的涉及群众利益。引黄入晋、太旧高速、赤壁电站、青苗公路、长平高速、山西老工业基地改造等，都是在申纪兰和其他人大代表的提议下实现的。

"我是个农民代表，每天生活在农村，知道农民想甚、盼甚。"申纪兰说，"人民代表大会让人民有了说话的权利，当人大代表，就要代表人民的利益，代表人民说话，代表人民办事。"

今年5月23日，十三届全国人大三次会议山西代表团举行小组会议，全国人大代表申纪兰第66次参加全国两会,也是她最后一次参加全国两会。

长期生活在农村的申纪兰,以她所在的山西省长治市平顺县农村水电自供区为例,建议将农村水电自供区尽快并入国家电网。

在国网的支持下,对自供区的农网进行升级改造,提升供电水平,满足乡村振兴战略实施和农村经济社会发展要求,与大电网规划建设相匹配,确保自供区内人民群众用上安全电、放心电。

申纪兰同志积极维护新中国妇女劳动权利,倡导并推动"男女同工同酬"写入宪法。改革开放以来,她勇于改革,大胆创新,为发展农业和农村集体经济,推动老区经济建设和老区人民脱贫攻坚作出巨大贡献。

(资料来源:杨俊峰. 人民代表申纪兰[EB/OL]. (2018-03-01)[2022-10-15]. http://cpc.people.com.cn/n1/2018/0301/c64387-29841509.html. 有删改)

一、决策行动修正

(一)职业生涯规划修正的内容

职业生涯规划修正的内容包括对人生目标、阶段目标的修正,对生涯发展路线的重新设定与选择,对实施策略、路径、方法的调整等。在这期间要做到谨慎判断、果断行动。谨慎判断是指无论变化多大,都要在厘清来龙去脉后再做判断;果断行动是指在判断后立即采取行动,重新修订自己的生涯设计,从而保证职业生涯的顺利发展,最终实现人生的职业理想。

但是,这并不意味着大学生求职者在每次评估后都要对目标和方向进行改动。"无志者常立志,有志者立长志",对职业生涯规划进行评估与修正,是为了更好地实现职业生涯目标,而不是为了修改而不停地评估。因此,大学生在职业生涯规划评估与修正过程中,切勿本末倒置。

(二)职业生涯规划修正的时机

把握职业生涯规划修正的时机时,应考虑以下四点:

(1)以一定的时间间隔为期限,定期检测预定目标的达成进度。

(2)每一阶段目标达成之时,要依据实际效果,修订未来阶段目标可采用的策略。

(3)客观环境改变影响到计划的执行。

(4)有效的生涯设计还应不断地反省修正,反省策略方案是否恰当,能否适应环境的改变,可以同时作为生涯规划修正参考的依据。

二、决策行动修正的目的

通过反馈、评估和修正,决策行动应该达到下列目的:

(1)清楚自己的优势。在进行职业生涯规划修正的过程中,大学生们应该清楚自己所具备的优势,并对自己所具有的优势充满自信。

(2)了解自己的不足。大学生们应尽全力找到自己的不足之处,并对这些不足做出相应的修正或完善,了解自己还有哪些方面值得改进,还有哪些方面需进一步提升。

(3)找出关键的有待改进之处。需要重点改进的地方是进行生涯规划修正的关键部分。只有对需要重点改进的地方有正确的认识,才能完善与优化自己的生涯规划。

(4)制订具体改进计划。既然找出了职业生涯规划中需要修正的地方,就要制订详细的改进计划,要科学合理、从实际出发,拿出具体的改进方案和措施,确保该计划通过一定的努力可以实现,具有可行性。

(5)实施行动计划。确保修正后的行动计划能取得显著进步或成就。

生涯体验站 绘制自己的生命之花

生命之花,又叫作"平衡轮",是一个生涯教练工具。这个工具可帮你:①看到生活的全貌;②发现自己真正想做的事情;③澄清目标并开始行动;④合理安排计划与分配时间、精力。

现在,开始绘制自己的生命之花吧!

第一步:画一个空白的花

在空白处,先画上一个圈(尽可能大),然后是一个交叉的 XY 轴,再加两条斜线,画面变成了八个等分的花瓣,一个空白的生命之花就出现了(见图6-4)。

图6-4 生命之花模型

第二步:依次填上对自己生命平衡与幸福最重要的内容

生命之花的内容按顺时针排序为:

毕业后的发展——毕业后想在哪些方面有所作为。

学业状况——目前你的学业情况。

健康——身体、心理健康方面。

娱乐休闲——兴趣爱好方面。

家庭关系——主要指与父母和重要亲人的关系。

朋友与重要的人——不是亲人,却是不可失去的人。

个人成长——知识、能力、眼界、心灵的成长。

能力提升——专业知识技能、自我管理技能和可迁移技能。

仔细看看，这个平衡轮内有玄机：上半部分主要是向外的，目标型的；下半部分更多是向内的，关系型的。有些人的生命之花上半部分很好，下半部分不行，头重脚轻，这种迟早会失衡。而脚重头轻的人，则过于保守和安逸。

第三步：在每个花瓣里填写最重要的三件事

不要多，在每一个圆弧边画一个小点，代表一个事项。一个维度就填写最重要的三件事情。你可以尝试填写更多，但是不要超过五项！

第四步：填入完成这些事项的时间计划

时间计划要注意（以一个月来分配）：

（1）优先安排比较硬性的事项。一般来说，学业时间都是硬性安排。

（2）安排健康时间和维持家庭关系时间。因为身体需要持续的有规律的时间，所以最好提前安排健康时间；维持家庭关系时间，因为家人的时间相对固定，也可提前分配。这些时间不需要太长。

（3）个人成长与能力提升的时间。这部分时间很重要，关系到个人长期发展。

按照这个原则，一个月的每个晚上的时间差不多安排好了。最后，整体看看：有没有前后冲突？有没有可以合并的？例如，个人成长、朋友聚会、家庭聚会等时间有时可以整合。有没有机动时间？一周至少给自己留一天的机动时间。

这样，一个月的计划就定下来了。画完后，你有哪些心得体会？

_____

_____

按此计划，一个月后再来看看"这朵花"，你又会有何感想呢！

_____

_____

生涯智慧：诸葛亮的个人职业规划

三国时期，群雄逐鹿，人杰辈出！与绝大多数怀才不遇者的思维定式相反，长期隐居南阳草庐的诸葛亮一出山就投靠了当时最为势单力薄的刘备并终生为其奔走效力，也实现了个人事业的成功。诸葛亮近乎圆满的职业选择策划如下。

首先，进行自我定位，设定职业生涯目标。诸葛亮的个人职业发展定位非常清晰。诸葛亮自幼胸怀大志，始终以春秋战国时期两位著名的参谋管仲、乐毅为个人楷模，立誓要成为他所处时代杰出的"谋略大师"，为光复汉室贡献力量；同时，诸葛亮也非常清楚他自己长期积累的才干已具备了实现职业目标的可能！

其次，选择适合自己的职业、职位，做到"人职匹配"。在选择职业单位的时候，诸葛亮充分考虑了应聘单位的实力、发展前景、工作氛围、是否符合自己的兴趣志向，和自己在该单位有无很好的发展机会。在应聘对象的抉择上，诸葛亮独具慧眼。曹操已经统一了半个中国，实力雄厚，最有资格挑战全国统治权；孙权只求偏安自保；而势力最为弱小的刘备却具备快速成长，与曹操、孙权三足鼎立乃至在此基础上一统天下的可能性。

原因在于：第一，刘备始终坚持光复汉室的理想并在全国赢得了相当一批支持者——这与诸葛亮的个人价值观吻合；第二，刘备品性坚韧顽强，敢于与任何强大的敌人对抗；第三，刘备待人宽厚谦和,团队凝聚力超强;第四,刘备是汉朝皇族后裔,具备名正言顺继承"大统"的资格——以上条件恰恰是刘备增值潜力最大的资源且其他诸侯很难模仿、替代。此外,还有一个非常重要的原因:到赤壁之战前夕时,曹操和孙权两大集团都已人才济济、颇具规模,诸葛亮若去投奔,最多也只能成为一名"中层管理人员";而刘备集团当时主要由一些武将构成,高级参谋人才奇缺,诸葛亮完全有可能被破格提拔进入最高领导层!

再次,在应聘准备和应聘实施方面,诸葛亮更是做得登峰造极!在个人推销方面,诸葛亮通过躬耕陇亩给外界留下踏实肯干的印象;同时,他还作了一篇《梁父吟》,含蓄地表明心志;此外,诸葛亮在与外人言谈中每每自比管仲、乐毅,一方面宣传了个人的卓越才华,另一方面也表明了他对"和谐双赢"的君臣关系的向往——诸葛亮个人才能和求职意向等重要信息最终通过各种渠道传递到了刘备那里。

在应聘临场发挥方面,诸葛亮在完全私密性的"隆中对"时,通过逻辑严谨的精彩表述充分展现了个人对国内军事、政治形势以及刘备集团未来发展战略的全面深入思考,令刘备对这个27岁的年轻人大为叹服!此后,刘备始终待诸葛亮为上宾,全部重大决策都要与其共同协商探讨,甚至在临终之时还有托孤让位之举;诸葛亮也始终对刘备忠诚一心,鞠躬尽瘁!深厚的君臣情谊是刘备集团后来事业蓬勃发展,最终与曹操、孙权三足鼎立的重要因素并传为千古佳话!

最后,就职之后,不断修订和调整自己的职业规划。在成功成为刘备的得力助手之后,诸葛亮并没有停止自己的职业规划,而是更加细致地修订了下一阶段的职业规划,将自己的职业发展与工作单位的发展相挂钩,在为工作单位服务和作出贡献的同时,逐步完成自己发展中的职业规划。

诸葛亮是昔日乱世中的一个孤儿,若非正确的职业选择助力,很可能就淹没在历史的尘埃之中,永不为人所知。但积极进取且颇有心计的诸葛亮通过在职业选择上的完美谋划,彻底改变了自己的命运。

无论是古人还是今人,但凡是有伟大成就的人,可以说都是自己的职业规划做得成功的人。职业规划的重要性正体现在它的指导性、激励性作用上。因此想要成功,必须先有一个可能成功的职业规划。

(来源:周晓柏.醉说三国[M].北京:新世界出版社,2011.)

课后训练 制定你的目标行动计划

请你从人生目标开始,分解自己的目标,在表6-4中写出你的行动计划。

表6-4 你的目标行动计划

目标	内容	行动计划
人生目标	你想成为什么样的人? 你想为这个社会贡献些什么? 你想成为哪一领域的佼佼者? 你想发挥自己哪些方面的优势和特长?	

续 表

目标	内容	行动计划
十年计划	今后十年你想成为什么样子？ 事业上有什么成就？ 收入达到多少？ 你的家庭及健康水平如何？ 你的生活状态怎样、社会地位怎样？	
四年计划	大一,你希望达成哪些目标？ 大二,你希望达成哪些目标？ 大三,你希望达成哪些目标？ 大四,你希望达成哪些目标？	
今年计划	制定实现今年计划的步骤、方法和时间表,并确保这些是切实可行的	
本学期计划	包括本学期计划完成的任务、质和量方面的要求、学习计划、结识新朋友计划、能力提升计划等	

本章要点导图

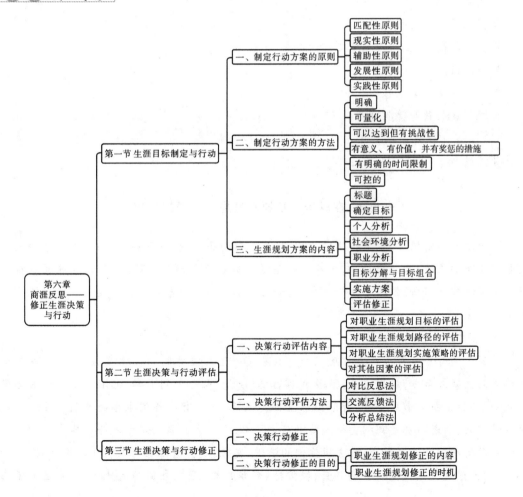

第七章 商涯启航
——商科大学生求职准备

学习目标

1. 知识目标
了解塑造职业形象的主要方面。
了解简历的基本结构和内容。
了解面试的主要形式和流程。
2. 技能目标
掌握职场礼仪的基本技能。
掌握简历撰写、面试的基本方法。
3. 态度目标
提升塑造职业形象意识。
为顺利就业做好就业准备。

生涯榜样

李良玉：在成华大学的岁月是一辈子的珍宝

一口温软的四川话，带着抑扬的声调；一头花白的头发，梳得整齐服帖；满是皱纹的脸上有岁月留下的痕迹，回忆起往事，李良玉一半是感慨一半是激动，不管是如数家珍的叙说还是低头沉思回忆，他的眼睛中都带着光，想必在成华的那段青春岁月是李良玉老师一生中美好的回忆吧。

一、书香

李良玉的青年岁月是在成都度过的。成都是一座历史悠久的文化名城，又是抵抗日本侵略者的抗战大后方，抗战以来，很多有名的爱国进步人士来到成都，也汇集了不少有名的进步书店，除了新华书店之外，有邹韬奋主办的生活书店，有叶圣陶主办的开明书店等。课余或星期天，李老师都爱到祠堂街这些书店去看书，文化界的爱国进步人士也常在祠堂街的文化活动场所或公园内聚会，常去听他们的演讲、发言，或去看他们的文艺演出或画展。《新华日报》为了避开国民党特务的耳目，经常把《新华日报》张贴在僻静的地方，李良玉也常去看。在成华大学的时候,因为时局动荡,大家除了学习,谈论最多的便是国家大事。就是在这样的环境中耳濡目染,李良玉的思想也发生了变化。李良玉在书香中丰富了自己的思想,风华正茂、血气方刚的青年心中有无数热情喷薄而出。

二、壁报

关于李良玉老师在成华大学的青春回忆,最浓墨重彩的一笔当数在《大家来》壁报社的生活了。

李良玉同周光义、周长福等在一间农民茅舍中秘密地办了《大家来》壁报社,李良玉以《北无来鸿》的名称,开辟了一个专栏,大量选用了在清华大学读书的刘成湘给他的来信和书刊的内容,主要报道了蒋介石独裁政权发动内战,屠害人民,广大学生和人民群众反独裁、反内战、反民主、反饥饿的消息和他们写的评论。文稿均是由周长福毛笔抄写出来的,写的字端正流畅。当《大家来》壁报张贴出来,同学们争着围观,反应热烈,说这是校园内吹来了宣扬民主、反对独裁、反对内战的刚劲之风。

后来,为了安全起见,《大家来》壁报没有再办下去。李良玉同黎本初、周光义又办了一个铅印刊物,名称为《今日》半月刊,刊物主要是揭露蒋介石独裁政权发动内战、反对民主、反对人民的本质。刊物报道了在共产党领导下,广大学生和人民群众反独裁、反内战、反民主、反饥饿的人民大众的民主运动。刊物的稿件主要由大家商议好内容后,然后分工,分头写成,并由三人编审定稿,最后由李老师送到一家事前约定的私人印刷厂刊印。刊物是无偿赠送的,刊物的经费来源,由黎本初筹措,不足部分由黎本初本人补上。由于无资金来源,他也筹措不到资金,又无力赞助,刊物办了两期,就停刊了。

三、成华

李良玉在成华的几年时间,正是政局动荡不安,学校也风雨不平。李良玉进校的时候,校长是谢霖,当时是过渡时期,大家觉得学校同光华大学很密切,没有什么区别。但是当时成都军阀为了争夺成华大学领导权,有一些特务,利用学生们对光华大学的热爱,不愿将光华大学变成华大学,在校内闹事。当时谢霖跟学生们讲话说:"光华、成华都是一家"。李良玉老师也深深地相信着这句话,对成华大学给予了他全部的热爱,所以后来学生闹罢课的时候李良玉从来没有参加过。

成都得以和平解放后,李良玉等人回到学校,参加了复校工作。从此,学校步入正轨,开始了教学改革一系列工作。

李良玉在成华大学的岁月艰难但充实,几年过去,热血少年已成为温良如玉的谦谦君子。纵然已经年老,两鬓的斑白让李良玉老师的脸上写满了岁月的痕迹,可是李良玉老师却说他的世界依然一片生机盎然,"但得夕阳无限好,何须惆怅近黄昏"。李良玉老师的青春岁月在成华大学早已走过,留在心中的回忆却是一辈子的珍宝。

(来源:西南财经大学档案馆,2014.09.17.)

思政 淬炼

中华民族创造了几千年的璀璨文化并以礼仪之邦活跃在世界舞台上。关于礼的经典著作包括《周礼》《仪礼》《礼记》等。孔子曾言:"不学礼,无以立""人无礼则不生,事无礼则不成,国无礼则不守。"《礼记·曲礼》中写道:"道德仁义,非礼不成,教训正俗,非礼不备。分争辩讼,非礼不决……是以君子恭敬撙节退让以明礼。"先贤圣言无不强调礼义和德行的重要性。这些道德规范、礼节仪式、典章制度经过几千年的传承,在思想行为、道德伦理、文化艺术、交际沟通、价值观念、审美情操等各方面影响着我们。

礼仪是一个人内在素质的外化,大学生在求职时的言谈举止、仪表仪容不仅反映出个人的思想修养、文明程度和精神面貌,也展示出个人的教养风度和魅力。实践证明,在招聘现场,言谈、服饰得体,仪表端庄,行为规范的大学生更能受到招聘者的青睐,这也是待人接物的基本规矩和仪态规范在求职中的体现。

第一节 职业形象与礼仪

阅读思考 周恩来总理高超的体态语

周恩来总理的仪表风度,一直为中外政治家们所景仰。

尼克松在他的回忆录中曾这样描写过周总理的交谈姿势:他经常靠在椅背上,用富有表现力的手势加强谈话效果,当要扩大谈话范围,或是从中得出一般性结论时,他经常用手在前面一挥。当搁浅的争论有了结论时,他又会把两手放在一起,十指相对。在正式会议中,他对一些俏皮话暗自发笑;在闲聊时,他又变得轻松自如,有时对善意的玩笑还会发出朗朗的笑声。

从这段话可看出,作为我国著名政治家的周总理,得体而强有力的手势,轻松自如的坐姿,不时发出的朗朗笑声,儒雅而沉着的语言,甚至多年以后,还给尼克松以清晰、深刻的印象。

(来源:黎运汉.公关语言学(修订版)[M].广州:暨南大学出版社,2004.)

一、塑造职业形象

良好的个人形象是人际交往的重要资本。大学毕业生初到工作岗位时,树立良好的职业形象既是职业的体现,又是素质和水平的象征,尤其是良好的第一印象是职业形象成功的开端。

(一)仪容仪表

仪表是职业形象的基本外在特征,是一个人文化素养的外在表现,端庄的仪表会给人良好的第一印象。应保持基本的面部整洁,保持口腔、牙齿清洁。男性最好不要蓄胡须,女性可以根据不同的场合适当化妆。发型上,除职业需要,男性不宜留长发;女性如果留长发,应将头发修饰得给人以清爽干练的印象。

(二)着装服饰

1. **男性的着装**

(1)西装:应注意选购整套的两件式的,颜色应当以主流颜色为主,如灰色、黑色和深蓝色,这样在各种场合穿着都不会失态。在价钱档次上应符合初入职场的身份,不要盲目攀比、追求高级名牌西服。

(2)衬衫:以白色或浅色为主,这样较好配领带和西裤。平时应该注意选购一些较合身的衬衫,穿着前应熨平整,不能给人皱巴巴的感觉。

(3)鞋袜:以舒适大方为度,不宜选择鲜艳的颜色。皮鞋以黑色为宜,平时要注意养护。穿西服时最好穿深灰色、蓝色、黑色等深色的长袜。

(4)发型及其他:男性最好选择短发。注意保持头发的干爽卫生,避免头屑留在头发或衣服上,保持仪容整洁是取得他人良好印象的前提。

此外,男性平时还要注意勤刮胡须、勤剪指甲。

2. **女性的着装**

(1)服装:无论是求职面试还是工作时的一些重要场合,都建议女性穿着套装。女式套装的花样可谓层出不穷,每个人可根据自己的喜好来选择,但原则是与职场人士的身份相符,颜色鲜艳的服饰会使人显得活泼、有朝气,素色稳重的套装会使人显得大方、干练。

(2)妆容配饰:参加面试及工作当中的重要场合时,女性可以适当地化淡妆,不能浓妆艳抹,过于妖娆,不符合职场人的形象与身份。手提包要与服装搭配协调,不要把包塞得太满太鼓。饰品不宜超过三件,耳环不要选择过长过大的。

(3)鞋袜:鞋跟不宜过高,鞋不要过于前卫,夏日最好不要穿露出脚趾的凉鞋,更不宜将脚趾甲涂抹成红色或其他颜色,丝袜以肉色为宜。

(三)体态及身姿

俗话说,站有站相,坐有坐相。站就站得挺拔,两肩向后微张,肚脐和鼻尖保持一条直线。坐就坐得踏实,别紧张,坐椅面的三分之二,女生坐姿的关键要两膝夹紧,小腿可斜放、叠放、平放等;男生两膝自然分开,与肩同宽,双手自然置于膝盖。手势不在多,而在有力。步态不用急,要显示出稳健。别人发言精彩之处和结束之时,要报以真挚、热情的掌声。身体动作的协调,可体现积极的精神面貌和情绪状态。

二、掌握职场礼仪

(一)面试礼仪

1. **准时赴约**

守时守约是基本礼数,迟到失约是面试中的大忌,不但会让面试官感觉应聘者缺乏时间观念、责任感,也可能会让面试官觉得应聘者对这份工作没有热忱。建议提前5~10分钟到达面试地点。

如果临时发生了意外情况不能按时赴约或不能参加面试,必须及时向用人单位表示歉意,并预约另一个面试时间,力求得到用人单位的谅解,争取得到补试的机会。

2. 礼貌通报

到达面试地点后,不可慌慌张张贸然进入,先在门外冷静一会儿,调整好情绪。进门前,一定要有礼貌地通报负责面试的人员。进门务必敲门,力度适中,当听到允许进入的回答后,再轻轻地推门进入。进门后,将门轻轻关闭,动作要得体,表情要自然。

3. 正确称呼

进入办公室后,要主动向招聘人员打招呼,如"您早""您好",对面试官的称呼必须正确得体。如果招聘人员有职务,要采用姓加职务称呼的形式,如"王经理""张处长"等。如果不知道职务,可笼统称"老师"。如果对方职务是副职,应采用就高不就低的称呼,即以正职相称。

4. 谈吐得体

面试过程中要注意自身的谈吐形象。说话要和蔼可亲,普通话力求标准。要尊重面试官,不要打断对方的发问,不要随意插话,更不能贬低别人,抬高自己。语言要彬彬有礼,不要轻易反驳,要不时地点头表示赞同。谦虚、诚恳、自然、亲和、自信的谈话态度,在任何场合都受到欢迎。

5. 礼貌告辞

面试结束后,面带微笑,亲切握手,充满热情地告诉面试官你对此职位感兴趣,和面试官握手并对面试官的接待表示感谢,然后离开。

(二)办公室礼仪

1. 办公室沟通

要对每个人保持尊重,无论是你的上级还是同事,要养成尊重他人的习惯。

2. 注意界限

在工作过程中,要分清哪个部分是公共区域,哪个部分是个人区域。在办公室中要保持自己的工位整洁,不能存放过多的私人物品。

3. 控制好声音

说话的声音、与他人之间的距离要控制得恰到好处。在与别人电话沟通时,要注意音量控制,两个人能听见就行,不能因为声音过大影响他人的工作。

(三)电话礼仪

1. 接电话

确认打电话人的单位与姓名,询问其来电的具体事项。汇总具体的来电事项,对其来电也要表达谢意,对一些具体的事务要尽快处理,挂电话的时候也要向对方说"再见"。

2. 打电话

打电话之前检查周边环境是否安静,再确定好打电话的具体内容,准备好措辞。做自我介绍时,先说明打电话的目的和具体事项,礼貌询问对方的称谓,适时记录对方谈话内容并予以确认。

(四)接待拜访礼仪

1. 接待礼仪

提前确认拜访者的单位、姓名、拜访对象、拜访的具体事情和拜访的目的。微笑着问候拜访者,积极地与其交换名片。接待时要穿职业化的正装,面对不认识的拜访者,先要自我介绍,结束会面时,礼貌地与其道别,两眼平视对方,与对方坚定握手,感谢其拜访,送其至电梯口。

2. 拜访礼仪

先打电话说明拜访的目的,约定好见面的时间和地点。拜访之前,阅读拜访对象个人或者是公司的资料,积极准备拜访时可能用到的资料。拜访时要主动问候对方、握手、交换名片。在具体会谈的过程中要注重语气,注意对方的称呼、遣词用字、语速、语气、语调。在整个会谈的过程中,如果没有急事,手机就调为静音。

生涯体验站 检查你的着装习惯

以下是大学生着装中常见的问题,请自我检查一下。
(1)任何时候请保持衣服和鞋的洁净。
(2)女生穿短裙配凉鞋时可不着袜或者穿长筒丝袜,切忌穿短丝袜。
(3)男生穿西装时,必须配皮鞋。
(4)男生不要穿过紧的裤子以及T恤。
(5)男生不要穿西装打领带却配牛仔裤。
(6)女生不要穿男式的衬衣或西装。
(7)男生穿牛仔裤时,最好配上皮带。
(8)男、女生都切忌穿伪名牌服饰。
(9)女生穿紧身牛仔裤时,最好不要配松糕鞋。
(10)男生最好不要穿任何女性化的服装,特别是紧身牛仔裤。
(11)男生穿皮鞋时,最好不要穿运动袜。
(12)指甲要整洁、干净,不要涂成红色、紫色。
(13)女生不要穿套装或套裙却配双肩背包。
(14)化妆应化淡妆,不使用闪光化妆品,不涂深红的口红,香水喷洒要恰到好处。

第二节　制作简历

阅读思考· 越长的简历越好吗

黄同学是投资专业一名大三的学生,他即将毕业,面临着求职的问题。求职的第一步便是写好一份简历。

黄同学拿着自己通宵写的一份简历到处投稿,却屡遭碰壁。他认为这是他写得最好的一份简历,为了让用人单位能够全面了解自己,他的简历整整有十多页,他把自己从出生到大学的经历全都写上了。甚至为了能让招聘单位的 HR 一眼相中他,他还用 PS 做了一个非常漂亮的封面。这么用心地打磨简历,黄同学始终想不明白为什么没有企业给他发面试邀请。在经过十多次的投简历失败后,他去询问老师和同学们的意见。

老师帮助黄同学分析了他的简历后,他清楚地知道了自己在制作简历时犯的错误。

首先,黄同学的简历篇幅过长,用人单位的 HR 面对众多应聘者,不可能用大量精力去看十多页的简历,最想看到的是与岗位需求相关的能力和经历,其他无关信息根本没时间看。调查显示,HR 浏览一张简历的平均时间是 15~30 秒,在这个时间内,如果抓不到重点就没有耐心看了。所以黄同学精简简历将其控制在 1 页,删去了多余的内容,同时保留了一些重要的细节。

其次,黄同学的简历封面太花哨了,给人一种华而不实的感觉,当用人单位 HR 打开简历时容易觉得简历内容配不上封面。所以黄同学制作了一个简洁大方,让人看得舒心的模板,去掉了封面。同时黄同学之前的简历使用的照片是随手拍的生活照,给人一种不够正式、不够认真的感觉。所以他去照相馆拍了一张蓝底穿西装的证件照放上去。

经过这些调整,黄同学不仅获得了不少公司的面试邀请,而且很快获得了自己想要的岗位。

(来源:以上案例基于真实案例改写.)

一、简历的概念及作用

(一)简历的概念

简历,顾名思义,是对个人学历、经历、特长、爱好及其他有关情况所做的简明扼要的书面介绍。简历是有针对性的自我介绍的一种规范化、逻辑化的书面表达。对应聘者来说,简历是求职的"敲门砖"。

简历的基本特点就是简——简单、易懂、明了,历——经历、过程、能力。

(二)简历的作用

简历不是简单的工作经历和教育背景的叙述,而是面对用人单位的第一次全方位展示。

简历的主要目的是推广和宣传个人形象,是自我推销的手段,帮助求职者获得面试机会。好的简历虽然不会直接帮助一个人获得职位,但是会在招聘者做出招聘决策时起到积极的影响作用。

二、简历的结构与内容

对于应届毕业生来说,一份简历中最基本的信息可以概括为"一个中心",即求职意向;"两个基本点",即个人信息和教育背景;"三种经历",即实习经历、校园经历和社会实践经历;"三类证书",即荣誉证书、技能证书、职业资格证书。除了这些基本信息,还可以写出自己的爱好及自我评价等。

(一)求职意向

求职意向是指想应聘的岗位或求职方向。在简历中,求职意向可以直接写职位,或者写明想在哪些领域实现自己的价值。

一份简历只能有一个求职意向,如果有多个职业目标,最好分别撰写不同的简历,什么都能干、什么都行、什么都想做其实就等于什么都不行,什么都做不好。如果求职意向能定位到"企业 + 岗位"就更具吸引力,如 XX 企业计算机软件开发工程师。

(二)个人信息

个人信息的主要作用是方便人力资源经理知道简历是属于谁的,如果对这位应聘者感兴趣而且想联系的话,能够很容易拨通他的电话。简历中,个人信息应该简单、清晰,没有多余信息。

姓名和联系方式(手机、电子邮箱)是必须信息,且要写在简历最前面最醒目的位置,方便查找。至于性别、年龄、政治面貌、籍贯、民族、照片等,要根据应聘单位的性质和职位要求来取舍,一般来说,国企、事业单位倾向于个人全面信息,外企则相对较少。

(三)教育背景

高校毕业生教育背景一般会置于简历上端醒目位置。教育背景中必需的信息包括就读的时间段、学校、专业、学历、主修专业、辅修专业、相关课程等,成绩及排名可以根据实际情况有选择地填写。

如果你所学专业和职位对口,那么就加粗强调。如果是跨专业求职,那么辅修专业可能就非常重要。围绕应聘岗位专业知识技能的要求,列出与工作职责相关的核心课程,并按照相关度排序。如果你的专业成绩还不错,那么可以标明成绩或排名。

(四)实习经历

实习经历是简历中非常重要的一部分内容,这部分也是人力资源经理在浏览简历时重点查阅的部分。实习经历能够系统反映个人能力、素质、特点、个性等重要信息。如果已有的工作实习经历与应聘的职位或者公司业务需求相关,那通过简历筛选的概率很大。

(1)公司名称:加粗显示。以为人熟知的名称来写,可以是营业执照上的公司全称,也可以是公司简称。例如,IBM 的大名家喻户晓,但它的全称 INTERNATION BUSINESS MA-CHINE 却很少有人知道。

(2)岗位名称:加粗显示。这是人力资源经理浏览简历时的一个关键词。如没有正式的职位名称,也不要轻易用"实习、实习生、兼职"之类的词来代替,看不出工作性质。应根据具体的工作、实习内容及对应的部门性质,在真实的基础上,为自己的实习职位定义一个有具体意义的职位名称,如销售代表、业务助理等。

(3)实习时间:这是人力资源经理判断应聘者实际工作经验丰富与否的一个标准。如果工作时间较短,但公司的知名度或者与应聘公司相关度比较高的话,就在行首位置强调公司,工作时间放在行尾。

(4)实习内容:这部分包括应聘者的主要工作和职责,工作结果与主要成就,从工作中学到的技能与素质等。在写工作经历时要用短句,避免用大段的文字描述。

实习内容编写要注意以下方面。

①"PAR"法则。采用描述问题(problem)、采取行动(action)、业绩结果(result)的框架来描述,也就是工作目标、工作内容、工作业绩。

②工作业绩要用数字来说话,尽量具体化,不要使用"许多""大概"等。我们通常接触的数字包括成本、收入、预算等钱的因素,也包括提高时间效率、规模数量等。例如,开发了销售和市场项目,使购物中心的利润提高了 33 个百分点;在行政法规听证会上,作为法律代表为客户公司进行辩护,胜诉率达 80% 以上等。

③将看上去"含金量"不高的内容,尝试用相关专业术语来表述。例如,在餐饮店实习前台收银,表述为"主要负责现金收支项目的管理与账目申报工作"比"负责收钱和记账"会更有吸引力。

(五)校园实践经历

校园实践经历主要列举在校期间的社团活动、志愿服务、科研科创比赛、学生干部等经历,包括暑期三下乡、支教支边等实践。这些经历能很好地体现个人的可迁移能力和自我管理经历。写作格式与工作实习经历的写法比较相似。

(六)证书

在以上所有的信息书写完毕后,别忘了锦上添花,对荣誉证书、英语、计算机、文体项目等专业技能证书,职业资格认证做一些单独描述。如果能把所获奖励级别、难度系数、获奖范围等进行简要描述,或许能增加简历通过筛选的概率。如果你会的东西很多,一定要遵循相关性原则,重点列出那些与应聘岗位的能力要求最匹配的奖项和证书。

(七)其他信息

(1)个人爱好:简要描述,突出与应聘职位相关的爱好。

(2)自我评价:如果企业的申请表注明了这一项,应该结合应聘职位的特点,分别用一句话来总结各项素质。例如,应聘销售要强调自己的沟通能力、抗压能力;应聘行政要强调责任心强、细心谨慎,然后用一句高度概括性的话,对各项素质做例证。

可参考图7-1的简历样例,一步一步开始真正的简历写作吧!

(个人照片)	王XX　西南财经大学＊＊学(双学位)学士　　出生日期:＊＊＊
	现居成都市＊＊　　联系方式:186XXXXXXXX
	求职意向:某证券公司银行部成都分部 客户经理

教育背景
西南财经大学　　　　＊＊学　　　GPA:＊＊/4.0　　2018.09 – 2022.06

实习经历
☆ 学习科创板、新三板上市相关文件,了解并参与科创板、新三板上市的相关要求及保荐机构的财务核查工作。
☆ 参与IPO项目,协助编制申报材料。参与项目现场尽职调查、工作底稿整理等工作,协助项目组完成其他相关工作。

校园经历
☆＊＊专业＊＊班　　　　　　　班长　　　　　　　　2018.09 – 2022.06
协助辅导员完成日常班级工作安排,包括但不限于收集整理班级信息、班级事务通知、组织班级活动、同学关系协调、提升班及凝聚力,获得班级成员的一致好评。
☆投资协会社团　　　　　　　副社长　　　　　　　　2019.09 – 2021.06
每周组织金融知识培训课程,邀请校内外知名人士举办讲座。参与筹备模拟股票期货交易大赛、投资大赛、模拟股票交易等多项活动。

社会实践经历
2022年4月 组织开展"保护环境 杜绝浪费"主题团风活动
获得成绩:该次主题团风活动被XX大学团委评为"2022年度XX大学十佳团风活动"。
活动期间主要负责的工作:
☆ 宣传本次活动的主题;
☆ 负责组织本次活动的主题座谈会,扩大活动影响;
☆ 组织进行调查问卷,宣传调查结果;
☆ 分析调查数据,并提出相应解决方案;
☆ 配合学校后勤公司做好宣传及引导"改变消费方式,减少浪费"等工作。

获奖及证书
☆ 获得两次国家励志奖学金、二等人民奖学金;
☆ 专业证书:证券从业资格证、初级会计资格证;
☆ 语言证书:CET-6、普通话测试二级甲等;技能类证书:计算机二级office(优秀);软件操作:Wind、Stata、Photoshop等。

图7-1　毕业生求职简历样例

三、简历制作注意事项

(一)扬长避短,强调优势

大公司的应聘者众多,作为一名资深的 HR,一般浏览简历的时间不会超过 30 秒,很少会从头到尾细看每个要点。特别是随着线上招聘日趋普遍,线上投递简历也成为常态。一般而言,线上简历筛选,系统会自动匹配与岗位要求相关度高的关键词,初次筛选出的简历就可能成百上千份。如果你的简历要到第 10 页甚至更后面才出现,那么 HR 可能就没有机会看到你的简历。

怎样让你的线上简历投递可以出现在第 1 页而不是第 10 页?我们可以借用 SEO 概念,SEO 是指通过对互联网信息进行持续优化,来提高某个内容在百度等搜索平台的排名。只要 SEO 做得好,当用户搜索某一关键词时,优化后的内容就可以优先展示在结果中的前几页,甚至是展现在首页顶部。同样,如果大家想提高自己简历在系统筛选中的位次,也要像做 SEO 那样去优化简历。例如,突出岗位要求的优先条件,强调岗位要求的核心能力,提高关键词频次等,使自己的简历更适合系统的数据抓取,确保 HR 搜索关键词时,你的简历可以迅速地被抓取,这样就多了一些机会。

对于自身的劣势,如何在简历中处理呢?可参见表 7-1,既可以保持简历的真实性,也可以在一定程度上提升吸引力。

表 7-1 个人劣势处理方法

可能的劣势	处理方法
成绩一般	突出相关的、高分的课程;突出工作实习、社会实践经历
四六级英语成绩不高	用相关的英语活动、英语竞赛、英语实践来证明英语能力
学校层次不高	展现参与专业学术活动、科研科创等经历,强调学术性研究成果
实习经验不足	突出社团活动经历、学生干部经历、社会实践经历,突出自己的可迁移技能和自我管理技能
专业不相关	突出辅修、选修课程学习,突出与岗位相匹配的非知识技能
缺乏社会经验	强调年轻人愿意学习、谦虚上劲、敢于挑战和承担的品质

(二)量身定做,重点突出

制作简历时,可以根据应聘岗位的特点,将简历本身作为展示自己闪光点的载体。例如,应聘对文字功底要求较高的职位时,简历可以展现自己的写作能力、书面表达能力;应聘广告设计等职位,可将简历制作得有新意;应聘外企,可以准备一份表达精准的外语简历。

(三)内容精练,简短有力

简历是交给用人单位的第一张"名片",不可以造假,更不可以夸夸其谈。最成功的广告不仅简短还富有感召力,遣词造句要精雕细磨,惜墨如金。通过 STAR 法则、数据化呈现增强简历的说服力。多用动词,避免可能会被淘汰的不相关信息。

(四)严谨认真,注意格式

注意组织好个人简历的结构,语言要通俗顺畅,没有生僻字词。简历撰写完成后,要仔细检查文字内容和格式,注意排版及字体的规范性,同时注意语法、标点与措辞,反复检查。尽量提供简历中提到的业绩和能力的佐证资料。一般不要把原件给招聘单位,以防丢失。

生涯体验站 简历制作

请制作一份简单的简历。

姓名		性别		
出生年月		民族		
籍贯		健康状况		
政治面貌		联系电话		
最高学历		学校/专业		
教育经历				
工作(实习)经历				
个人专长				
自我评价				

第三节 面试制胜

阅读思考·细节决定成败

小张的求职意向首选是会计师事务所,经过层层筛选,他如愿进入最后一轮面试,要去见事务所的合伙人。能在数千大军中杀到见合伙人这一步实属不易。面试当天,小张穿好提前准备好的西装,打上领带,穿上前一天晚上擦好的皮鞋就出门了。面试完,小张觉得自己成功入职的机会不大,因为与他一起进入面试阶段的另外两名同学学历、学校层次都比他高,而这次面试只录取一人。

但出乎意料的是,第二天小张收到了事务所发来的入职通知书邮件。欣喜之余,小张主动询问了 HR 录取自己的原因。人事经理告诉他,在见合伙人的时候,小张面带笑容,不卑不亢地打招呼、做自我介绍都给面试官留下了深刻印象,他面试综合表现得分是最高的。而另外两位同学虽然学历高,但面试表现不佳。其中一位同学虽然穿着西装,但脚上穿的是运动鞋,走的时候还把包落下了,这样冒失马虎的性格是不适合做会计工作的。另外一位同学在面试过程中太紧张,很多问题的回答都让人不满意。面试官觉得,小张不仅着装举止合体合礼,而且心态沉稳,完全有能力胜任会计工作。

(来源:以上案例基于真实情况改写.)

一、面试前的准备

面试不同于日常的观察和考察,也不同于一般的面谈。应聘者在面试前要做充分的准备工作,以最好的状态接受面试。

(一)充分了解应聘单位

古人说:"知己知彼,百战不殆。"面试和打仗有着同样的道理。一般来说,应聘者可通过用人单位的官方网站、自媒体平台(如微信公众号)、广告宣传手册、新闻媒体报道等渠道全面深入了解应聘单位的情况。了解的内容主要包括用人单位的性质、规模、特色、组织机构、金融状况、发展前景、企业文化、企业价值观等。若应聘者对这些情况一无所知或知之甚少,则在面试时容易处于被动,也容易给招聘者造成"你对我并不感兴趣"的印象,从而影响面试成绩。

(二)提前调适面试心态

应聘者能拿到面试机会,说明在基本能力和个人条件方面已经达到用人单位的及格线。这时候,面试的关键就在于稳定心态。好的心态可以让应聘者的能力得到正常发挥甚至超常发挥。首先,如果能对面试有客观的认知,形成理性的心理预期就会平复大部分应聘者的焦虑和迷茫。其次,要注意对负面情绪的掌控。适当的焦虑可以促使应聘者的精神更为集中。如果应聘者夜不能寐、紧张到无法开口,就需要掌握一些控制情绪的技巧,如深呼吸、冥想、转移注意力等。适当松弛的精神状态可以帮助应聘者更好地展示自己。

(三)留意面试细节

面试是一个双向选择的过程。应聘者向面试官证明自己能胜任这份工作,同时要了解应聘单位及职位的条件、要求等,判断自己是否真的想在这里工作。首先,在面试前,应聘者重温一下简历内容,确保每段经历都能用简洁的语言复述。每一段经历都应该准备实例和数据佐证。其次,尝试换位思考,如果自己是面试官,自己可能会对哪一段经历感兴趣?就这一段经历,应聘者应做好充分准备。最后,在面试环节,应聘者应重视因不熟悉考察方式和面试流程,而对自己能力展示的削弱效果,要明确面试目的,以此确定自己的面试展示策略,再详细了解面试形式、面试流程等,以应对千变万化的考察形式,做足面试前准备,反复练习,必要时可以与朋友进行面试演习,不断熟悉突发状况的应对方式。

(四)充分准备材料

应聘者在面试前要尽可能多地了解应聘单位及职位的情况,充分准备材料,做好准备工作。其中需要注意以下方面。

(1)准备好要问的问题。

(2)准备好所有的相关证明材料,可以用求职档案的方式来整理和呈现。

(3)准备好面试着装,注意仪态仪表。

(4)遵守约定的时间,预留出充足的交通时间,最好在约定时间前到达面试地点。到达面试地点后,可以利用提前的时间观察应聘单位的工作环境、感受工作氛围。

二、面试内容和形式

(一)面试的内容

面试主要测评应聘者与岗位工作职责相匹配的知识技能、可迁移技能、自我管理技能。许多面试官会以一些"小谈话"作为面试的开始来帮助应聘者放松。看起来好像与工作无关,但这也是评估应聘者的一部分。应聘者可以利用这开始的几分钟表现自己积极的态度。面试考核的主要内容包括以下几个方面。

1. 知识技能

作为对笔试的补充,面试对知识技能的考察更具灵活性和深度。通过询问,面试官可了解应聘者所掌握的专业知识的深度和广度,其专业技能是否符合所要录用职位的要求。面试官所提问题也更接近招聘岗位对知识技能的需求。

不同的行业、不同的岗位对应聘者的知识技能要求不同。例如,对银行客户经理的考察通常包括是否有较强的财务分析能力,是否具备相关的业务知识等。

2. 可迁移技能

可迁移技能是那些能够从一份工作中转移运用到另一份工作中的、可以用来完成许多类型工作的技能,以下几项可迁移技能是面试时经常会考察的。

第一,学习能力。面试官首先看应聘者是否具有掌握和学习新知识、新技能的强烈愿望和兴趣,这是个人学习新知识、新技能的巨大推动力;其次要看应聘者是否掌握一些基本的学习技能、技巧和方法,只有具有良好的学习方法,才能在短时间内掌握尽可能多的新知识、新技能。

第二，语言表达能力。用人单位会观察应聘者能否将要向对方表达的内容有条理地、完整准确地转达给对方；引例、用语是否确切；发音是否准确，说话时的姿势、表情是否得体。面试中应聘者是否能够将自己的思想、观点、意见或建议顺畅地用语言表达出来。

第三，人际沟通能力。在面试中，面试官通过询问应聘者参与过哪些团队活动，在团队项目中如何与他人协作，喜欢与哪种类型的人打交道，在各种社交场合所扮演的角色等，可以了解其人际交往倾向和与人相处的能力。

第四，逻辑思维能力。面试官会通过应聘者的反应来考察其逻辑思维能力。如果应聘者在回答问题时思维敏捷、逻辑清晰、重点突出，通常可以反映出其逻辑思维能力强。

3. 自我管理技能

自我管理能力在工作中尤为重要。通常，面试官会询问应聘者过去的学习或工作经历，从多个角度测试应聘者的自我管理技能。例如，侧面了解其对待学习或者工作的态度是否认真负责、勤勤恳恳等，可了解一个人的职业心态；了解其能否安排好时间，协调好学习、生活、工作的关系，可知其管理自我的能力；了解其在遇到上级批评指责，工作有压力或是个人利益受到冲击时能否理智对待，可知其抗压能力；了解其在平时的工作过程中遇到复杂的问题是否有耐心和韧劲，能否沉着应对，可知其情绪管理能力。

（二）面试的形式

在校园招聘中，企业采用的面试形式越来越丰富，面试流程也越来越复杂，其目的是提高面试筛选的准确度和效率。常见的面试形式包括网络面试、电话面试、结构化面试、无领导小组讨论、情景模拟面试等。

1. 网络面试

应聘者参加网络视频面试时，要提前安装好摄像头和耳麦等相关设备，并检查电脑、网络、摄像头、耳麦等设备的使用情况，以保证视频面试按时、正常进行。视频面试一般看不到应聘者更多的姿态和动作，因此应聘者的发型、服饰等给面试官留下的印象更深刻，要尽量做到干净整洁、朴实大方、和谐得体，符合大学生身份，给面试官留下良好的第一印象。由于视频面试主要是通过语音聊天来展示自己，因此要特别注意语言表达的分寸和得体。例如，视频过程中有可能出现没有听清的情况或者视频突然断掉，要非常有礼貌地解释清楚，这个时候应聘者的反应也许就会成为面试官判断的标准。视频面试过程中的一颦一笑，一举一动都有可能成为面试官判断的依据，不要有过多的小动作。在面试过程中，眼睛要直视对方，目光游移不定会影响面试官的判断。

2. 电话面试

出于面试效率及成本等因素的考虑，特别是招聘单位与招聘地点不一致的情况下，初步的筛选面试招聘方可能会采用电话面试。电话面试前，应聘者应提前准备好提纲。假若面试人员表示占用时间很短，要应聘者配合的话，不要紧张，理清思路，先做简短的自我介绍，之后有条不紊地回答提问。

一般电话面试时，面试人员会比较快地切入面试。此时，应聘者最好将简历放在手边，建议在手边放一些纸和一支笔,记录面试人员的问题要点,便于回答。电话面试对应聘者的口语表达具有更高的要求。因此,应聘者要用简短的语言表达清楚,重点突出,不要回答得含糊不清。同时不要因为面试官看不到,就照本宣科,机械地背诵自己准备的材料。回答问题时语速不必太快,发音吐字要清晰,表述要简洁、直截了当、充满热情。如果问题没听清楚,要很有礼貌地请面试人员重述一次,不要不懂装懂,答非所问。

3. 结构化面试

结构化面试又称标准化面试,用人单位会根据岗位的特点,对面试的内容、试题、评分标准、评分方法、分数进行相对固定化和程序化的设计。目前,公务员和外企使用此类面试比较多。

4. 无领导小组面试

无领导小组讨论是一种集体面试的测评技术,它通过给一组应聘者一个与工作相关的问题,让应聘者进行一定时间的讨论,来检测应聘者的组织协调能力、口头表达能力、辩论能力、说服能力、情绪稳定性、处理人际关系的技巧等方面的能力和素质是否达到拟任岗位的要求。

5. 情景模拟面试

情景模拟面试,是设置一定的模拟场景,要求应聘者扮演某一角色并进入角色情景中,去处理各种事务及各种问题。考官通过对应聘者在情景中所表现出来的行为,进行观察和记录,以测评其素质潜能,看其是否能适应或胜任工作。

三、面试技巧

(一)应答的技巧

面试过程中,主考官会向应聘者提出各种问题,而应聘者的回答将成为主考官考虑是否接受他的重要依据。下面总结几点应答技巧,帮助应聘者从这些技巧中"悟"出面试的规律及回答问题的思维方式。

(1)先说论点后说依据。应聘者在回答问题时,要考虑自己所说内容的结构,用尽可能短的时间组织好说话的顺序。一般来说,回答一个问题时,首先提出自己对问题的基本观点,然后再逐一用论据来论证、解释。

(2)扬长避短。每个人都有自己的优势与不足,面试时间有限,在有限的时间内充分体现优势,扬长避短、显示潜力。当然,扬长避短,既不是瞒天过海,更不是弄虚作假,而是一项灵活性技巧的体现。

(3)举例。在实际面试中,可以适当举些例子,事实胜于雄辩,适当举例会使自己的观点得到更加充分的论证,也有助于让面试官产生身临其境的代入感。

用人单位最反感的就是应聘者弄虚作假。应聘者即便能力有限,成绩不突出,只要是实事求是,经过专业培训,都是可造之才。如果还没有进公司就瞒天过海,耍心眼,怎么可能被用人单位录用呢。

(二)提问的技巧

面试过程中,除了要回答主考官的问题外,应聘者向主考官提问也是必不可少的环节。当然,在提问这一环节上也应注意方式方法,否则很有可能将所有的努力付诸东流。

(1)提出的问题要视主考官的身份而定。如果想了解应聘单位共有多少人、组织架构、主要业务等问题,就不要向一般工作人员提问,而要向单位负责人提问。

(2)把握提问的时间。要把不同的问题安排在谈话进程的不同阶段提出,有的问题可在谈话一开始就提出,如关于公司的架构、业务、工作内容等。有的可以在谈话过程中提出,如对面试官的提问存在疑问时。有的则应放在快结束时再提,如薪资待遇、假期福利、未来职业发展通道等。

(3)注意提问的方式、语气。有些问题,可以直截了当地提出来,如应聘单位岗位设置。有些问题,则要婉转且含蓄一点,如了解应聘单位职工收入情况和自己应聘成功后每月收入等问题。此外,在询问时,一定要注意语气,要给人一种诚挚、谦逊的感觉,千万不可用质问的语气,这样会引起反感。

(4)不提模棱两可、似是而非的问题。特别是涉及与职业、专业有关的问题,一定要确切,不能不懂装懂,提出幼稚可笑的问题,在应聘者提问的过程中,主考官可以看出提问者的知识水平、思维方式、个人价值观等。

生涯体验站·自我介绍训练

一、活动目的
(1)了解自我介绍在面试中的重要性,做好充分准备。
(2)通过模拟训练,掌握自我介绍的技巧,提升面试自信心。

二、活动方法
(1)请学生结合给出的招聘背景信息,分析自身优势。
(2)给出5分钟,让学生整理发言思路。
(3)请学生上台做面试自我介绍(有条件的话,可录像)。
(4)让其他学生为其打分评价。
(5)老师点评总结。
(6)学生反思与改进练习:
①我的"故事"是否有趣?
②它令人信服吗?
③还有什么需要补充的?
④如何使我的回答变得更好?

三、自我介绍建议思路
面试的自我介绍,重点是要告诉面试官,自己如何适合这个工作岗位,具备什么样的个人特点、学历、培训经历、工作经历而能够满足企业的需要。
(1)首先报出自己的姓名和身份,让对方认识自己。
(2)可以简单地介绍一下学历、工作经历等个人基本情况,让对方了解自己。接下来由个人基本情况自然地过渡到一两个自己学习或实习期间圆满完成的事件,以形象地说明自己的经验与能力,突出自己的优点。例如,在学校担任学生干部时成功组织的活动,或者在社会实践中利用自己的专长为社会公众服务,或者自己在专业上取得的重要成绩及出色的学术成就。

(3)着重结合职业理想说明应聘这个职位的原因,让对方接受自己。可以谈对应聘单位或职务的认识了解,说明选择这个单位或职务的强烈愿望,还可以谈如果被录取,将怎样尽职尽责地工作,并不断根据需要完善和发展自己。

四、自我介绍注意事项

(1)眼神——眼神要坚毅,要敢于与人直视,不要飘忽不定。

(2)笑容——微笑让人感觉愉悦、感觉自信而放松。

(3)声音——声音大而稳,语速中等。普通话要标准,吐字要清晰,忌用方言。

(4)情绪——避免情绪起伏波动,以免产生负面影响。

(5)开始与结束时注意个人礼貌和基本修养。

(6)时间控制在2~3分钟为宜。

生涯智慧 社交活动中的常用礼貌用语

初次见面说久仰,看望别人说拜访。请人勿送用留步,对方来信用惠书。
请人帮忙说劳驾,求给方便说借光。请人指导说请教,请人指点说赐教。
赞人见解说高见,归还原物叫奉还。欢迎购买叫光顾,老人年龄叫高寿。
等候客人用恭候,接待客人叫茶后。客人来到说光临,中途要走说失陪。
送客出门说慢走,与客道别说再来。麻烦别人说打扰,托人办事说拜托。
与人分别用告辞,请人解答用请问。接受礼品说笑纳,好久不见说久违。

(来源:张晶义,林潮生.实用社交与公关手册[M].桂林:漓江出版社,1991.)

课后训练 模拟面试

为增强求职意识,提高求职技能,提升就业竞争力,大学生可以以班级为单位自发组织模拟面试,邀请师兄师姐或者老师当面试官,体验面试的氛围。通过模拟面试,掌握简历制作技巧、面试流程、面试礼仪等,以最佳的状态面对今后的面试。

组织形式:可以在教室里模拟企业招聘全过程。

准备事项:桌子和椅子、简历、着装、面试问题、其他道具。

活动内容:邀请师兄师姐或者老师担任面试官,小组同学事先准备好自己的简历,依次应聘。面试过程中回答面试官提出的各种问题,结束后由面试官点评,其他同学也可以参与评议。

常见面试问题:

1. 请介绍一下你自己。
2. 对我们公司了解吗?为什么想应聘这个工作?
3. 请你用两分钟描述自己的优势和不足。
4. 说说你做过的最满意的一件事。
5. 你的适应能力如何?
6. 你周围的人是如何评价你的?

7. 你希望得到的薪酬是多少？

8. 你想找一份长期的还是临时的工作？

9. 五年内你给自己制定的目标是什么？

10. 你能为我们公司带来什么？

本章要点导图

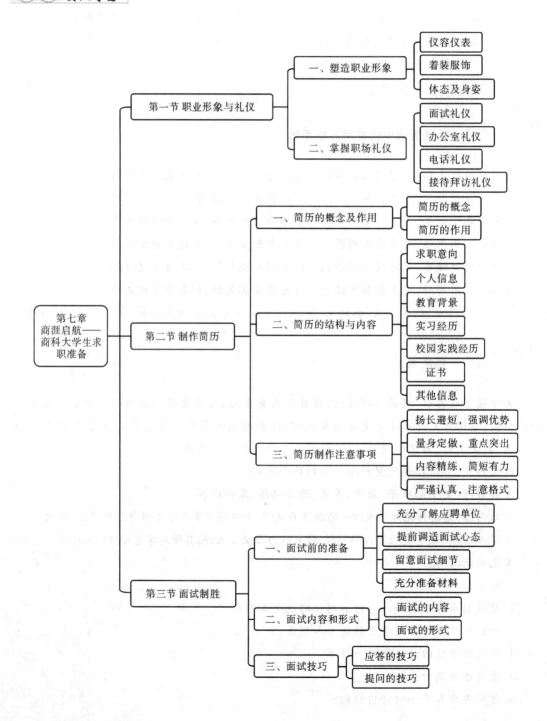

附　录

附录Ⅰ　基层就业项目介绍

中央各有关部门主要组织实施了以下引导高校毕业生到基层就业的专门项目。

大学生志愿服务西部计划：团中央、教育部、财政部、人力资源社会保障部等四部门从2003年起组织实施的"大学生志愿服务西部计划"。

"三支一扶"计划：中组部、人力资源社会保障部、教育部等八部门从2006年开始组织实施的"三支一扶"（支教、支农、支医和扶贫）计划。2021年至2025年实施第四轮高校毕业生"三支一扶"计划，每年选派3.2万名左右高校毕业生到基层服务。

教师特设岗位计划：教育部、财政部、人力资源社会保障部、中央编办等四部门从2006年开始组织实施的"农村义务教育阶段学校教师特设岗位计划"。截至2020年，"特岗计划"共为中西部地区22个省份1000多个县的3万多所乡村学校和教学点补充95万名中小学教师。

选聘高校毕业生到村任职：中组部、教育部、财政部、人力资源社会保障部等部门从2008年起组织实施"选聘高校毕业生到村任职工作"。选聘的高校毕业生在村工作期限一般为2~3年。

"城乡社区"基层服务专项计划：实施应届高校毕业生从事为期两年的基层服务计划，在2022年招募2000名"城乡社区""学前教师""乡村医生""司法协理"等专项计划中，鼓励高校毕业生到城乡社区一线服务。对"三支一扶"计划名额做好调剂分配，鼓励其投身基层服务。

参与基层就业项目分别需满足哪些条件？

大学生志愿服务西部计划：拥护中国共产党领导，热爱祖国、热爱人民、热爱社会主义，理想信念坚定，思想政治素质好；招募当年毕业的应届毕业生，毕业学校为教育部最新公布的《全国普通高校名单》中所列高校，且设有西部计划高校项目办，无论是专科生、本科生还是研究生都可报名参加；如果是在读研究生也可报名参加西部计划，到岗之前获得毕业证书或学位证书；通过西部计划体检，身心健康，符合《大学生志愿服务西部计划志愿者体检标准》。想服务新疆、服务西藏的毕业生，还要确保身体条件适合赴新疆、西藏开展志愿服务，有志愿服务经历的优先录用。

"三支一扶"计划：政治素质好，热爱社会主义祖国，拥护党的基本路线和方针政策；学习成绩合格，具有相应的专业知识；具有敬业奉献精神，遵纪守法，作风正派；身体健康、满足拟招募岗位所需的其他条件。

教师特设岗位计划：需符合招聘岗位要求；年龄不超过30周岁；具有相应的教师资格证

书。以普通高校本科及以上毕业生为主,鼓励本科师范专业毕业生应聘,可适当招聘高等师范专科毕业生;参加过"大学生志愿服务西部计划"、有从教经历的志愿者和参加过半年以上实习支教的师范院校毕业生同等条件下优先录取。

选聘高校毕业生到村任职:选聘对象为30岁以下应届和往届毕业的全日制普通高校专科以上学历的毕业生,重点是应届毕业和毕业1至2年的本科生、研究生,原则上为中共党员(含预备党员),非中共党员的优秀团干部、优秀学生干部也可以选聘。

参加人力资源社会保障部、团中央等部门组织的到农村基层服务的"三支一扶""志愿服务西部计划"等活动期满的高校毕业生,本人自愿且具备选聘条件的,经组织推荐可作为选聘对象。

附录Ⅱ 基层就业优惠政策

一、参加基层就业项目,服务期满后享有的优惠政策

1. 公务员招录优惠

每年拿出公务员考录计划的一定比例,专门用于定向招录服务期满且考核称职(合格)的服务基层项目人员。服务基层项目人员也可报考其他职位。参加大学生村官、"三支一扶"计划、"农村义务教育阶段学校教师特设岗位计划""大学生志愿服务西部计划"等服务基层项目前无工作经历的人员,服务期满且考核合格后2年内,可以报考仅限应届毕业生报考职位。参加基层就业项目,参加国考可以报考要求限基层工作经历,基层服务项目经历的岗位。

2. 事业单位招聘优惠

鼓励在项目结束后留在当地就业,参加各基层就业项目相对应的自然减员空岗,全部聘用服务期满的高校毕业生。从2009年起,到乡镇事业单位服务的高校毕业生服务满1年后,在现岗位空缺情况下,经考核合格,即可与所在单位签订不少于3年的聘用合同。同时,各省(区、市)县及县以上相关的事业单位公开招聘工作人员,应拿出不低于40%的比例,聘用各专门项目服务期满考核合格的高校毕业生。

3. 考学升学优惠

参加"大学生志愿服务西部计划"、"三支一扶"计划、"农村义务教育阶段学校教师特设岗位计划"等项目服务期满、考核合格的考生,3年内参加全国硕士研究生招生考试的,初试总分加10分,同等条件下优先录取。参加"选聘高校毕业生到村任职"项目服务期满、考核称职以上的考生,3年内参加全国硕士研究生招生考试的,初试总分加10分,同等条件下优先录取,其中报考人文社科类专业研究生的,初试总分加15分。同等条件下优先录取;高职(高专)学生可免试入读成人本科。

4. 国家补偿学费和代偿助学贷款政策

参加各基层就业项目的毕业生,符合规定条件的,可享受相应的学费补偿和助学贷款代偿政策。高校毕业生到中西部地区和艰苦边远地区基层单位就业、服务期在3年以上(含3年)的,其学费由国家实行代偿。

5. 服务期满自主创业优惠政策

服务期满自主创业的,可享受税收优惠、行政事业性收费减免、小额贷款担保和贴息等有关政策。毕业生从事个体经营(除国家限制的行业外)的,自其在工商部门首次注册登记之日起3年内,免收管理类、登记类和证照类等有关行政事业性收费。

6. 其他

各基层就业项目服务年限计算工龄。服务期满到企业就业的,按照规定转接社会保险关系。

二、各基层项目其他优惠政策

1. 大学生志愿服务西部计划

服务期满后仍拥有应届毕业生身份。参加西部计划项目前无工作经历,服务期满且考核合格后2年内(研究生支教团志愿者自研究生毕业时开始计算),在参加机关事业单位考录(招聘)、各类企业吸纳就业、自主创业、落户、升学等方面可同等享受应届高校毕业生的相关政策。

2. "三支一扶"计划

参加"三支一扶"计划前无工作经历的人员期满且考核合格的,两年内在参加机关和企事业单位考录(招聘)、自主创业、落户、升学等方面可同等享受应届毕业生相关政策。"三支一扶"人员在基层服务年限计算为工龄,中央财政按照每人3000元的标准,为新招募且在岗服务满6个月以上的人员发放一次性安家费。各地会为"三支一扶"人员提供交通、住宿和伙食等方面便利,参照本单位工作人员标准给予相应补助。本科及以上学历毕业生参加支医服务的,期满且考核合格后由县级卫生健康主管部门统一安排参加住院医师规范化培训。

3. 教师特设岗位计划

聘任期间,特岗教师在职称评聘、评先评优、年度考核等方面享受与当地公办学校在编教师同等待遇。对于三年服务期满、考核合格且愿意留任的特岗教师,各地要保证及时入编并落实工作岗位,连续计算工龄、教龄,不再实行试用期。符合"农村学校教育硕士师资培养计划"(即"硕师计划")相应条件要求的特岗教师,可按规定推荐免试攻读教育硕士。特岗教师三年聘期视同"农村学校教育硕士师资培养计划"要求的三年基层教学实践。

4. 选聘高校毕业生到村任职工作

在村任职2年以上,具备"选调生"条件和资格的,经组织推荐,可参加选调生统一招考。在村任职2年后报考党政机关公务员的,享受放宽报名条件、增加分数等优惠政策,同等条件下优先录用。县乡机关公务员应重点从选聘到村任职的高校毕业生中招录;聘期工作表现良好、考核合格的,报考研究生享受增加分数等优惠政策,在同等条件下优先录取;被党政机关或企事业单位正式录用(聘用)后,在村任职工作时间可计算工龄、社会保险缴费年限;到西部和艰苦地区农村任职的,户口可留在现户籍所在地。

附录 Ⅲ 舒伯的职业价值观测量

舒伯的职业价值观量表（WVI）是美国心理学家舒伯于1970年编制的，如前文所述，量表将职业价值分为三个维度：一是内在价值观，即与职业本身性质有关的因素；二是外在价值观，即与职业性质有关的外部因素；三是外在报酬。

下面有五十二道题目（见表Ⅳ-1），每个题目都有五个备选答案（A. 非常重要；B. 比较重要；C. 一般；D. 较不重要；E. 很不重要），请根据自己的实际情况或想法，在题目后面选出相应字母，每题只能选择一个答案。通过测验，你可以大致了解自己的职业价值观倾向。

表Ⅳ-1 职业价值观量表

	A	B	C	D	E
1. 你的工作必须经常解决新的问题。					
2. 你的工作能为社会福利带来看得见的效果。					
3. 你的工作奖金很高。					
4. 你的工作内容经常变换。					
5. 你能在你的工作范围内自由发挥。					
6. 工作能使你的同学、朋友非常羡慕你。					
7. 工作带有艺术性。					
8. 你的工作能使人感觉到你是团体中的一份子。					
9. 不论你怎么干，你总能和大多数人一样晋级和涨工资。					
10. 你的工作使你有可能经常变换工作地点、场所或方式。					
11. 在工作中你能接触到各种不同的人。					
12. 你的工作上下班时间比较随便、自由。					
13. 你的工作使你不断获得成功的感觉。					
14. 你的工作赋予你高于别人的权力。					
15. 在工作中，你能试行一些自己的新想法。					
16. 在工作中你不会因为身体或能力等因素，被人瞧不起。					
17. 你能从工作的成果中，知道自己做得不错。					
18. 你的工作经常要外出，参加各种集会和活动。					
19. 只要你干上这份工作，就不再被调到其他意想不到的单位和工种上去。					
20. 你的工作能使世界更美丽。					
21. 在你的工作中，不会有人常来打扰你。					
22. 只要努力，你的工资会高于其他同年龄的人，升级或涨工资的可能性比干其他工作大得多。					
23. 你的工作是一项对智力的挑战。					
24. 你的工作要求你把一些事务管理得井井有条。					
25. 你的工作单位有舒适的休息室、更衣室、浴室及其他设备。					

续 表

26. 你的工作有可能结识各行各业的知名人物。					
27. 在你的工作中,能和同事建立良好的关系。					
28. 在别人眼中,你的工作是很重要的。					
29. 在工作中你经常接触到新鲜的事物。					
30. 你的工作使你能常常帮助别人。					
31. 你在工作单位中,有可能经常变换工作。					
32. 你的作风使你被别人尊重。					
33. 同事和领导人品较好,相处比较随便。					
34. 你的工作会使许多人认识你。					
35. 你的工作场所很好,比如有适度的灯光、安静、清洁的工作环境,甚至恒温、恒湿等优越的条件。					
36. 在工作中,你为他人服务,使他人感到很满意,你自己也很高兴。					
37. 你的工作需要计划和组织别人的工作。					
38. 你的工作需要敏锐的思考。					
39. 你的工作可以使你获得较多的额外收入,比如常发实物、常购买打折扣的商品、常发商品的提货券、有机会购买进口货等。					
40. 在工作中你是不受别人差遣的。					
41. 你的工作结果应该是一种艺术而不是一般的产品。					
42. 在工作中不必担心会因为所做的事情领导不满意,而受到训斥或经济惩罚。					
43. 在你的工作中能和领导有融洽的关系。					
44. 你可以看见你努力工作的成果。					
45. 在工作中常常要你提出许多新的想法。					
46. 由于你的工作,经常有许多人来感谢你。					
47. 你的工作成果常常能得到上级、同事或社会的肯定。					
48. 在工作中,你可能做一个负责人,虽然可能只领导很少几个人,你信奉"宁做兵头,不做将尾"。					
49. 你从事的那种工作,经常在报刊电视中被提到,因而在人们的心目中很有地位。					
50. 你的工作有数量可观的夜班费、加班费、保健费或营养费。					
51. 你的工作比较轻松,精神上也不紧张。					
52. 你的工作需要和影视、戏剧、音乐、美术、文学等艺术打交道。					

评分与评价

上面的五十二道题分别代表十三项工作价值观。每个 A 得 5 分、B 得 4 分、C 得 3 分、D 得 2 分、E 得 1 分。请你根据表Ⅳ-2中每一项前面的题号,计算每一项的得分总数,并把它填在每一项的得分栏上,然后在表格下面依次列出得分最高和最低的三项。

表Ⅳ-2 评价表

题号	得分	价值观	说明
2,30,36,46		利他主义	工作的目的和价值,在于直接为大众的幸福和利益尽一份力
7,20,41,52		美感	工作的目的和价值,在于能不断地追求美的东西,得到美感的享受
1,23,38,45		智力刺激	工作的目的和价值,在于不断进行智力操作,动脑思考,学习以及探索新事物,解决新问题
13,17,44,47		成就感	工作的目的和价值,在于不断创新,不断取得成就,不断得到领导与同事的赞扬,或不断实现自己想要做的事
5,15,21,40		独立性	工作的目的和价值,在于能充分发挥自己的独立性和主动性,按自己的方式、步调或想法去做,不受他人的干扰
6,28,32,49		社会地位	工作的目的和价值,在于所从事的工作在人们的心目中有较高的社会地位,从而使自己得到他人的重视与尊敬
14,24,37,48		管理	工作的目的和价值,在于获得对他人或某事物的管理支配权,能指挥和调遣一定范围内的人或事物
3,22,39,50		经济报酬	工作的目的和价值,在于获得优厚的报酬,使自己有足够的财力去获得自己想要的东西,使生活过得较为富足
11,18,26,34		社会交际	工作的目的和价值,在于能和各种人交往,建立比较广泛的社会联系和关系,甚至能和知名人物结识
9,16,19,42		安全感	不管自己能力怎样,希望在工作中有一个安稳局面,不会因为奖金、涨工资、调动工作或领导训斥等经常提心吊胆、心烦意乱
12,25,35,51		舒适	希望能将工作作为一种消遣、休息或享受的形式,追求比较舒适、轻松、自由、优越的工作条件和环境
8,27,33,43		人际关系	希望一起工作的大多数同事和领导人品较好,相处在一起感到愉快、自然,认为这就是很有价值的事,是一种极大的满足
4,10,29,31		变异性或追求新意	希望工作的内容应该经常变换,使工作和生活显得丰富多彩,不单调枯燥

从得分最高和最低的三项中,可以大致看出你的价值倾向,在选择职业时可以参考。

参考文献

[1] 巴特勒,沃德鲁普.哈佛职业生涯设计:哈佛职业生涯兴趣测验手册[M].赵剑非,译.北京:中国商业出版社,2004.

[2] 陈思炜.方向的力量:商科职业规划[M].上海:上海大学出版社,2014.

[3] 陈伟民.职业生涯规划与管理[M].北京:现代教育出版社,2011.

[4] 蒂戈尔 B D,蒂戈尔 B B.就业宝典:根据性格选职业[M].李楠,等译.北京:中信出版社,2002.

[5] 杜秀娟,朱坚强,郁顺华.财经院校学生职业指导教程[M].上海:立信会计出版社,2005.

[6] 付冬娟.大学生职业生涯规划能力手册[M].大连:大连理工大学出版社,2015.

[7] 傅雷,朱梅馥,傅聪.傅雷家书[M].南京:译林出版社,2016.

[8] 高玉祥.个性心理学[M].北京:北京师范大学出版社,1989.

[9] 葛玉辉.职业生涯规划与管理[M].北京:清华大学出版社,2014.

[10] 郭德俊.动机心理学:理论与实践[M].北京:人民教育出版社,2005.

[11] 哈伯德.你属于哪种人[M].陈书凯,译.北京:机械工业出版社,2003.

[12] 哈苏克苏.发现你的职业性格[M].穆瑞锋,郭岑,钱峰,译.北京:电子工业出版社,2018.

[13] 马书臣,李庆阳.大学生职业发展与就业指导:财经政法类本科[M].郑州:河南大学出版社,2016.

[14] 黄希庭.心理学导论[M].北京:人民教育出版社,1991.

[15] 蒋超五.大学生职业生涯规划[M].北京:中国人民大学出版社,2014.

[16] 阚雅玲,吴强,胡伟.职业规划与成功素质训练[M].北京:机械工业出版社,2009.

[17] 李红.教育心理学[M].武汉:武汉大学出版社,2007.

[18] 李洪玉,何一粟.学习动力[M].武汉:湖北教育出版社,1999.

[19] 李家华.生涯规划与管理[M].上海:上海交通大学出版社,2011.

[20] 李峻,范建礼.大学生职业发展与就业指导[M].北京:北京师范大学出版社,2017.

[21] 李竹梅.大学生职业生涯与发展规划[M].北京:现代教育出版社,2016.

[22] 里尔登,伦兹,彼得森,等.职业生涯发展与规划[M].侯志瑾,伍新春,译.北京:高等教育出版社,2005.

[23] 梁泽光,李伟芳.设计人生:打造未来美好职业生涯[M].北京:现代教育出版社,2017.

[24] 林崇德.心理学大辞典[M].上海:上海教育出版社,2003.

[25] 刘向兵,等.新时代高校劳动教育论纲[M].北京:社会科学文献出版社,2019.

[26] 罗尔斯.正义论[M].何怀宏,等译.北京:中国社会科学出版社,1988.

[27] 马建青,等.大学生心理健康教程:3版[M].杭州:浙江大学出版社,2021.

[28] 玛格丽塔·斯通.什么是管理[M].李钊平,译.北京:电子工业出版社,2012.

[29] 孟昭兰.情绪心理学[M].北京:北京大学出版社,2005.

[30] 彭贤,马恩.大学生职业生涯规划活动教程[M].北京:北京交通大学出版社,2011.

[31] 普劳斯.决策与判断[M].施俊琦,译.北京:人民邮电出版社,2004.

[32] 曲振国.大学生就业指导与职业生涯规划[M].北京:清华大学出版社,2008.

[33] 萨维科斯.生涯咨询[M].郑世彦,马明伟,郭本禹,译.重庆:重庆大学出版社,2015.

[34] 施恩.职业锚:发现你的真正价值[M].北森测评网,译.北京:中国财政经济出版社,2004.

[35] 史梅.大学生职业生涯规划与职业素质拓展[M].北京:高等教育出版社,2010.

[36] 斯滕伯格.心理学:探索人类的心灵[M].李锐,等译.南京:江苏教育出版社,2005.

[37] 孙红刚,罗汝坤.职业生涯规划与就业创业指导[M].北京:高等教育出版社,2018.

[38] 汪永芝,赵英.职业生涯规划与实践[M].北京:清华大学出版社,2017.

[39] 王金龙.大学生职业生涯规划与学业指导[M].北京:中国石化出版社,2017.

[40] 王佩国.规划人生构筑未来[M].北京:高等教育出版社,2009.

[41] 吴宝龙,张立新,张立莉.职业生涯规划与自我修炼[M].北京:清华大学出版社,2014.

[42] 吴文智,方雪梅.寻找人生的坐标[M].宁波:宁波出版社,2012.

[43] 西茂.如何实现你的职业理想[M].刘川,周冠英,译.西安:陕西师范大学出版社,2004.

[44] 夏伯平,朱克勇,闫咏.大学生职业发展与就业指导体验式课程教学手册[M].北京:现代教育出版社,2013.

[45] 徐俊祥,黄欢,余卉.幸福密码:生涯建构与发展体验式教程[M].天津:天津人民出版社,2021.

[46] 杨智磊,王兴亚.中国考试管理制度史[M].郑州:中州古籍出版社,2007.

[47] 张宝昆.大规模教育考试的社会控制功能研究[M].昆明:云南大学出版社,1997.

[48] 张德芬.遇见未知的自己[M].北京:华夏出版社,2008.

[49] 张亚群.高校自主招生与高考改革[M].北京:中国社会科学出版社,2012.

[50] 章志光,林秉贤,郑日昌.中国心理咨询大典:下册[M].天津:天津科学技术出版社,2008.

[51] 郑若玲.科举、高考与社会之关系研究[M].武汉:华中师范大学出版社,2007.

[52] 钟谷兰,杨开.大学生职业生涯发展与规划[M].上海:华东师范大学出版社,2015.

[53] 钟明善.中国传统文化精义[M].西安:西安交通大学出版社,2009.

[54] 仲颖鸣.大学生专业详解与生涯规划指南:理工农医类[M].上海:上海交通大学出版社,2021.

[55] 仲颖鸣.大学生专业详解与生涯规划指南:人文社科类[M].上海:上海交通大学出版社,2021.

[56] 周文,龚先.素质测评与职业生涯规划[M].长沙:湖南科学技术出版社,2005.

[57] 周文霞,谢宝国.职业生涯研究与实践必备的41个理论[M].北京:北京大学出版社,2022.

[58] 朱智贤.心理学大辞典[M].北京:北京师范大学出版社,1989.

[59] 庄明科,谢伟.大学生职业生涯规划[M].北京:中国人民大学出版社,2016.

[60] 王亚.美国大学生EPSA职业生涯规划辅导模式研究[D].南充:西华师范大学,2019.

[61] 许兆瑞.大学生所学专业、职业选择与职业倾向的一致性对学习动机的影响[D].长春:东北师范大学,2006.

[62] 姚永松.大学生择业意向、职业倾向与职业价值观关系研究[D].武汉:华中科技大学,2006.

[63] 陈晚云.职业生涯规划的理论基础[J].成人教育,2014,34(4):70-72.

[64] 寸家菊,徐孝勇.重庆市独立学院财经专业大学生就业能力提升对策研究[J].产业创新研究,2020,4(17):145-147.

[65] 董田甜.新时代大学生职业发展战略架构与实施路径[J].高校教育管理,2018,40(2):108-116.

[66] 冯峰.大学生职业发展教育体系的反思、诉求与构建[J].教育与职业,2017,101(22):68-73.

[67] 高艳,王瑞敏,林欣.基于生涯混沌理论的大学生职业生涯规划课程设计[J].高教探索,2017,33(12):119-123.

[68] 黄小钊,袁德栋.就业导向下的大学生职业素养培育[J].教育与职业,2018,102(18):94-97.

[69] 黄月.当代大学生奉献精神的培养[J].经济研究导刊,2013,9(10):273-283.

[70] 姜林,杨连生.高等教育转型背景下大学生职业认同发展研究[J].江苏高教,2017,33(8):77-80.

[71] 金盛华,辛志勇.中国人价值观研究的现状及发展趋势[J].北京师范大学学报(社会科学版),2003,48(3):56-64.

[72] 李迎春.大学生内职业生涯规划的价值诉求及其实现路径[J].黑龙江高教研究,2012,31(7):71-73.

[73] 刘炯,王梦.新时代财经类专业大学生面临的就业压力及应对策略研究[J].中国集体经济,2018,34(12):93-94.

[74] 刘丽红.加强大学生职业生涯规划指导实现精准就业[J].中国高等教育,2018,54(6):44-45.

[75] 刘名森,肖强.中华优秀传统文化融入大学生职业生涯规划教育探析[J].中北大学学报(社会科学版),2018,34(5):158-162.

[76] 龙海军.基于职业胜任力的商科大学生职业素质模型的构建[J].高教论坛,2018,34(2):85-89.

[77] 马舒宁,李莉.几种职业生涯规划理论的比较研究[J].新课程研究,2017,14(4):4-8.

[78] 宋占新,李建成,王志红.就业视角下的大学生职业素养教育[J].教育与职业,2015,99(14):81-83.

[79] 王才康,胡中锋,刘勇.一般自我效能感量表的信度和效度研究[J].应用心理学,2001,22(1):37-40.

[80] 王聪聪,王秀芳,刘楠,等.河北省高校财经类专业大学生就业能力调查与分析[J].河北软件职业技术学院学报,2009,11(3)21-24.

[81] 宣昌勇,晏维龙."四跨"融合培养新商科本科人才[J].中国高等教育,2020,56(6):51-53.

[82] 张惠敏.兴趣测量综述[J].社会心理科学,2004,20(2):51-56.

[83] 张建国,房丽华,王春阁.儒文化视阈下的大学生职业生涯规划设计[J].通化师范学院学报,2013,34(7):112-114.

[84] 张娟."兴趣"的内涵评析[J].现代教育科学,2013,30(8):18-20.

[85] 章凯.兴趣发生机制研究的进展与创新[J].心理科学,2003,40(2):364-365.

[86] 赵小云,谭顶良,郭成.大学生生涯适应力问卷的编制[J].中国心理卫生,2015,29(6):463-469.

[87] 郑晓明."就业能力"论[J].中国青年社会科学,2002,21(3):91-92.

[88] 钟江顺,魏菁菁.中华优秀传统文化融入大学生职业生涯教育的研究[J].文化创新比较研究,2022,6(1):144-147.

[89] 周淑芳.新时代大学生马克思主义劳动观教育刍论[J].学校党建与思想教育,2019,37(23):49-51.

[90] CHUNG A,SHEN C T,JUDGE T A. Development of a multi-dimensional instrument of person-environment fit:the perceived person-environment fit scale(PPEFS)[J]. Applied psychology,2016,22(4):66-98.

[91] EDWARDS J A,BILLSBERY J. Testing a multidimensional theory of person-environment fit[J]. Journal of managerial issues,2010,12(4):476-493.

[92] FOLLMER E H,TALBOT D L,KRISTOF-BROWN A L,et al. Resolution, relief and resignation: a qualitative study of re-sponses to misfit at work[J]. Academy of management journal,2018,61(2):440-465.

[93] KRISTOF A L,ZIMMERMAN R D,JOHNSON E C. Conse-quences of individual's fit at work:a meta-analysis of person-job,person-organiza-tion,person-group,and person-supervisor fit[J]. Personnel psychology,2005,58(2):281-342.

[94] PARSONS F. Choosing a vocation[M]. Boston:Houghton Mifflin,1909.

[95] SAVICKAS M L. Career adaptability:an integrative construct for life-span,life-space theory[J]. The career development quarterly,1997,45(3):247-259.

[96] SAVICKAS M L,ROSSIER N L,DAUWALDER J P,et al. Life designing:a paradigm for career construction

in the 21st century[J]. Journal of vo-cational behavior,2009,75:239 - 250.

[97] SHIPP A J,JANSEN K J. Reinterpreting time in fit theory: craf-ting and recrafting narratives of fit in medias res[J]. The academy of management review,2011,36(1),76 - 101.

[98] SUPER D E. A theory of vocational development[J]. American psycholo-gist,1953,8(5),185 - 190.

[99] SUPER D E. The psychology of careers: an introduction to vocational development[M]. New York:Harper &Row,1957.

[100] SUPER D E. The work values inventory[M]. Boston:Houghton Mifflin,1970.

[101] SUPER D E. A life-span, life-space approach to career development[J]. Journal of vocational behavior, 1980,16(3):282 - 298.

[102] SUPER D E, NEVILL D D. The salience inventory [M]. Palo Alto, CA: Consulting Psychologists Press,1986.

[103] SUPER D E,NEVILL D D. The values scale[M]. Palo Alto,CA: Consulting Psychologists Press,1986.

[104] VOGEL R M,FELDMAN D C. Integrating the levels of person-en-vironment fit: the roles of vocational fit and group fit[J]. Journal of vocational behavior,2009,75(1):68 - 81.